米村美奈・割田剛雄
共編著

輪《わ》島《じま》聞《もん》声《じょう》事《じ》典《てん》

大空社出版

はじめに

これまでに筆者は、大乗淑徳学園の校祖輪島聞声（以下、聞声とする）に関する『随想　輪島聞声尼』（淑徳中学・高等学校、二〇一七）、『輪島聞声の生涯—日本女子教育の先駆者』（淑徳選書6、淑徳大学長谷川仏教文化研究所、二〇一九）等を出版する機会に恵まれた。

　これらの執筆の際に聞声の生まれ故郷（北海道松前）、出家・得度をした寺院（東京回向院）、尼僧修行と学問研鑽に励んだ寺院（京都泉涌寺《せんにゅうじ》）を始め、淑徳女学校創設の地（東京伝通院）、女学校退任後の念仏三昧を願った地（京都西寿寺《さいじゅじ》）、永眠の地（京都知恩院のお墓）、聞声の弟子平松誠厚が再建した感応寺《かんのうじ》（東京世田谷）など関連の施設等を取材した。北海道函館市内で聞声の末裔《まつえい》の方に偶然お会いでき、所蔵の過去帳と関係者の記憶をもとに聞声を中心とする輪島家の関係図の確認と修正ができたときの感動は忘れられない。多くの方々に聞声にまつわる興味深い話を伺い、貴重な資料にも多数出会うことができた。

　しかし、生誕二〇〇年を迎える現代において、聞声が残した文章は極めてわずかしか確認できない。聞声が書き残さなかったのではなく、聞声入滅三年後に発生した関東大震災で東京本所の感応寺は焼失し、戦時下の東京大空襲で淑徳高等女学校も全焼したため、関係資料のほとんどが失われたためである。そうしたなかで「尼衆教場設立建議書」、「淑徳女学校設立趣意書A・B」、聞声直筆の遺墨との出会い、共著者の蒐集および淑徳SC中学・高等学校（小石川淑徳学園中学校・高等学校、二〇二四年四月一日校名変更）と淑徳大学アーカイブズ所蔵の「雑誌『淑徳』」を閲覧して、聞声の和歌や歴史的出来事との関連、教え子による思い出話しや関係者の証言等に出会う体験を重ね、そこに書かれている聞声関係の記事を活用できたことで、大きく本事典の内容を深めることができた。

前著の執筆時から集め続けた資料は膨大となった。本事典では時系列に基づく資料整理に加え、読者が聞声の周囲の状況を確かめながら、聞声を理解できるように構成を考え、検討の上、出来上がったのが本書の「聞声を読み解く事典」の体裁である。一般的に「事典」は、テーマについて細分化した項目ごとにピンポイントの解説がなされるが、本事典では、共著者の提案もあり、大項目・中項目を主体に、聞声にかかわる項目そのものの解説のみならず、関連する逸話や社会背景などを取りあげ、関連情報から聞声に近づく方法を工夫した。それは、前著の執筆のとき筆者自身がその方法で聞声に近づくおもしろさを実感したからである。

このように諸資料を集め、読み解き、細分化し、時系列に沿って情報を重層化し、事実に迫ることは、歴史研究にあっては、当たり前の研究方法であるのかもしれないが、ソーシャルワーク（社会福祉学）を専攻する筆者にとっては、援助の対象者（クライアント）を理解する方法の一つと類似している点が興味深かった。研究を進めることから必然的に小さな「聞声研究会」が立ち上がり、仏教学を専門とする共著者との意見交換も有意義であり、「聞声の声」を聞くことを目的に資料を検討し、学びを深めた。

「聞声の声」を聞くことが筆者の研究の目的となったのは、大乗淑徳学園の校祖聞声がどのような社会背景のもとで、どのように決意し、どのような教育理念のもとに淑徳女学校を設立したのか、設立後にどのような困難を乗り越えたのかなどを学ぶことが、聞声そして淑徳の流れを組む淑徳大学に勤める筆者の責務であり、それを知ることで筆者自身の教育、研究姿勢を定める一助になると意識したからである。

具体的には、筆者が学生に向き合う教員としての教育的姿勢は、変化する状況のなかで学生が自己を信じ、そして学生の自己発見に役立つように努めることである。また、「聞声の声」を聞く学びは、教職員とともに研究や学校運営に携わるときの指針となり得るということである。さらに、大げさに見えるかもしれないが、一〇〇年以上前に強い理念のもとに掲げられた「淑徳女学校設立趣意書A・B」に沿うような学校運営が現在なされているのか、そして、聞声が設立趣意書に込めた神髄を理解して、現在の学校運営の根幹となる教育思想に活かされているかを再確認する役割があると考える。冷静に振り返れば、各時代ごとに再確認の役割と時代の変化に伴う変容の決断が営々と果たせられてきたからこそ、今日《こんにち》まで、「淑徳」の流れを組む学校が存続してきたと考えられる。

言い換えれば、教育方針の根幹を支えるものが「淑徳女学校設立趣意書A・B」であり、それが支持されてきたからこそ、脈々と聞声の教育方針が、受け継がれてきたといえる。時代が大きく異なろうとも、「淑徳女学校設立趣意書A・B」から学ぶとき、その教育における思想は今もなお新鮮な輝きを持ち、これからも受けつがれ継承されなければならないものと理解できる。

聞声の教育思想だけではなく、その実現に向けた聞声の日常の態度や姿勢は興味深いものがあり、教育者、教育管理者としてのロールモデルとなり得る。創立者でありながら監督という役職に立ち、指導的な立場にあってもお小遣いさんのような細やかな働きを惜しまずに身体を動かして行う。寄宿舎に住み込み、生徒と寝食を共にして、家族のように温かく人々と接する。同僚や仲間や弟子を大切にする。熱意と忍耐と信念をもって、周囲の人を巻き込んで次々と事を成し遂げていく。

また、必要とあれば、勧学《かんがく》（浄土宗教学の最高位）と執行《しっこう》（宗門行政のトップ）を歴任した権威ある校長にも、媚《こ》びへつらうことなく正面から主張して交渉する。そして、教育思想に基づく明解な目標をしっかりと指し示し、ゆるぎない教育的な姿を生徒に見せる。その象徴が、

「進みゆく世におくれるな、有為《ゆうい》な人間になれよ」

と繰り返し、指導し続けた点である。

世の中は、常に日進月歩で変化し、女性の役割や権利も拡大する社会状況を鑑《かんが》み、時代に遅れず、社会の中で輝く存在になるようにという教えであった。こうした聞声の「新しい時代の女性としての生き方」や仕事に対する姿勢や態度は、男女を問わず普遍的なもので、竹を割ったような直截《ちょくせつ》さと一貫性があり、力強さを感じる。同時に筆者自身がどう生きるのか、どのように「学校教育」に携わるのかを問われているように感じられ、身が引き締まる思いである。

聞声を校祖とし、「淑徳女学校設立趣意書A・B」に基づき、共に「淑徳」の流れを組む大乗淑徳学園と淑徳SC淑徳中学・高等学校（小石川淑徳学園中学校・高等学校、二〇二四年四月一日校名変更）の両校所蔵の諸資料や記録等をもとに、新たに確認できた新知見を幾つも収録して本事典が編纂できたことを心から感謝するものであり、本事典が「聞声」理解の一助になれば編著者としてこの上ない喜びである。

二〇二四年三月

米村　美奈

目次

凡例

一、本事典は輪島聞声を中心とした項目を選び、聞声を主とする視点から解説した。

一、本事典では原則として開校より一九〇七年（明治四〇）までを淑徳女学校と称し、「高等女学校令」に準拠して「淑徳高等女学校」と改称した以降は「淑徳高等女学校」と表記する。

一、本事典では読む事典をめざし、大項目や中項目の文中に適宜、小見出しを付した。

一、本事典では原則として敬称を省略した。

一、本事典では、多くの先行研究や資料を引用しているが、明らかな誤植と思われる字句は訂正した。

一、引用文献には今日の人権上の観点からすると、不適切と考えられる表現もあるが、先行研究や資料の歴史的価値に鑑み、原本通りとした。

一、ただし、引用文献に用いられている旧漢字は新漢字に改め、旧仮名は現代かなづかいに改めた。

一、年次表記は、原則として西暦を用い、（ ）内に日本年号を加えた。

一、項目主体の事典という形式のため、各項目ごとに同じ参考文献（引用文献）が頻出するが、煩《はん》を厭《いと》わず各項目に参考文献をあげ、研究の便を図った。

一、項目の末尾に、執筆者名を（ ）内に記した。

輪島聞声の生涯

一、輪島こと子の誕生

尼僧輪島聞声は、一八五二年（嘉永五）五月一五日〈西暦に換算すると一八五二年（嘉永五）七月二日〉に、現在の北海道の最南端に位置する松前に、父・太左衛門と母・カネ子の五人兄弟姉妹の三女として生まれ、「こと子」と名づけられた。

松前は松前藩の城下町として栄え、父・太左衛門は輪島屋の五代目で、義侠《ぎきょう》の人と呼ばれるほど人望があり、商才にも恵まれ、呉服（絹織物）や太物《ふともの》（綿・麻の織物）商、質商など手広く商いを営み、町内きっての資産家であった。聞声（こと子）は、こうして裕福な商家で育った。

蝦夷地《えぞち》（北海道）に人が住み始めたのは、氷河期以前の紀元前二万五千年からと推定され、蝦夷地は寒冷地のために農耕に適さず、狩猟採集による生活が本州より長く続いたとされている。

松前は先史時代から本州（津軽半島）と蝦夷地を結ぶルートの一つとして、集落が形成され、国内各地から蝦夷地の産物を求めて商人が集まり、大いに栄えた歴史を持つ町である。

二、先進的な松前

松前藩は、一六〇四年（慶長九）徳川幕府から蝦夷地支配の許可を得ると、アイヌとの交易を独占し、蝦夷地の経営を担ってきた。

江戸時代から明治中期の主な輸送は水運で、その代表が北前船《きたまえぶね》である。西国《さいごく》で米・塩・酒を仕入れて北国《ほっこく》や蝦夷地で売り、蝦夷地や北国で昆布やニシンを買い入れ、日本海を廻って西国や大坂まで運び売買した。松前は函館と並び、北前船の寄港地として、交易だけでなく上方文化や情報が流入して栄えた。その繁栄は現存の「松前屏風」に描かれている。

また、江戸時代の鎖国中も、オランダ、ポルトガルとの長崎、中国との琉球、朝鮮半島との対馬《つしま》、ロシアとの松前と外国への窓が四つ開いていた。松前は日本国内と諸外国の最新文化や情報をいち早く察知することができた土地柄で、諸外国の最新情報や日本各地の文化が流入する活気ある先進的な気風の町に、聞声は生まれ育った。

聞声誕生の翌一八五三年（嘉永六）六月三日、アメリカ海軍のペリー提督が軍艦四隻を率いて浦賀に来航し、国書の受理と開国を求め、日本国中に大きな衝撃を与えた。同年七月一八日にはペリーの行動に触発されロシアの使節プチャーチンが、樺太（現在のサハリン）の国境確定と開国通商を求め、軍艦四隻を率いて長崎に来航。鎖国を貫く幕府は対応に苦慮し、開国の是非を問い世情は騒然となった。

さらに、アメリカとロシア両国の軍艦が相次ぎ箱館に入港。松前藩主崇広《たかひろ》はペリーとの対応を幕府から任された。その後、一八五五年（安政二）三月、箱館（現在の函館）開港の決定がなされた。

三、父太左衛門の投獄と聞声への影響

江戸時代の三百諸侯といわれる藩のなかで、対馬《つしま》藩《はん》など交易に依存していた藩もあるが、農業に立脚しない藩は松前藩のみで、交易に活路を開かざるを得ない土地柄であった。しかし幕末になると、幕府は一八五五年（安政二）二月、松前藩の知行地《ちぎょうち》の大部分（蝦夷地）を返上させて直轄地とした上で、会津藩・庄内藩・南部藩・仙台藩・津軽藩・秋田藩の東北六藩に分割統治させ、北方の警護を強固にした。松前は蝦夷地の生産物交易で経済的な基盤を支えていたため、蝦夷地が東北六藩によって分割統治されるのは死活問題であった。

鎖国から開国へと大変化する一八五九年（安政六）に、松前藩ひいては松前の商業経済の危機を救おうとして陣頭に立った聞声の父・太左衛門は、駕籠訴《かごそ》などの直訴《じきそ》を決行。江戸時代にあって、老中への駕籠訴実行者は極刑《きょくけい》の磔刑《たっけい》と定められていた。死を覚悟しなければならない行動である。直訴運動は効果をあげ、交易権利の一部を回復できたが、太左衛門などの首謀者たちは一八六〇年（万延元）投獄された。

勇敢な父の姿は、九歳（満八歳）の聞声の脳裏に鮮明な記憶として引き継がれ、のちに聞声が、

「進みゆく世におくれるな、有為《ゆうい》な人間になれよ」

と説いた原点の一つであったと言えよう。

四、戊辰《ぼしん》戦争時の疎開経験

一八六〇年（安政七）の太左衛門の出獄から八年後、聞声が一七歳（満一六歳）を迎える一八六八年（慶応四・明治元）に徳川幕府が倒れ、新政府軍（主に薩摩・長州・土佐・肥後藩）と旧幕府軍との一年半におよぶ戦い、「戊辰《ぼしん》戦争」が勃発《ぼっぱつ》した。

会津戦争に敗れた旧幕府軍は一八六八年（明治元）一〇月二六日、総力を集結して箱館の五稜郭《ごりょうかく》を占領。次の攻撃目標を、幕府側から新政府軍側についた館藩（松前・福山城）に定め、一一月一日に五稜郭を出発し、五日には松前に進撃。海上からも軍艦回天が松前福山城に向かって砲撃した。

追いつめられた城兵は敵に利用されないように城下に火を放ち、藩主徳広や重臣たちは建築途中の館城に逃げた。このとき住民のほとんどは近郊の山間地に避難し、城下は空家同然だったために、火は一気に広がり、三分の二の地域を焼き尽くす大火となった。「館城」も一〇日後の一一月一五日に攻め落とされた。

城の攻防戦から逃れるため、聞声たち輪島家一族は一里ほど離れた清部村《きよべむら》に避難した。取るものも取りあえず逃げたため、三日三晩食べ物もなく、恐怖に身を震わせる状況であった。北海道の一一月の迫り来る寒さのなかでの避難生活は想像を絶するものがあったことは間違いない。避難している近くに砲弾を打ち込まれたこともあり、生き抜く不安と絶望的な飢餓との戦いの日々であった。

戦いが終わったとの知らせで清部村から戻ると、松前城下は一面の焼け野原で、見る影もない状態であった。このとき、輪島家はかろうじて米倉と住居が残り、店は全て焼かれ、財産のほとんどを失ったが父・太左衛門は呉服屋や質商を復活させた。

聞声は、清部村の苦しかった生活を、「人間は食べるものの無いほど苦しいことはない。避難生活を思うと、もうどんな苦労でも耐えられないことはない」と語っている。のちに志を立て、困難を何度も乗り越え、一途《いちず》に生きた聞声の言葉には重みがある。聞声が、「どんな苦労でも耐えられないことはない」と表現した戦火の恐怖と飢餓と厳寒の苦しみは、まぎれもなく死に直面し続けた日々であった。この過酷な体験がその後の聞声の強さとして現れ、また、どんな苦しみや困難があってもあきらめない、芯の強さの原点となったといえる。

五、漢学の学び

父・太左衛門が出獄して二年後の一八六二年（文久二）ごろ、一一歳になった聞声は松前城下の漢学者・藤田龍興《たつおき》（通称松四郎。生没年不詳）の漢学塾で、漢学（儒学）や書道を学んだとされている。

学校がない時代にあって寺子屋は、仏教や世俗教育から発達したものである。中世における寺院と世俗教育は主に武士や貴族のものであったが、近世の商業資本主義の台頭・発展によって、社会的要請から庶民教育の機関として寺子屋や私塾が増加したといわれている。

特に松前は、交易に基づく商業の発達が顕著な土地柄であった。聞声より半世紀前の松前の寺子屋や私塾の教育水準は、江戸と変わらぬものであったと記録されている。松前では経済の発達にともない、帳簿をつけ、手紙を書く必要に迫られた。学問や算術を修めた人が先生となり、いくつもの寺子屋ができて、聞声の学ぶ環境は高い水準であった。

漢学塾の入学費や授業料など費用の心配もなく、両親の堅実な養育方針のもと、藤田龍興に漢学や女《おんな》大学《だいがく》（寺子屋などで広く用いられた女子の修身の心得）、書道などの教育を受けたと考えられる。

これは当時にあって、特別なことである。のちに聞声は淑徳女学校で自ら書道の授業を行うほど、書道を得意とし、達筆な遺墨を残しているが、その素地はこの漢学塾での学びにあった。

六、仏教の学び

輪島家には、仏教を学んだ和田瑳門《さもん》が説法に訪れた。和田は元は医師で、四二歳のころに松前を離れ、二〇年ほど各地の神社仏閣を回り、多方面についての勉学に励み、名僧を訪ね、仏教各宗派の教理を学び、故郷の松前に戻ってきた。豊富な人生体験や、深い漢籍の教養、経文《きょうもん》を引用しての巧みな法話は、聞く人を魅了して人気を集めた。

漢学の素養をもつ聞声は一八歳のときに、父母に頼んで自ら進んで和田瑳門の弟子となり、「五経」や『文選《もんぜん》（中国の詩文集）』『史書《ししょ》（中国の王朝が編纂した二十四史などの歴史書）』を学び、仏典《ぶってん》（仏教のお経）の講義を聞いた。これが聞声と仏教との出会いである。

厳冬のある日、聞声は師の和田から、学業上の覚えの悪いことを指摘され、師から厳しい言葉に途方にくれたが自分自身を奮い立たせ、精魂の続くかぎり勉学に励もうと、深く心に思い定めて、父・太左衛門が近江（滋賀県）の竹生島《ちくぶじま》から勧請《かんじょう》した弁財天に誓いを立て、寒中三〇日間の水垢離《みずごり》を実践した。

その後、師の和田も聞声の変容ぶりと、聞法《もんぽう》（仏教の法話を聞くこと）や勉学に取り組む真剣さに驚き、称賛した。聞声は読書三昧の生活に入り、周囲の人々から変人扱いされるほど学問に熱中した。松前にある正行寺《しょうぎょうじ》に、膨大な一切経が収蔵されているのを知ると、そのなかから『華厳経《けごんきょう》』『宝積経《ほうしゃくきょう》』『涅槃経《ねはんぎょう》』などのお経を次々に読破していった。

七、縁談を断り続ける

妙齢の聞声には、いくつもの縁談が舞い込んできた。しかし周囲の人が変人だと陰口を言うくらい読書三昧の毎日であり、勉強を一番の楽しみとしていた。両親は娘と輪島家の幸せを願って結婚話を進めたが、当の娘が縁談に気乗りしない様子を示し、困惑した。

後の一九一二年（明治四五）五月二四日発行の『婦女新聞』には、

年ごろになって、他家《よそ》の娘さん方は皆お嫁にお出になりますが、私はどうもそれが嫌いでございまして、これから他家《よそ》の家にお嫁に行って夫のほかに舅《しゅうと》や姑《しゅうとめ》だの小姑《こじゅうと》などの機嫌をとったり、子供や孫の世話もしなければならず、女というものはなかなか難しいものだ。

と取材に答えている。

結婚に後ろ向きであった理由の一つは母・カネ子の影響が大きく、自分のような者に、母と同じ苦労ができるだろうか、自分のような鈍な者にはできるものではない、と母に対し尊敬の念とともに、自分には無理だと思っていた。さらには、叔母が五〇歳のとき、不幸にも夫に殺されたことも影響していると考えられる。

八、尼僧修行への旅立ちと得度

縁談を断り続け、結婚しない道を選んだ聞声は、一八七六年（明治九）、二五歳（満二四歳）を迎えたある日、師の和田に尼僧になりたいと懇願した。当初、尼僧になることに反対した両親だったが聞声の強い願いを認めた。聞声は尼になれるということによって、厭《いと》わしい世間のことが、一切自分から離れ、一生を楽に暮らせて嬉しがった。

そして、師の勧めにより、東京での修行を希望した。聞声は二五歳（満二四歳）のとき、一八七六年（明治九）三月、両親と和田瑳門の姪と四人で松前を出発した。四日間歩き、函館に着き、函館から横浜までは海路であった。松前を出て九日間を要し、明暦《めい》大火の犠牲者を弔うために建立された回向院《えこういん》の住職で、仏教界を代表する傑僧・福田行誡を訪ね、快く迎えられた。

得度式は、行誡に初対面《しょたいめん》した翌月、一八七六年（明治九）四月二八日に、回向院で厳《おごそ》かに行われた。聞声の仏道修行は尼寺「感応寺」で始められた。

九、福田行誡との出会い

聞声は行誡から、

「そなたは、せっかく尼僧になったのだから、決して亡者《もうじゃ》の導師などの仲間に入らず、独《ひと》り、生者《しょうじゃ》の善知識となって、仏《ほとけ》（お釈迦さま）の遺命《いめい》（死後にのこした本意）に相応《ふさわ》しい尼僧となるように努めよ」

と教えられ、行誡の教えを『生涯の一言《いちごん》を護刀《まもりがたな》』として生き抜いた。聞声が後に「生者の善知識」となって、浄土宗での尼衆教場の設置や淑徳女学校の設立など、女子教育に全身全霊を傾けた原点となるのが行誡の教えである。

行誡から一ヵ所（回向院・感応寺など）にいたのでは修行にならないと、京都遊学を命じられ、聞声は、二八歳の一八七九年（明治一二）八月に、父・太左衛門とともに京都へ向かった。

知恩院山内の塔頭《たっちゅう》・入信院へ寄宿し、同じ山内に開校した「浄土宗総本山宗学校（旧大学林）」へ通った。在学三年目に宗学校の教員の黒田真洞《しんとう》（淑徳女学校の第四代名誉校長）から倶舎《くしゃ》や唯識《ゆいしき》の性相学《しょうぞうがく》を学ぶために泉涌寺《せんにゅうじ》へ行くことを勧められ、男僧しか学んでいない所に入り、ただ一人の尼僧として学んだ。

一〇、尼僧教場の設立

聞声は、男僧と共に学び続けながら尼僧に対する教育の必要性を痛感した。京都での修行生活が丸七年をすぎた一八八六年（明治一九）一〇月、浄土宗宗務所（東京）で開かれる議会に対し、上京して宗務所学監宛に尼僧教育の建議書を提出した。

当時の尼僧にもしっかりとした教育制度を設け、社会の手本となるような行いができるように学ぶ教育、規則が必要だと考え提案した。しかし、浄土宗門の議員たちの反応は、時期尚早という厳しいものであった。そののち、恩師・行誡が知恩院第七六世門主に任命され、さらに浄土宗初代管長に就任した。

この行誡の後ろ盾もあり、協力者を集め半年後に入信院を仮校舎として尼衆教場の開校式を行った。生徒は、一〇人余りからスタートし、聞声も教鞭をとった。

さらに一八八九年（明治二二）には、東京芝の増上寺山内の学頭寮に東京尼衆教場が設立され、聞声は監督兼教授に任命された。

一一、一般女子教育に対する建議書の提出

明治二〇年代（一八八七〜一八九六）は一般女子の就学率も低く、一八七〇年（明治三）以来、キリスト教系のミッション・スクールが二〇校ほどあったの

に比べ、仏教系の女子学校はまだ数えるほどしか設立されていなかった。このときに聞声は、尼僧教育に続き、一般女子の普通教育の必要を訴え、一八九一年（明治二四）九月、「淑徳女学校設立趣意書Ａ」（普通女学校の設立願）を提出。これに対し一二月に浄土宗から許可が下りた。

聞声は、仏教の教義に立って、徳性（道徳心）の育成の必要性を強調し、広く一般の女子を教育することが必要と考えた。特に、徳のある行動を身につけた教員を招くことで教師自身が人格形成にむかって努力する過程で生徒の教育がなし得るとした。

浄土宗僧侶の茅根学順《ちねがくじゅん》と野沢俊冏《のざわしゅんげい》らをはじめとする多数の有志の協力を得、東京小石川の伝通院境内地を借用し、廃校になった校舎を買い取って移築し、一八九二年（明治二五）九月七日に「淑徳女学校」の開校祝いが開かれた。

一二、資金難を乗り越える

淑徳女学校は、生徒五名、教員七名でスタートした。学科は、正科（三年制）と別科（二年制）と二科で構成され、読書、算術、手芸、修身、図画、生花、点茶等の教科が教授された。

学校は、スタートしたが維持していくためには相当の費用が必要であり、経済状況は、厳しい状態が続いた。聞声は、倹約のために学校に住み込み、教育と経営に全力を尽くした。開校三ヵ月後の同年末には、資金繰りが悪くなったが、この窮地を親族に助けられながらしのいだ。

急場をしのぎながらも経営資金の問題に悩み続けたが、浄土宗の資金援助を受けるなど支援を得られるように奔走した。開校五年後には、身売りの話まで出る状態であった。それも聞声が住職を務める感応寺の信徒総代の義侠《ぎきょうてき》的援助があって乗り切れた。

経済的支援は、個人的なものだけではなく、資金援助者となったのが「第二期淑徳婦人会」の結成である。これは、聞声の女子教育の理想を基礎とする仏教主義的修養会として発足した「第一期淑徳婦人会」を改変して継承したもので、当時の有識階級の婦人方による外部団体であり、淑徳女学校の名声を高め、大きな支援を得ることができた。

一三、病気療養中の決断

一九〇一年（明治三四）、五〇歳（満四九歳）を迎えたときに聞声は、重病にかかり入院した。入院中は、黒田真洞校長が聞声に代わって校務を監督した。

療養中に聞声は、学校の永遠の安泰のためには、個人で学校をもっているよりも浄土宗の一布教機関に寄付した方が最善であると決断した。この決断は、淑徳女学校創設前からのものであり、女学校の設立が成功した後には、浄土宗の公有の校舎とする考えであった。

一九〇三年（明治三六）三月の浄土宗会に寄付を願い出、承認を得た。一九〇三年（明治三六）四月二五日をもって淑徳女学校は、浄土宗の宗立校となった。その際、淑徳女学校が有していた、貯金二〇〇〇円余を付した上で浄土宗へ寄付した。

これに対し浄土宗の山下現有管長は、聞声の功績をたたえ表彰した。形の上では宗立校になっても、聞声は宗務所から学校の監督に任命され、引き続きこれまでと変わらずに校務に従事した。浄土宗に寄付した七日後に「淑徳女学校創立一〇周年記念祝賀会」が盛大に挙行された。

一四、淑徳女学校から淑徳高等女学校へ

明治期の半ばの東京府下に開校した仏教系の三校の女子学校は、一八九九年（明治三二）に公布された「高等女学校令」によって「高等女学校」に昇格し、仏教精神にのっとり、将来を見据えた上での良妻賢母を目指す教育を理念としている。

淑徳女学校は一九〇六年（明治三九）一二月、高等女学校令に基づく認可を文部省（当時）より受け、翌一九〇七年（明治四〇）四月の新学期から、校則を改定して修業四年制の高等女学校となり、校名を「淑徳高等女学校」と改称した。そして淑徳女学校名誉校長の黒田真洞が初代校長に推された。

また同時期に、「淑徳家政女学校」の設置認可届を

提出した。このの ち学生数が急増し校舎も増築し、「淑徳高等女学校」と「淑徳家政女学校」は発展の道をたどり、女学校としての名声も高まった。それにともない、明治三二年度に二〇名であった卒業生も、明治四三年度には一〇〇名にまで増加した。

一五、監督職の辞任と最終の地

淑徳高等女学校の組織は、大きくなり、さまざまな問題が生じた。淑徳高等女学校で幹部教員間で内紛が起こり、おさめるために聞声は、一九一二年（明治四五）五月、監督職の辞職を決意した。しかし、浄土宗管長より顧問を委嘱され、顧問として一年間残留した。

監督職を去るにあたり、一九一二年（明治四五）五月一二日午後一時半から東京小石川の伝通院の本堂で、これまでの功績を顕彰する盛大な告別式（送別会）が開催された。聞声、六二歳（満六一歳）のときである。

聞声は理想に燃えて淑徳女学校を設立し、学校の運営においてさまざまな苦難を体験しながらも、名声を高め当代一流の女学校に導いた。「天下の公器を私《わたくし》すべきでない」と考え、学校を退き、その後は一切関係せず、学校の発展を念願し、念仏三昧に入った。念仏を唱えて暮らすために鎌倉の扇ヶ谷《おうがやつ》に聞声庵を新築した。

その後、一九一五年（大正四）一月二七日、鎌倉の聞声庵で尼僧が殺害される事件が起き、留守居役の尼僧が殺された。半年後に犯人が逮捕されたが複数の新聞紙上で取り上げられ、聞声や聞声庵の名が紙面に登場した。犯人は、一〇年以上にわたり、尼寺を中心に犯罪を繰り返した凶悪犯であったことからも、事件は複数の新聞紙上で取り上げられ、世間の注目を集めた。

その後、鎌倉の聞声庵を懇望する人があったため、一九一九年（大正八）に人に譲り、同時に京都洛外の泉谷《いずみだに》の山腹にある西寿寺《さいじゅじ》に新たに聞声庵を造り、身のまわりの品をまとめて送り、聞声は移り住むのを楽しみに待っていた。

一六、入寂

一九一九年（大正八）四月、食欲はあるものの食べ物が胸につかえるようになり、次第に病状が悪化し食事が喉を通らなくなり、苦しむようになった。九月には、全治の見込みがない「食道がん」と診断された。

聞声に病名を告知するかしないか、周囲は気をもんだ末に病名を知らせたが、聞声は取り乱すこともなく落ち着いて受けとめ、念仏を唱え続けた。

一九二〇年（大正九）の二月に、

「信と忍とは万善万業の基礎なり」

「忍の徳たるや一切の事業を成就す」

という遺墨を書き残した。二ヵ月後の一九二〇年（大正九）四月三日午前九時、親しい人に見守られ、聞声は眠るように正念往生を遂げ、六九歳（満六七歳）の生涯を閉じた。

葬儀は、三日後の四月六日午後二時から小石川伝通院で営まれた。四月五日の『東京朝日新聞』朝刊に死亡告知が出ている。

五月二五日、生前の聞声の希望通りに、京都の知恩院・勢至堂《せいしどう》裏に葬られた。聞声は師・行誡の墓の近くに、行誡の五輪塔の一〇分の一の寸法で五輪塔を建てていた。

法名は「寂蓮社静誉念阿弥陀仏聞声法尼」である。

聞声（一八五二〜一九二〇）が明治の女子教育の先駆者として淑徳女学校を開校したのは、一八九二年（明治二五）九月七日である。時代は明治維新から四半世紀がすぎ、世をあげて欧米化の波が押し寄せる激動の時代であった。その間にあって聞声はつねに時代の先を見つめ、「尼衆教場」や「女学校」の教え子たちに、

「進みゆく世におくれるな、有為《ゆうい》な人間になれよ」

と説き続け、新しい時代にふさわしい女子教育に尽力したのであり、その功績は大きいものがあったといえよう。

（米村美奈）

輪島聞声事典

『輪島聞声事典』五十音順項目一覧

あ

か

さ

や

ら

わ

あ

「逢《あ》わぬと言《い》った者《もの》には逢《あ》わぬ」

谷紀三郎編『聞声尼』が伝える聞声の逸話の一つである。

一九一二年（明治四五）四月二五日の『読売新聞』に、「淑徳女学校の紛擾《ふんゆう》」の見出しで報道されたころのことである。聞声は淑徳高等女学校の初代校長・黒田真洞の自宅を訪問し、病床にあった黒田校長に自らの考えを率直に伝えた。

その背景には、聞声が一八七九年（明治一二）に京都遊学し、同年八月に浄土宗総本山宗学校に入学したとき、黒田真洞が宗学校の教師であった。こうした間柄が出発点であり、聞声が宗学校を卒業するとき、「それなら、男になって泉涌寺に行き、佐伯旭雅の性象学《しょうぞうがく》を学べ」、と強く助言してくれたのも黒田であった。

その後、聞声は尼僧を対象とする尼衆教場や、一般女子教育を行う淑徳女学校の開校などに取り組み、一方で黒田は次第に頭角を現し、浄土宗を代表する学僧となり、執綱《しっこう》、浄土宗大学学長、勧学《かんがく》、宗教大学学長などの要職を歴任しながらも、淑徳女学校の経営には常に聞声を援助して、非常に尽力してくれてきた。いわば盟友とも言うべき存在であった。ところが近来、ある事情によって両者の間に齟齬《そご》が生じ、大きな溝が出来ていた。そうした誤解やわだかまりを解消するため、聞声はわざわざ黒田邸を訪ね、率直な考えを述べたのだ。

谷紀三郎編『聞声尼』では、その状況を以下のように記している。

> 真洞師は聞声尼に対して、
> 「お前のようなものには、もう決して再び逢《あ》わぬ。帰れ」
> といった。「帰れ」と言われた聞声尼は居座って居る訳にはいかない。

「さようでございますか。それでは帰りましょう。随分と御大切に遊ばしませ」

こう言って帰ってしまった。聞声尼は心の中に、真洞師の狭量を悲しいことだと思った。

それから数日を経て、真洞師は学校へ来た。そして聞声尼に面会を求めた。校長であるから学校へ来るのは当然だ。聞声尼としては、

「お帰り下さい」

とは言えなかった。けれども、会おうといったって、それは聞声尼には聴くことは出来なかった。聞声尼は寄宿舎に帰ってしまった。真洞師は再三使いを聞声尼の部屋へ迎いをよこした。けれども聞声尼は行こうとは言わなかった。最後に、真洞師は、

「それでは、こっちから会いに行こう」

といった。その時、聞声尼は使いの者にこう言わせた。

「男が一旦、もう決して逢わぬぞと言ったら、逢わぬが可《よ》い。それを何だ。何という意気地なしだ。そんな腹のない男には私の方から逢うことは出来ませぬ」

聞声尼は遂に会わなかった。

真洞師は浄土宗界に於いて屈指の学者であった。従って宗の一般から久しく敬仰《けいぎょう》されて居たのであった。が、其の晩年は甚だ淋しいものであった。そして其の淋しい中に淋しく死んで逝《い》ってしまった人である。

会わぬといわれて、遂にそれきり会わなかった聞声尼は、真洞師の死を心から悼《いた》んだ。殊《こと》にあれほどの人が淋しく死んだその事に深いあわれを感じた。爾来《じらい》その命日には必ず墓参に行った。恐らく真洞師の命日に一度として墓参を怠らなかった人は、真洞師の数ある知己《ちき》友人の中で、ただ聞声尼一人だけではなかったろうか。

（『同書』一七五～一七七頁）

谷紀三郎は病床の聞声から直接聞き書きして『聞声尼』を書き上げ出版した。この「逢《あ》わぬと言った

者には逢《あ》わぬ」の逸話は、「第十章　嗜好と逸話」に収録された六話のうちの一つである。第九章までの本文と比較すると、聞声本人からの聞き書きに、弟子や近親者などからの取材に基づく補足のある逸話のように感じられる。

なお、聞声が一八五二年（嘉永五）生まれに対し、黒田真洞は一八五五年（安政二）の生まれであるので、聞声が三歳年長である。聞声は数え二五歳で出家したのに比べ、黒田は四歳にして剃髪・出家して宗学や仏教学を学んだので、京都知恩院の浄土宗総本山宗学校で出会ったとき、尼僧生徒と教師の立場であった。

また、前後三三年の長きにわたる交誼《こうぎ》に齟齬《そご》を来たし、遂に面会しなかった一九一二年（明治四五）四月末から、四年後の一九一六年（大正五）一月二五日に黒田真洞は入寂した。そして真洞の死から三年後に聞声は入寂している。

参考：谷紀三郎編『聞声尼』私家版、一九二〇。

（米村美奈）

伊沢修二《いざわしゅうじ》

伊沢修二の徳育論の影響　伊沢修二は近代日本教育の開拓者（一八五一～一九一七）。現在の長野県伊那市高遠町に生まれ、藩校・進徳館で学び、一八六七年（慶応三）に江戸に出府。ジョン万次郎に英語を学ぶ。一八七二年（明治五）に文部省へ出仕。一八七五年（明治八）に師範学校教育調査のため、アメリカ合衆国へ留学。グラハム・ベルから視話術を、ルーサー・メーソンから音楽教育を学び、一八七八年（明治一一）に帰国すると、翌一八七九年（明治一二）三月に東京師範学校（現在の筑波大学）の校長となる。一八八二年（明治一五）に『教育学』と『学校管理法』を発行。両書は日本の教育学における最初の本格的学術研究書であり、明治の教育界に大きな影響を与

伊沢修二

えた。『教育学』では、

　教育トハ何ソヤ、曰《いわ》ク、完全ナル人物ヲ養成スルノ術ナリ（『同書』二頁）

と説き起こし、智育と徳育について、

　精神上ノ教育ハ、通常分《わかち》テ二トス。専ラ智心ノ教養ニ関スルモノヲ智育ト云ヒ、専ラ徳性ノ教養ニ関スルモノ、之ヲ徳育ト云ウ（『同書』二頁）

と解説して、「第三篇徳育」では多くの頁を用いて、教育における徳育論の重要性を強調している。

　さらに、一八八五年（明治一八）に内閣制度が発足すると、森有礼《もりありのり》文部大臣（一八四七〜一八八九）のもとで、教科書編纂に尽力。一八九〇年（明治二三）五月に国家教育社を組織し、徳育教育を唱導し、一〇月に『国家教育』を創刊。翌年、文部省を非職《ひしょく》となってから国立教育運動に力を注ぐ。当時、急速な西欧化に反発する風潮と呼応して、世をあげて徳育教育が注目を集めた。その推進者の代表的な一人が伊沢修二であり、伊沢の『教育学』と『学校管理法』が論拠の一つであった。

「淑徳女学校設立趣意書A」と伊沢修二　伊沢修二は聞声の一歳年長である。同世代という親近さもあったかもしれない。聞声が感応寺再興を命じられて京都から上京したのは、徳育論が全国的な高まりを見せていた一八八九年（明治二二）一月で、浄土宗宗務所に「淑徳女学校設立趣意書A」（普通女学校の設立願）を提出したのが二年後の一八九一年（明治二四）である。

　米村美奈は論文「淑徳女学校設立趣意書の『淑徳』についての考察」で、この当時の徳育重視に大きく傾く風潮を取り上げ、聞声が上京した翌年の地方官会議で「徳育涵養ノ義ニ付建議」が承認されたことが重要な意味を持っていると指摘している。

　徳育を重視する風潮は、一八九〇年（明治二三）二月に山形有朋《ありとも》内相が召集した地方官会議で、「徳育涵養ノ義ニ付建議」が承認されたことで一気に高まったといえる。それは聞声が上京した翌年、設立趣意書Aを起草する前年である。（米村「同論文」五三頁）

【あ】

そして地方官会議に出席した知事の動向や、「徳育涵養ノ義ニ付建議」が議決された理由を詳細に分析した、麻尾陽子の論文「教育勅語起草の契機―明治二三年の地方官による建議―」を取り上げている。

（賛成した知事のなかで）初めて知事になった一一人は徳育の現状を見て驚き、知事・県令経験のある一三人は、徳育の衰退が以前にいた県だけではないことを実感して慌てたのではないだろうか。（麻尾「同論文」五七四頁）

その上で米村は、徳育が強調された時代背景と設立趣意書Aへの伊沢修二の影響について、『淑徳教育七十年』の編者・徳武真有の指摘を援用しながら、次のように論究している。

聞声は設立趣意書Aで、「徳を身につけた教員を招き」「さらに教科書および学校運営の方法を充分吟味して、（女子生徒たちの）静淑の徳（道徳心）を養成する上で問題が起きないように努力する（覚悟である）」としている。

徳武真有はこの表現について、「（この）誇り高き文章は、健やかな本校（筆者注：淑徳女学校）の教育方針を示す一節であるが、そのかげには伊沢氏の協力をしのばせるものがある」（『淑徳教育七十年』一四頁）と指摘している。筆者も同感である。（米村「同論文」五三頁）

伊沢家と聞声・淑徳女学校の深い関係　さらに米村は、淑徳女学校の生徒数の少ない開校期に伊沢修二の長女・夏（のちに教育家・遠藤隆吉と結婚）が入学するなど、伊沢修二・伊沢家と聞声・淑徳女学校との深い関係について、次のように示している。

伊沢修二は淑徳女学校の初期に娘を入学させ、夫人の伊沢千世子（千勢子）が淑徳婦人会の発起人に名を連ね、伊沢修二自身も淑徳婦人会が付帯事業として淑徳女学校内に開設した清韓語学講習所の顧問に就任するなど、聞声および淑徳女学校と密接な関係を持っている。聞声が設立趣意書Aを作成するうえで、伊沢修二の『教育学』に見られる徳育重視の考えと、『学校管理法』に示された具体的な方法論が大きく影響し

ているといえよう。（米村「同論文」五三頁）

徳武真有と米村の指摘を読むと、伊沢修二は淑徳女学校の設立趣意書の内容・文言に強い影響を与えた一人と考えられる。

また、後年、聞声対黒田真洞校長・井原徳従主幹という構図で、淑徳高等女学校に大きな問題が表面化した一九一二年（明治四五）、学校の顧問であった伊沢修二は紛争を抑えるため井原徳従主幹の更迭を浄土宗宗務所にせまった。聞声にとって力強い援護であった。けれども当時の浄土宗宗務所は積極的な行動を取らず、両者の対立はさらにはげしくなり、結果として浄土宗宗務所は黒田真洞、井原徳従、聞声の三人に職を辞するように諭告。黒田真洞は辞任し、聞声は同年五月に退任を表明した。

その後、聞声が感応寺を弟子の成功と誠厚に譲り、念仏三昧に入った一九一七年（大正六）五月三日、伊沢修二は六七歳の生涯を閉じた。

参考：伊沢修二『教育学』森重遠、丸善商社書店、一八八二。麻尾陽子「教育勅語起草の契機―明治二三年の地方官による建議―」『法学新報』一二一巻、法学新報編集委員会、二〇一五。徳武真有編『淑徳教育七十年』学校法人淑徳学園、一九六二。→淑徳女学校設立趣意書A

（割田剛雄）

伊《い》沢《ざわ》千《ち》世《よ》子《こ》

伊沢修二夫人。千勢子、ちよ、千代子とも書かれているが本事典では『浄土教報』の記事に頻出する千世子で統一する。第二期淑徳婦人会発起人の一人、のちに同会会長代理。

長女を開校初期の淑徳女学校へ入学させる　伊沢修二・千世子夫妻には四女一男があった。長女・夏は開校初期の淑徳女学校に入学し、のちに遠藤隆吉（一八七四～一九四六。思想家、社会学者、教育者で私立巣鴨学園の創設者）と結婚している。

広瀬了義は『淑徳五十年史』第一章「本校創立の気運」で、一八九二年（明治二五）の開校当時の生徒に関連して、

生徒は尼衆教場と共に移ってきた三人の尼僧と

河野たか、平岡いねの両女史であった。伊沢氏の総領のお嬢様（後の遠藤隆吉氏令室）は、初期の生徒であった。（『同書』六頁。圏点は筆者）

と記し、後に遠藤隆吉夫人になった「総領のお嬢様」の入学を明記している。ただし、他の資料を確認すると、遠藤隆吉と結婚したのは伊沢修二・千世子の長女・夏であり、総領（長男・勝麿）のお嬢様ではない。

一九四五年（昭和二〇）五月二五日の空襲で淑徳高等女学校が全焼し、在校生名簿等の関係書類も焼失したため、現時点では、伊沢夏の入学年次等は確認できていない。

淑徳婦人会の再結成の発起人　淑徳婦人会は淑徳女学校の開校翌年に結成されたが、一時、活動が停滞していた。一八九九年（明治三二）一一月一五日、淑徳婦人会の組織変更の相談会が開かれ、再結成の発起人と会則が『浄土教報』第三七九号（明治三二年一一月一五日）に大きく報道された。

伊沢千世子は貴族院議員伊沢修二の夫人として、代議士河野広中夫人・河野関子や貴族院議員児玉惇一郎夫人・児玉周子とともに、淑徳婦人会再結成の主要な発起人であった。伊沢千世子たちを発起人とする再結成の淑徳婦人会は、告知どおりに一二月九日に、「発会式」を淑徳女学校の講堂で盛大に開催した。『淑徳教報』第三八一号（明治三二年一二月五日）に詳報されている。この発会式でも伊沢千世子は河野関子、児玉周子とともに淑徳婦人会の中心となって活躍している。

注目すべきは、のちに淑徳婦人会の象徴的存在となる岩倉梭子《おさこ》（岩倉具経《ともつね》男爵夫人）はまだ登場していないことである。また、参列者名を列記する記事の中に「松平子爵夫人、同令嬢」と記載されている。この松平子爵令嬢とは、七歳になった松平誠厚を指すものと考えられよう。

こうして淑徳婦人会は伊沢千世子などの尽力もあり、盛大に再結成され、このあと春秋二回の大会が開催され、一気に注目を浴びていく。

伊沢千世子の見識と磊落《らいらく》な性格　第二期淑徳婦人

会が発足した四年後、一九〇三年（明治三六）に出版された安藤鉄腸著『教会の夫人』に、「伊沢千代子女史」が収録されている。伊沢千世子のことである。書名にいう「教会」とは今日のキリスト教的な意味合いではなく、著者自身が、

　ここに言う教会は極めて狭い意味で、むしろ仏教界と命名するのが適切であるかも知れぬ。（『同書』一〜二頁）

と記しているように、仏教界を中心とする意味である。同書は新聞連載をまとめ、加筆したもので、仏教界の三五名の名流夫人の経歴や人物像が活写されている。

伊沢千世子については、「明治クリスチャン教育家」の一人である鳩山春子と対比させ、女子高等師範学校を卒業して漢籍や陽明学に通じ、禅に親しみ、磊落《らいらく》な様子を次のように綴っている。

　教会における婦人の見立てをすれば、キリスト教の鳩山春子は仏教の伊沢千代子であろう。その学問といい、その社交といい、誠に好一対の婦人である。女史は貴族院議員伊沢修二氏の夫人で、女子高等師範学校の卒業生であるが、漢籍に精《くわ》しく殊《こと》に陽明学に通じている。（略）久しき以前より鎌倉の洪岳《こうがく》和尚に参禅して心機《しんき》を練り、また三、四年前から同志を計《はか》りて正覚会を興《おこ》し、春秋二度に洪岳和尚を聘《へい》して提唱参禅の筵《むしろ》を開き、都門《ともん》に禅風を導き入れている。極めて磊落《らいらく》の質《たち》で、普通の女の如く、容姿《なりふり》なぞには少しも頓着せず、普段着のまま、どこへでも車を飛ばすという風である。年三七、八。（『同書』五一〜五二頁）

安藤鉄腸の見た目で伊沢千世子は三七、八歳という。このとき聞声は四七歳である。漢籍の素養を持ち気丈なエピソードの多い聞声と、伊沢千世子は性格や気風が合っていたのではないかと想像できる。

聞声の送別式に列席　一九一二年（明治四五）五月、聞声は辞職し、淑徳高等女学校に別れを告げた。五月一二日午後一時半から東京小石川の伝通院本堂で、聞声の功績を顕彰する告別会（送別会）が盛

大に開催された。淑徳婦人会会長代理の伊沢千世子は同会会長・岩倉梭子等とともに参列している。

参考：安藤鉄腸『教会の夫人』文明堂、一九〇三。米村美奈『輪島聞声の生涯』淑徳選書六、淑徳大学長谷川仏教文化研究所二〇一九→淑徳婦人会

（米村美奈）

一生《いっしょう》の護刀《まもりがたな》

聞声が『二六新報』の記者のインタビューに応えた言葉の一つである。

聞声は一九一二年（明治四五）五月、淑徳高等女学校の監督を退任した。このとき長年の功績を顕彰する盛大な式典「告別式」が五月一二日に小石川の伝通院本堂で挙行された。ここで言うところの「告別式」は現在の意味と異なり、「お別れ会」「送別式」の意である。

『二六新報』を始めとして、新聞各紙が告別式を取材し、その様子を報道した。なかでも『二六新報』は記者が聞声に直接インタビューし、「一生不犯《いっしょうふぼん》の浄尼《じょうに》」のタイトルのもとに、告別会の紹介に続けて、聞声の一代記を五月一三日から一六日まで連載した。

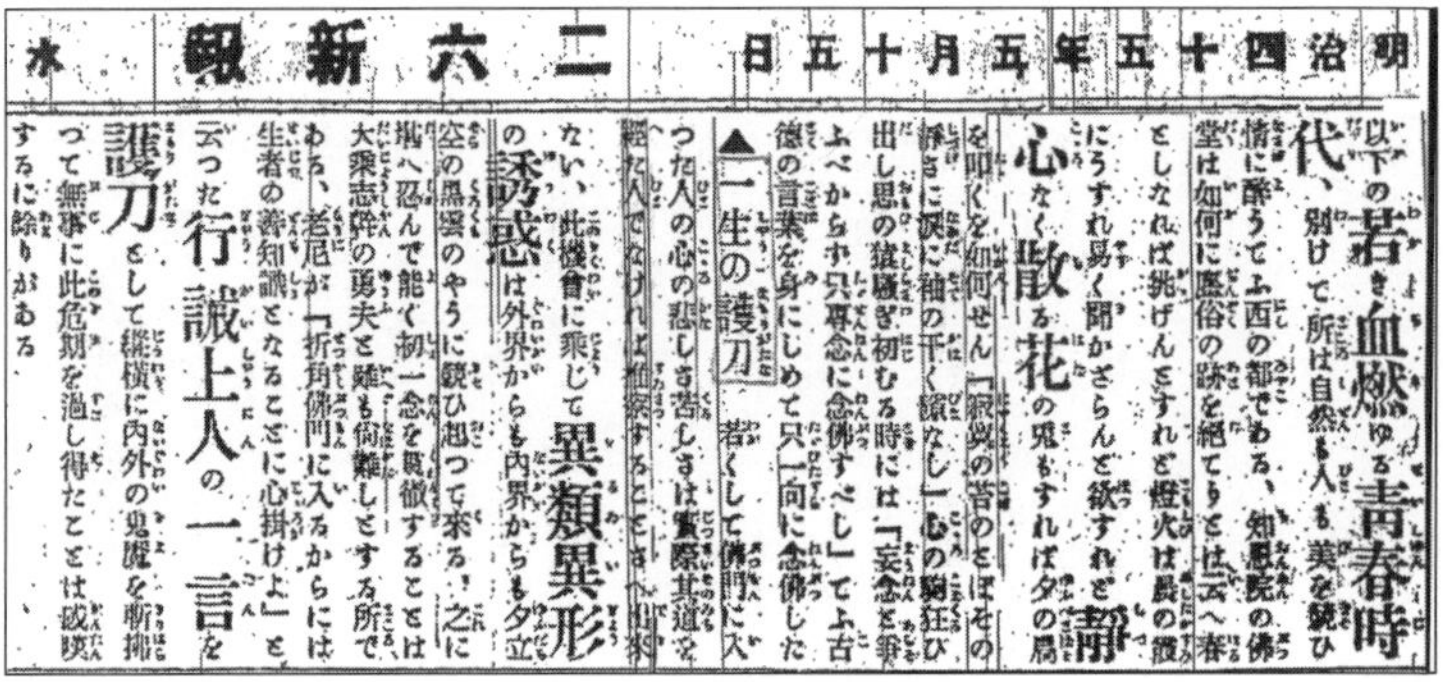
明治四十五年五月十五日 二六新報 水

以下の若き血燃ゆる青春時代、別けて所は自然も人も美を競ひ情に酔うてふ西の都である、知恩院の佛堂は如何に塵俗の跡を絶てりとは云へ春としなれば挑げんとすれど燈火は晨の覆にうすれ易く開かざらんと欲すれど靜心なく散る花の兎もすれば夕の扇を叩くを如何せん「寂寞の暮のとぼその静さに涙に袖の干く隙なし」心の駒狂ひ出し思の猿騒ぎ初むる時には「妄念を爭ふべからず只專念に念佛すべし」てふ古德の言葉を身にしめて只一向に念佛した

▲一生の護刀 若くして佛門に入つた人の心の悩しさ苦しさは實際其道を經た人でなければ推察することさへ出來ない、此機會に乘じて異類異形の誘惑は外界からも内界からも夕立空の黒雲のやうに競ひ起つて來る、之に耐へ忍んで能く初一念を貫徹することは大乘志幹の勇夫と雖も倚難しとする所である、若尼が「折角佛門に入るからには生者の善知識となることに心掛けよ」と云つた行誡上人の一言を護刀として縦横に内外の鬼魔を斬拂つて無事に此危期を過し得たことは破戒するに餘りがある

『二六新報』（明治45.5.15）

聞声は得度以来、行誡に四年間師事し日々その講座に参加して『十善法語』と『涅槃経』の聴講に最も耳を傾けたという。行誡は常日頃から、戒律を守っての学僧としての生活や、厳しい仏道修行の実践を理想ととらえ、「葬儀などに

関わることは、僧侶の本道ではない」との識見を表明してきた。そこで次第に修行が進む聞声の様相を見て、将来への指針を折々に与えた。たとえば、

「そなたは、せっかく尼僧になったのだから、決して亡者《もうじゃ》の導師などの仲間に入らず、独り、生者《しょうじゃ》の善知識となって、仏（お釈迦さま）の遺命《いめい》（死後にのこした本意）に相応《ふさわ》しい尼僧となるように努めよ」

との訓戒などである。訓戒の内容は聞声が聴講した『涅槃経』の重要な教えの一つであるので、求道心《ぐどうしん》の篤《あつ》い聞声の心に強く響いたものと想像できる。

『二六新報』では五月一五日の連載記事に、聞声が大切にしてきた師・行誡の教えの詳細が次のように記録されている。

> 上人（筆者注：行誡）一日《いちじつ》（筆者注：ある日のこと）老尼（筆者注：聞声）に語って云く「今の世、僧尼の数は少なからず、然《しか》れども是等は凡《す》べて亡《もう》者《じゃ》の導師にして、生者《しょうじゃ》の善知識《ぜんちしき》（筆者注：仏道へ導く指導者）に非《あら》ず。仏《ぶつ》一代の説法は六千余巻に余《あま》って居《い》るが其《その》一一の経文は悉《ことごと》く生者を導くためであって、死者のための説法は一つもない。之《これ》を思えば、天下の一人《いちにん》の能《よ》く仏命《ぶつめい》に契《ちか》った僧尼は無いことになる。御身《おんみ》折角出家するならば決して滔々《とうとう》たる亡者《もうじゃ》の導師に伍《ご》することなく独《ひと》り生者《しょうじゃ》の善知識となって仏命《ぶつめい》に契《ちか》うことを是《こ》れ努めよ」と此一語は最も深い感銘を老尼に与えた。

ここに信仰や教化に対する、聞声の生涯を貫く一筋の道が示されたのである。そして記者は聞声が「行誡上人の一言《いちごん》を（一生の）護刀《まもりがたな》」としたことを明記している。これこそ、聞声が常に「生者の善知識」となることを心掛け、浄土宗での尼衆教場の設置や、一般女子の教育を目指して淑徳女学校を設立し、女子教育に全身全霊を傾けた原点であった。

なお、『二六新報』の「一生の護刀《まもりがたな》」の記事は、生前六一歳の聞声が語った言葉を筆記したものである。晩年に聞き書きした谷紀三郎の『聞声尼』を読むと、谷が『二六新報』の記事をほぼそのまま活用していることが判明する（谷紀三郎編『聞声尼』三三〜

三四頁参照）。→生者の善知識

（割田剛雄）

一生《いっしょう》不犯《ふぼん》の浄尼《じょうに》

『二六新報』に連載された聞声のインタビューのタイトル。一九一二年（明治四五）五月一三日から一六日まで連載された。聞声六一歳のときのインタビューである。

聞声が同年（一九一二）五月に淑徳高等女学校の監督職を退任したとき、五月一二日に盛大な式典「告別式」が小石川伝通院本堂で挙行され、長年の功績が顕彰された。式典の「告別式」の表記は現在の葬儀にまつわる意味と異なり、単純な意味での「お別れ会」や「送別式」のことである。

新聞各紙が送別式を取材し、その様子を報道したなかで、『二六新報』と『婦女新聞』の記者が聞声にインタビューした記事が残されている。『婦女新聞』が「女子教育家としての輪島聞声尼」（上下二回）であったのに対し、『二六新報』は「一生《いっしょう》不犯《ふぼん》の浄尼《じょうに》」のタイトルをつけ、四回に分けて、告別会の紹介と

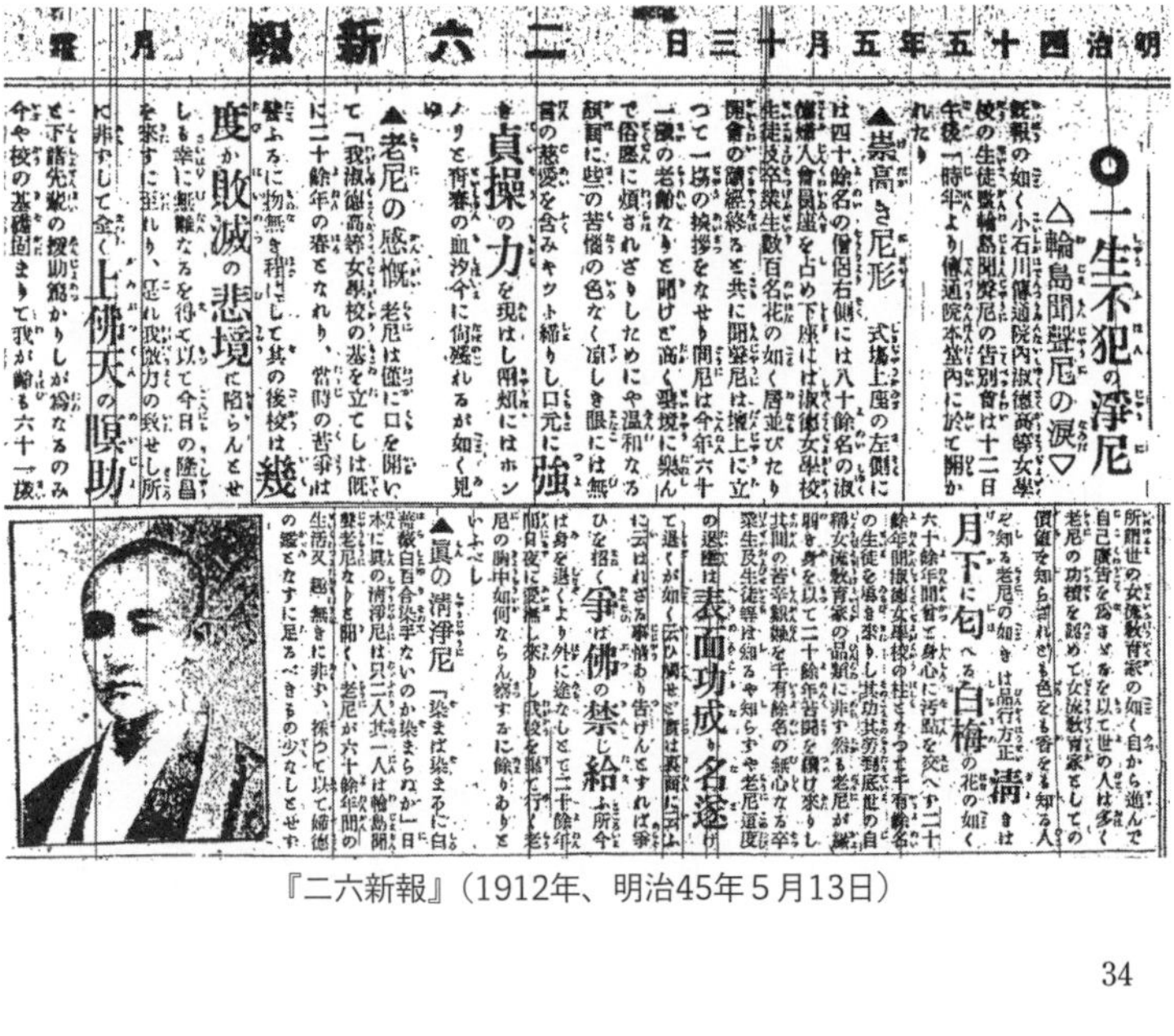

明治四十五年五月十三日　二六新報　月曜

◎一生不犯の淨尼
△輪島聞聲尼の涙▽

既報の如く小石川傳通院内淑德高等女學校の生徒數輪島聞聲尼の告別會は十二日午後一時半より傳通院本堂内に於て開かれたり

▲崇高き尼形　式場上座の左側には四十餘名の僧侶右側には八十餘名の淑德婦人會員座を占め下座には淑德女學校生徒及卒業生數百名花の如く居並びたり開會の辭終ると共に聞聲尼は壇上に立つて一場の挨拶をなせり聞尼は今年六十一歳の老齢なりと聞けど高く理想に樂んで俗塵に煩されざりしためにや温和なる顔面に些の苦惱の色なく涼しき眼には無言の慈愛を含みキツト締りし口元に強き貞操の力を現はし兩頬にはホンノリと青春の血汐今に存溢るるが如く見ゆ

▲老尼の感慨　老尼は徐に口を開いて「我淑德高等女學校の基を立てしは既に二十餘年の昔となれり、當時の苦爭は譬ふるに物無き程にして其の後校は幾度か敗滅の悲境に陷らんとせしも幸に艱難なるを得て以て今日の隆昌を來すに至れり、是れ我微力の致せし所に非ずして全く上佛天の冥助と下諸先輩の援助篤かりしが爲なるのみ今や校の基礎固まりて我が齡も六十一歳

所謂世の女流教育家の如く自から進んで自己廣告を爲すなきを以て世の人は多く老尼の功績を認めて女流教育家としての價値を知らざれども色をも香をも知る人ぞ知る老尼の如きは品行方正清きは月下に匂へる白梅の花の如く六十餘年間曾て身心に汚點を交へず二十餘年間淑德女學校の柱となりて千有餘名の生徒を導き來りし其功其勞到底世の自稱女流教育家の品類に非ず然も老尼が繊弱き身を以て二十餘年苦鬪を續け來りし其間の苦辛艱難を千有餘名の純心なる卒業生及生徒等は知るや知らずや老尼道度の退隱は表面功成り名遂げて退くが如く云ひ聞せど實は裏面に云ふに云はれざる事情あり告げんとすれば爭ひを招く爭は佛の禁じ給ふ所今は身を退くより外に途なしとて二十餘年間日夜に愛撫し來りし我校を離れ行く老尼の胸中如何ならん察するに餘りありといふべし

▲眞の清淨尼　「染まば染まるに白薔薇白百合染手ないのか染まらぬか」日本に眞の清淨尼は只二人其一人は輪島聞聲尼なりと聞く、老尼が六十餘年間の生活は一點無きに非ず、採りて以て婦德の鑑となすに足るべきもの少なしとせず

『二六新報』（1912年、明治45年５月13日）

聞声の一代記を連載した。

聞声の晩年、重篤《じゅうとく》となった聞声から著述家・谷紀三郎が聞き書きして編集・出版した『聞声尼』と比較するとき、一読して六一歳の本人でなければ語ることのできない、人間味あふれる内容であることがわかる。聞声の残されている毅然とした雰囲気の写真から受ける、近寄りがたい印象とは別のものが感じられる。

『二六新報』の記事内容は、インタビューした記者の理解力の高さと、仏教教学への素養の豊かさを物語るものである。

特に、宗祖法然の「智者の振舞《ふるまい》をせずして只一向《ただいっこう》に念仏すべし（筆者意訳：智慧のある者のような振る舞いをせずに、ただひたすらにお念仏を称《とな》えなさい）」（「一枚起請文」）という教えに基づき、学解《がくげ》の徒《と》（筆者注：仏教を頭だけで理解する人）をあまり喜ばない浄土宗にあって、尼僧に対し学問の門戸を開いた「尼衆学校」の開設を聞声の卓見と称賛し、「生者の善知識」に徹しようとの聞声の覚悟が、一般女子教育「淑徳女学校」の開設に至った真摯《しんし》な姿を高く評価している。↓一生の護刀

（割田剛雄）

岩倉梭子《いわくらさやこ》

浅草婦人会と淑徳婦人会の会長に就任

岩倉梭子《いわくらさやこ》は大谷光勝《おおたにこうしょう》（東本願寺第二一代法主。真宗大谷派管長）の六女で、岩倉具経《ともつね》男爵夫人。浅草婦人会会長、第二期淑徳婦人会会長、淑徳婦人会付属女子清韓語学講習所校長などを歴任した。

岩倉梭子と淑徳婦人会の関係を考察するうえで、重要な同時代史料の一つが安藤鉄腸著『教会の婦人』である。安藤は同書で、東京の婦人会のなかで最も古い歴史を持ち、最も隆盛なのが浅草本願寺で開かれている「浅草婦人会」であり、数多い婦人会のなかで多くの妙齢の女子を会員に持ち、女学生の婦徳を涵養するのに努力していたのが「淑徳婦人会」である、としている。

そして岩倉梭子が二つの会の会長に就任したことを次のように紹介している。

岩倉梭子は真宗大谷派の法主・大谷光瑩《おおたにこうえい》の妹で、跡見女学校で教育を受け、若くして岩倉具視公爵の分家である子爵・岩倉具経《ともつね》に嫁ぎ、四男一女の母親となり、夫の赴任に伴われてロシア公使館に三年いたこともある。

一八九〇年（明治二三）に夫の岩倉具経が病死したため、以降は子女の薫育《くんいく》に心がけ、温良恭《おんりょうきょう》謙《けん》な日々を送り、昨年より浅草婦人会の会長となり、一昨年の秋より淑徳婦人会の会長の任についた（『同書』一一九〜一二三頁参照）。

『教会の婦人』の発行は一九〇三年（明治三六）である。そのため、文中の「一昨年の秋」は一九〇一年（明治三四）秋と考えられ、第二期淑徳婦人会会長の就任も同じ時期と推定出来る。

この観点に立てば、伊沢千世子（貴族院議員伊沢修二夫人）や河野関子（代議士河野広中夫人）、児玉周子（貴族院議員児玉惇一郎夫人）など二二名の名流夫人を発起人とする、一八九九年（明治三二）の第二期淑徳婦人会の再結成以来、同会の活躍が注目を集め始めるなかで、一九〇一年（明治三四）の秋季大会まで、岩倉梭子の名前が会長として登場しない疑問が氷解する。

岩倉梭子の会長就任と名声の高まり　第二期淑徳婦人会は岩倉梭子の会長就任と時を同じくして、世評を高め「婦人団体の白眉《はくび》」とまで言われるようになった。

有名講師を招いての毎月の例会や、小石川植物園などを会場とした春秋二回の大会は新聞紙上にたびたび取り上げられ、名流夫人や一般の人たちの注目と人気を集めた。

なかでも特筆すべきは、淑徳婦人会の附帯事業として一九〇五年に、淑徳女学校内に女子清韓語学講習所を設立したことであり、夏目漱石の『吾輩は猫である』に取り上げられるなど、次第に淑徳女学校の名声を高める気運をもたらしたことである。

聞声の退任・送別式と淑徳婦人会の解散　一九一二年（明治四五）五月、聞声は退任を決意し、二〇年来手塩にかけてきた淑徳高等女学校に別れを告げた。直後の五月一二日午後一時半から東京小石川の伝通院本堂で、聞声の功績を顕彰する告別会（送別会）が盛大に開催された。当日の様子を新聞各紙は大きく報じている。五月一三日付『二六新報』は、

式場上座の左側には四〇余名の淑徳婦人会員（が）座を占め、下座には淑徳女学校生徒および卒業生数百名（が）花のごとく居並びたり。開会の読経（が）終わるとともに、聞声尼は壇上に立って一場の挨拶をなせり。同尼は今年六一歳の老齢なりと聞けども、…涼しき眼には無言の慈愛を含み」（筆者注：原文の漢字の一部を平仮名に開き、（が）を補った）

と伝えている。岩倉梭子は淑徳婦人会会長として、会長代理・伊沢千世子などとともに、式場上座の左側に白襟黒紋付の礼服で参列した。

そして七月三〇日、明治天皇が崩御《ほうぎょ》されると元号が大正に改元され、明治時代に幕が引かれ、新たな大正時代が始まった。淑徳婦人会もまた大きな転機を迎えた。

一九一二年（大正元）一二月五日発行の『中外日報』の記事を要約すると、聞声が淑徳高等女学校と全く関係を絶ったことで、伊沢千世子や三宅藤子などの幹部が対応策を協議し、聞声と関係がなくなった同校内に淑徳婦人会を置く必要はないとの結論に達したので、去月（一一月）に会長・岩倉梭子邸に幹部等四〇～五〇人が集まり、悲壮な解散式を行った、というものである。

こうして、淑徳女学校の創立の翌年、一八九三年（明治二六）に結成され、一八九九年（明治三二）に再結成が行われて、二〇年にわたり淑徳女学校・淑徳高等女学校の発展に寄与してきた淑徳婦人会が閉会した。聞声自身は退任を表明したあとも、浄土宗管長の要請により顧問の役を引き受け、正式に淑徳高等女学校から離れたのは一九一三年（大正二）である。

淑徳婦人会の解散式の報道を読むとき、岩倉梭子会長はじめ淑徳婦人会の幹部（発起人など）たちが、いかに深く、聞声その人を信頼し、聞声の教育方針

に共感し、聞声に象徴される淑徳高等女学校を支援しようとしていたかが分かる。

参考：安藤鉄腸『教会の夫人』文明堂、一九〇三。→淑徳婦人会→伊沢千世子　（米村美奈）

岩《いわ》田《た》栄《えい》蔵《ぞう》

廻船業「松前運送会社」社長として活躍　聞声の義弟（聞声の妹くらの夫。？～一九三〇）。谷紀三郎編『聞声尼』などには「栄造」の表記も見られるが、松前町史編纂室『概説　松前町史』や『松前史談会報』、米村美奈『輪島聞声の生涯』などの表記をもとに、本事典では「栄蔵」で統一する。

岩田栄蔵

岩田栄蔵は松前の豪商岩田家の出身。明治期に廻船業「松前運送株式会社」の社長として活躍。聞声の妹くらとの結婚については、松前の教育家・郷土史家の松本隆が論稿「松前が生んだ女傑輪島聞声尼」で、

聞声尼の姉《ママ》の一人（筆者注：妹くら）は城下の岩田栄蔵（後の華道東池坊の開祖）に嫁ぎ一女三男を挙げたが肺患の為め若死し……。

と述べているが、岩田栄蔵とくらの結婚の時期やくらが何歳で病没したかなどの詳細は言及されておらず不明である。

『概説　松前の歴史』によると、一八七五年（明治八）に福山（松前）港の石造防波堤が完成し、函館―福山間に汽船が就航。一八八四（明治一七）ころには蒸気船による海運業者が現れたとして、岩田栄蔵の活躍を紹介している。

岩田栄蔵は同（筆者注：明治）一七年六月汽船相川丸を函館～福山～江差間に就航させ、同一八年七月には江差丸、さらには同年玉浦丸を就航させた。これらの船は時化《しけ》時を除いて函館～福山間を隔日運航されるようになり、陸路の完備していない当時としては、非常に便利なもので

あった。（『同書』一六五～一六六頁）

このころ、聞声は京都遊学の後半期で法華経や梵網経などを血書し、尼衆教場の設立構想を練っていた時期である。松前ではさらに回漕業が進展し、新会社の設立が相次ぎ、やがて岩田栄蔵は「松前運送株式会社」社長に就任する。

回漕業者の岩田一族（岩田栄蔵、岩田金蔵、岩田又七等）は（筆者注：明治）二三年一二月福山商船組を改称して、松前商船株式会社をつくった。（略）二四年一二月五日には松前運送会社と改称し、岩田栄蔵が社長に就任している。（『同書』一六六～一六七頁）

義弟の岩田栄蔵が船運会社の社長に就任した同年九月に、浄土宗宗務所より聞声に「普通女学校」の設立許可が下りた。

淑徳女学校開校と資金繰りに困窮　聞声は一八九二年（明治二五）九月に淑徳女学校を開校したのち、同年暮れに資金繰りに困り、支払いを求めて出入りの植木屋などがやってくると、学校の裏門から感応寺へ逃げ帰り、その場をしのいだ。実際は、感応寺に帰ったところでお金がわいてくるわけではなく、困り切って布団を敷いて横になり、病気のふりをするしかなかった。しかし、仮病《けびょう》で寝ている所にも、借金の取り立てはやってきた。逃げ場がなくなり、やむをえず、取り次ぎの弟子に、

「病気で寝込んでいるので、三日たったら来るように言ってほしい」

と頼んだ。ところが、

「病気？　それはどんな様子ですか？」

と玄関を上がって来る人の気配がした。

「借金取りが寝ている所まで入ってくるなんて、どういう了見だ」

と怒りを感じ、一喝しようとした。そこへ、

「義姉《ねえ》さん、体調が悪いのですって？」

と遠慮なく、襖《ふすま》を開けて入ってくる人がいた。

お金がない病気に薬代二〇〇円　顔を見せたのは借金取りではなく、なんと、北海道から仕事のために上京した義弟の岩田栄蔵であった。

「義姉さん、いつから悪かったのですか？　ちっとも知らなかった」

といって心配げに聞声を見た。今さら仮病だというのも気が引けるので、

「いえ、ね、お前さんだったら、何も心配することはなかったのだが、借金取りが来たかと思ったのさ」

「でも、床を敷いて寝ているではないですか。体のどこが悪いのですか」

「私の病気かい。私の病気はお金がない病気なの。お金さえあればすぐ治る病気だよ」

と聞声は笑った。岩田栄蔵は、

「そうでしたか、そういうことならば、ここに持ち合わせは少ないですが、これで急場をしのいでください」

と聞声の前に薬代として二〇〇円を置いた。

義弟・岩田栄蔵は、前述のごとく二年前（一八九一年、明治二四）に松前に本社を置く松前運送株式会社の社長に就任し、函館―福山―江差間の船運業で成功を収め、所用でたまたま上京してきたのである。

そうした立場ゆえに、当時としては大金の二〇〇円を持ち合わせていたといえよう。

この特効薬とも言える薬代で聞声の病気はたちまち治り、すぐに学校へ帰り、各支払先へ少しずつ返済し、急場を乗り越えることができた（谷紀三郎『聞声尼』参照）。

また別の見方をすると、淑徳女学校の開校に際して、校舎購入代五〇〇円を水島忠兵衛（感応寺信徒代表）から借り入れ、校舎の移転費用や開校の諸費用を実家・輪島家から援助を受けた状況を見ると、義弟・岩田栄蔵の二〇〇円も、たまたま持ち合わせたというよりも、聞声を支援するために輪島家ないしは岩田家が用意してきたものと考えられよう。

開校当初は生徒数も少なく、授業料の収入はわずかで、資金繰りが厳しく、義弟・岩田栄蔵持参の二〇〇円が聞声の窮状を救った。こうした開校時の輪島家や岩田栄蔵の支援、感応寺の信徒総代・水島忠兵衛の金銭的支援がなければ、淑徳女学校の開校、そして存続は叶わなかったとされる。

華道「東池坊」を創流　のちに岩田栄蔵は一九〇七年（明治四〇）に華道「東池坊《ひがしいけのぼう》」を創流し、流祖・美捷法眼《びしょうほうげん》として「華禅一味をとなえ、和合と品位と格調の高さをめざす」独自の華道世界を切り開いていく。

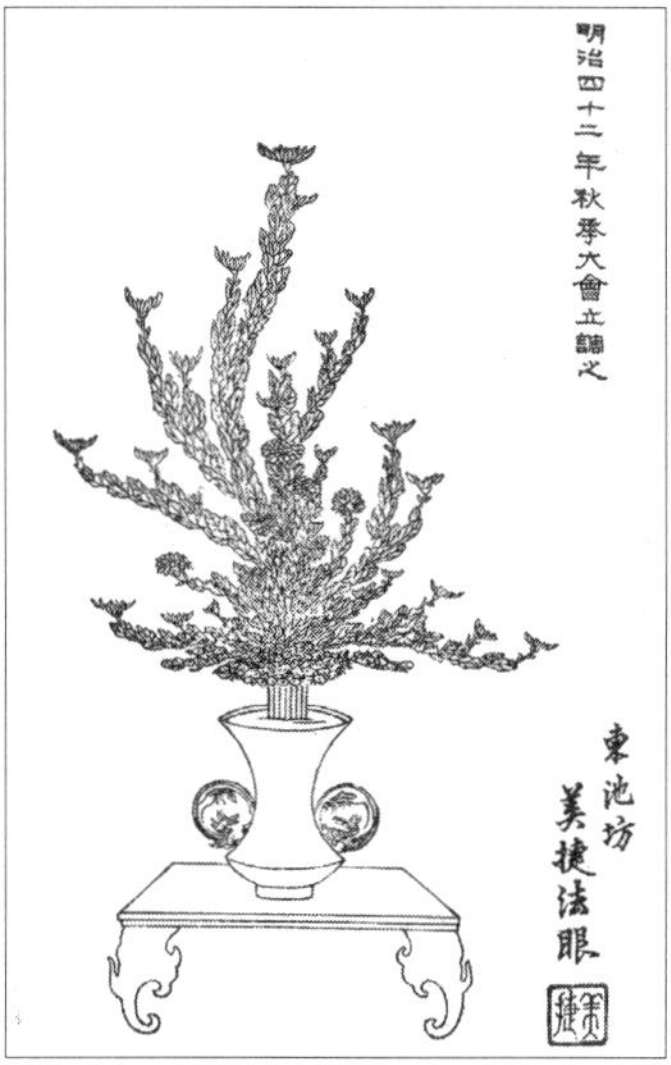

『東池坊千歳松』より

一九一二年（大正元）に大正天皇の御即位式典殿に古典立華を調献し、『東池坊千歳松』を出版している。同書の一九三四年（昭和九）の再販普及版の発行元を示す奥付には、「華道東池坊　岩田美捷」の名が明記されている。

また、東池坊の機関誌『華』再刊第一号（昭和八年一月）に「美捷法眼三週《ママ》忌法要」の記事が掲載され、「昭和七年十月十三日美捷法眼三週忌に相当……」とある。この記事から逆算して、岩田栄蔵（美捷法眼）の没年を一九三〇年（昭和五）と推定した。

参考：谷紀三郎編『聞声尼』私家版、一九二〇。松前町史編纂室『概説　松前の歴史』松前町、二〇〇六。松本隆「松前が生んだ女傑輪島聞声尼」（『松前史談会報』第六六号、松前史談会、一九六三）。岩田美捷『東池坊千歳松』私家版、一九一二。米村美奈『輪島聞声の生涯―日本女子教育の先駆者』淑徳選書6、淑徳大学長谷川仏教文化研究所、二〇一九。

（割田剛雄）

岩田成功《いわたせいこう》

浄土宗の尼僧（?～一九二三）。感応寺第一六世住職。聞声の仏門での代表的な三人の弟子の一人。谷紀三郎編『聞声尼』では岩田成功について、七歳で出家し尼僧となり、聞声が宗務所の命で感応寺を再興するため東京に来る時、京都から伴れて来た人としている。

　成功尼は七歳の時から尼になった人で、聞声尼が京都から感応寺に来る時に、伴れて来た人である。爾来今日まで感応寺にあって聞声尼の許に修行を遂げ、目下は誠厚尼を援けて、その清らかな法尼生活を続けて居るのであるが、若い誠厚尼は成功尼を聞声尼に次いで恩故深き人として尊敬し、かつ唯一の力として何事も頼みにしておられる。その間の両尼の情誼《じょうぎ》は実に美しいものである。（『同書』一五九～一六〇頁）

　岩田成功の経歴については谷の記録しか見出せていないので、出身地、父母名、幼名、得度の導師等は不明。感応寺に病臥していた晩年の聞声を介護した一人で、聞声から感応寺住職を引継ぎ、感応寺第一六世。

　関東大震災で感応寺が焼失した際に、平松誠厚たちと共に吾妻橋を渡って逃げ延びたものと考えられるが、詳細は不明。関東大震災の二ヵ月後の一九二三年（大正一二）一一月二〇日寂。就蓮社徳誉荘阿成功尼。

（米村美奈）

養鸕徹定《うがいてつじょう》

　幕末維新時の浄土宗指導者（一八一四～一八九一）。瑞蓮社順誉金剛宝阿。号は古経堂。浄土宗初代管長、知恩院七五世。聞声と内田《うちだ》貞音《ていおん》が行誡の支援のもとに、一八八七年（明治二〇）三月一一日、知恩院入信院を仮校舎として尼衆教場を開校したときの浄土宗門主。開校式に来賓とともに列席した。

　行誡は知恩院七六世に任じられたが、七五世は養鸕徹定である。養鸕徹定は行誡をよく知る一人である。また、かつて浄土宗管長・知恩院住職の任にあった一八七五年（明治八）に、

「人材を教育登用して、まさに消えようとしている（浄土宗の）法灯を再び掲げる」

とする高い理想のもとに「勧学告諭」を布告し、勧学本場を開講した経歴をもっていたので、尼衆教場の開校にも理解を示し協力的であった。さらに内田貞音は鹿児島布教の折に同行していたので、面識も

あり、人となりも熟知していたので、尼衆教場を開校できたといえよう。

養鸕徹定は、筑後国久留米藩士鵜飼万五郎政善の次男として生まれた。六歳のとき浄土宗西岸寺光誉禅竜のもとで出家。仏教や儒教を修めるために一八二七年（文政一〇）から一八三二年（天保三）まで京都に修学。次に江戸増上寺で宗学を修めて五重相伝（浅学相承）を承け、宗戒両脈を伝授される。再び京都に戻り修学を続けた。

一八七二年（明治五）、政府が僧にも姓を定めたとき養鸕《うがい》の古姓に復した。業績の第一は古経蒐集。第二は排耶論《はいやろん》にもとづく破邪顕正運動。第三は浄土宗管長・知恩院住職就任後の宗政活動等である。

（割田剛雄）

参考：斎藤昭俊・成瀬良徳編著『日本仏教人名辞典』新人物往来社、一九九三。

内田貞音《うちだていおん》

宗学校で共に学んだ姉弟子　浄土宗の尼僧（一八四〇〜一九一八）。聞声の姉弟子。東京市日本橋通油町（現在の東京都中央区日本橋大伝馬町）に父・内田甚吉、母・栄子の長女として一八四〇年（天保一一）一一月一三日に生まれる。本名徳子。幼少より出家を希望し、一八六二年（文久二）、福田行誡を導師として得度。今戸玉姫町の尼寺蓮華寺で五、六年の間尼僧修行をする。

しかし当時は「尼僧に学問などいらぬ」という風潮のため、仏教書などを学べず、向学心に燃えた貞音は師・行誡に相談。親類の援助で深川区高橋に、小さな自坊・十方庵を建立し勉学に励む。のちに京都知恩院山内の宗学校で学ぶため京都に行く。一八七九年（明治一二）に聞声が宗学校に入学すると、三年ほど聞声と共に学ぶ。

一八八一年（明治一四）六月、二ヵ年の鹿児島布教の宗命を受け、養鸕徹定《うがいてつじょう》ら布教師たちとともに、鹿児島へ赴くため神戸から乗船。海路の途中で嵐に遭遇し、本山出張所鹿児島の新築本堂に安置すべき丈六《じょうろく》の阿弥陀立像《りゅうぞう》が船中で転がり破損。船の難破はからくも逃れ、上陸できた。

しかし、鹿児島は江戸時代に一向宗を一切禁教した歴史があり、明治になってから浄土門の布教が急務とされた地区であり、貞音にとっても不慣れな土地のため、一心に仏天《ぶってん》の加護を願った。すると小松家を初め信者の寄附も追々にできて、嵐で倒れた本堂を再建。丈六の阿弥陀像も修復でき、開眼式を無事に行うまでになった。

聞声と共に尼衆教場を開く　鹿児島での布教が順調に進展し初めたとき、行誡の世話により尾州（現在の愛知県西部）の無量寿院住職に就くよう、宗門から要請が来たので、一八八三年（明治一六）四月に東京に帰宅。尾州への準備中に鹿児島の本山出張所院長を通じて、島津家・小松家の依頼があり、再び鹿児島布教が決まった。

鹿児島での布教に専念していると、一八八六年（明治一九）四月、熊本の寺院の依頼を受けた。熊本に布教に赴き、一日の休みもなく五ヵ月の巡教を終え、博多から鹿児島に帰ろうとしたとき、師・行誡が勅命で知恩院七六世に任ぜられ、来たる一八八七年（明治二〇）四月に晋山し、同五月に初代浄土宗管長に就任することを知った。貞音は吉報に喜び、師・行誡にお祝いを述べるため京都に向かった。

師・行誡にお祝いを述べたあと、一八八七年（明治二〇）三月一一日、行誡の支援と教導を受け、妹弟子の聞声と協力し、知恩院山内入信院を仮会場に尼衆教場の開校式を挙行。翌年一月に聞声が東京・感応院の再興のため東京に向かうと、尼衆教場監督および教授に任命される。

一八八九年（明治二二）年に大阪市都島区の由緒寺院母恩寺の住職となり、荒廃した寺門の復興に尽力。翌年に同寺院を尼衆教場とし、監督・教授を務め、一九〇八年（明治四一）に大僧都に叙される。著書に『貞音歌集綾錦抄』（母恩寺、一九三六）がある。

一九一八年（大正七）四月一七日、生涯を通して尼僧教育の発展に尽くし世寿七九をもって示寂。常蓮社教誉住阿。

参考：浄土宗尼僧史編纂委員会『浄土宗尼僧史』吉水学園高等学校、一九六一。

（米村美奈）

永観堂《えいかんどう》（禅林寺《ぜんりんじ》）

谷紀三郎編『聞声尼』によると、「聞声は永観堂にも二一日の祈願をかけた事がある」（『同書』四六頁）という。永観堂は古くから京都に三ヵ所あった勧学院（学問研究所）の一つ。古来、学問・論義が盛んであった。聞声の祈願の詳細は不明だが、永観堂勧学院で学んだともいわれるので、幅広い仏道研鑽の一環だったと考えられる。

永観堂は京都市左京区永観堂町にあり、浄土宗西山禅林寺派の総本山である。禅林寺が正式名称で永観堂は通称。八五四年（斉衡元）に清和天皇の勅願によって空海の弟子・真紹が創建。八六三年（貞観五）に禅林寺の号を賜る。以来、真言の道場であったが、中興の祖とされる七世住持・永観《ようかん》律師（一〇三三～一一一一）のとき、念仏の寺となる。

永観は一一歳で禅林寺の深観（花山天皇皇子）に弟子入りし、東大寺で南都六宗の一つの三論宗を学ぶ。三論宗には浄土教の思想があり、浄土の教えに感動した永観は熱烈な阿弥陀信者となり、日課一万遍の念仏を欠かさぬようになる。一〇七二年（延久四）師深観の跡を受けて禅林寺に戻る。

永観は人々に念仏を勧め、また、東五条の悲田院の近くの薬王寺に阿弥陀像を安置して、病人救済などの慈善事業を盛んに行い、境内に悲田院（薬王寺）と施療院を建立。梅林を作り病人に薬用として梅の実を与えた。

禅林寺を永観堂《えいかんどう》と呼ぶのは、永観《ようかん》律師が住したことに由来する。なお、永観堂《えいかんどう》は漢音読み、永観《ようかん》は呉音読みである。阿弥陀堂の本尊「阿弥陀如来像（顧阿弥陀）」（国重要文化財）や、国宝「山越阿弥陀図」「金銅蓮華文磬」など数多くの重宝を蔵している。

（米村美奈）

参考：谷紀三郎『聞声尼』私家版、一九二〇。WEB版新纂浄土宗大辞典。斎藤昭俊・成瀬良徳編著『日本仏教人名辞典』新人物往来社、一九九三。

か

『概説《がいせつ》　松前《まつまえ》の歴史《れきし》』

本書の初版は、一九九四年（平成六）に新松前発足四〇周年記念事業の一環として北海道松前郡松前町から出版され、町民各戸へ配布された。その後、入手困難となり、一二年後に改訂し再版された。

改訂版は松前城築城四〇〇年を記念して二〇〇六年（平成一八）に再版され、改訂の際に誤植の訂正や初版以後に発見・解明された新事実を加え、補訂されている。

目次を閲覧すると、「古代の松前」「中世の松前」「近世の蝦夷地」「幕末の松前」「明治維新の終末」「明治新政と城下町の崩壊」「函館県・道庁初政下の松前」「大正時代の松前」「昭和の前期の松前」「昭和後期の松前」「新しい町・松前町の誕生」という一一節から成り立っている。

本書は、古代の松前から始まり、松前の地形、地質の説明が冒頭にあり、氷河期には、寒暖差が繰り返され、気候が温暖な時に氷河が溶け出し、津軽海峡が出来上がったという興味深い記述などがある。

それ以降は、松前で起こった歴史的事象とその後の経過、関わる人物などが詳細に書かれており、松前全容の説明が複合的に時系列を追って記述されている。そして最終節は、現代の松前市民の生活状況に焦点を当て、現代の町民生活と歴史が示されている。

『概説　松前の歴史』

どの節にも貴重な写真や絵図が多く用いられ、読み物としてだけではなく、視覚からも十分に松前の歴史を知る資料となっている。

最後に、昭和の後期から深刻になっている人口減少問題への歯止め策を、どのように立案していくかという「町の活性化計画の必要性」が述べられ、結ばれている。

参考：松前町町史編集室編『概説　松前の歴史』改定版、松前町、二〇〇六。

（米村美奈）

金《かね》子《こ》常《じょう》全《ぜん》

淑徳女学校の設立時の評議員（一八五二～一九一四）。字《あざな》は松園。淑徳女学校の開校前の一八九二年（明治二五）二月一七日、茅根学順が住職をしていた真珠院に集まり、聞声の「普通女学校設立」に向けての協議に賛同した一人。

聞声と同じく一八五二年（嘉永五）、甲斐国南都留郡（現在の山梨県都留市）四日市場に、羽黒派修験福寿大真法印の長男として生まれる。一八七〇年（明治三）より一八八〇年（明治一三）まで増上寺で学問に励む。一八八〇年に東京心法寺二〇世に就任。一八八四年（明治一七）以後浄土宗の宗政に関与。一九〇〇年（明治三三）に宗務執綱となり、宗制擁護運動の時局収拾に腐心する。一九〇九年（明治四二）に火災が起きた増上寺の復興にあたり、建築局長を努める。一九一四年（大正三）八月二六日入寂。心蓮社在誉単阿。

参考：WEB版新纂浄土宗大辞典。

（割田剛雄）

「がん、結構《けっこう》、少《すこ》しも悲《かな》しむことはない」

聞声は、小柄な人ではあったが元来健康に恵まれていた。かつて五〇歳のときに明治病院に入院したことを除けば、大病を患ったことはなかった。

しかし一九一九年（大正八）四月、食べ物が喉を通らなくなり、九月に入ると症状が悪化。大学病院で「食道がん」で全治の見込みがないと診断された。結果を知らせるべきか、周囲は悩んだが、知らせた方がよいと決断し、聞声に伝えた。聞声は、

「がん、結構、少しも悲しむことはない」と取り乱だすこともなく落ち着いて受けとめ、念仏を唱え続けた。日に日に衰えが進行しながらも、流動食を一〇〇日ほど続け、一一月になって病状は著しく進んだ。こうして新しい年、一九二〇年（大正九）の正月を迎えた。そして二月に、

「信と忍とは万善万業《ばんぜんばんぎょう》の基礎なり」

「忍の徳たるや一切の事業を成就す」

という遺墨《いぼく》を残した。聞声の教えを「信」と「忍」に凝縮した文言である。

参考：谷紀三郎『聞声尼』私家版、一九二〇。→「忍の徳」の遺墨

（米村美奈）

監督《かんとく》さんの第一印象《だいいちいんしょう》は「おきれいな方《かた》」

聞声の五〇回忌を迎えたとき、淑徳学園で「校祖輪島聞声先生五十回忌報恩会」が一九六九年（昭和四四）四月二五日に開催された。その際の「講演　恩師の思い出」のなかで、一九一〇年（明治四三）卒業の今井よしは、聞声に出会った第一印象を話し、『淑徳』校祖五〇回忌報恩記念号（復刊第二号）に収録されている。

私は一九〇七年（明治四〇年）に数え年一五のときに浦和の県立の女学校から、この淑徳の二年生に転校させていただきまして、そのときから監督さんの御薫陶《ごくんとう》のもとに、卒業させていただいたものです。

私は、その一五のときの第一印象は、監督さんっておきれいな方だなぁと思いました。とてもおきれいだと申し上げても、やっぱり心の光がおありになったんだろうと思います。そしてそのそばにいまの平松先生がまだ幼いお顔でお立ちになりますと、まるで絵のような感じで、うっとりとすることがございました。（『同誌』一〇～一一頁）

今井よしが浦和の県立女学校から、淑徳高等女学校の二年に編入した年、すなわち一九〇七年（明治四〇）は高等女学校令に準拠し、諸設備を整備するなどして認可を得て淑徳女学校が「淑徳高等女学

校」と改称した年である。聞声は数え五六歳、平松誠厚は一六歳であった。

数え一五歳の今井よしが聞声を見て「おきれいな方だなぁ」と思い、一歳上の誠厚を見て「まだ幼いお顔で……まるで絵のような感じで、うっとり」したという表現が印象的である。

この今井よしのような転校組も、一定数いたのかもしれない。というのも、一九〇七年（明治四〇）時点で、高等女学校令に基づく認可を受けた東京の私立高等女学校は、『淑徳九十年史』（五三頁）によれば、左記の五校と淑徳高等女学校の六校のみの少数であった。

（1）私立日本女子大学校附属高等女学校（成瀬仁蔵校長）
（2）私立三輪田高等女学校（三輪田真佐子校長）
（3）私立東京高等女学校（棚橋絢子校長）
（4）私立日本橋高等女学校（田中敬一校長）
（5）私立東洋高等女学校（村上専精校長）

その中で、淑徳婦人会の活躍も活発化し、著名な講師を招いての月例会や、小石川植物園などでの春秋二回の大会が新聞等に大きく報道されて話題を集めていた。さらに、夏目漱石の『吾輩は猫である』に淑徳婦人会が取り上げられたのも、前年一九〇六年（明治三九）である。一段と淑徳高等女学校の人気が高まっていた時期である。

参考：雑誌『淑徳』校祖五〇回忌報恩記念号（復刊第二一号）、淑徳学園、一九七七。浦野俊文編『淑徳九十年史』淑徳高等学校、一九八二。（割田剛雄）

感応寺《かんのうじ》

聞声が修行した尼寺　東京本所荒井町一五番地にあった尼寺で、聞声が福田行誡を導師として回向院で得度したのち、尼僧修行を始めた寺である。当時の住職は第一四世森本玄浄で、朝夕の勤行および法式の教導など、尼僧としての厳格な修行を指導した。聞声が得度した時代には回向院で得度した尼僧は感応寺で修行するのが定例であったという。

聞声は京都で仏道修行し、知恩院門主と浄土宗初代管長に就任した福田行誠の協力を得て、一八八八年（明治二一）二月一五日、浄土宗総本山知恩院内に念願の「浄土宗学京都支校附属尼衆教場」を開校。総本山より「香衣金免《こうえきんめん》」の賞状を授与された。しかし四月二十五日に行誡は入寂。同年一二月、宗務所から荒廃した感応寺を再興するように命じられて、翌年一月に東京・感応寺に戻った。

森本住職は病気をしていたためか、聞声が帰京して三ヵ月後に逝去。聞声は感応寺第一五世住職を務め、寺の再興に尽力した。淑徳女学校を開校する前のことであり、そのときの感応寺信徒総代が水島忠兵衛で、感応寺の門前で陶業を営んでいた。

感応寺の開創と関東大震災で全焼　感応寺の開創は徳川三代将軍家光の時代である。牛島の離れ御殿を寺に改装したもので、当初は如法山正覚寺と称し、次いで清薫寺《せいくんじ》と号し別名「牛島の尼寺」と呼ばれていた。こうした開創の由来や、清薫寺から感応寺に改名した寺号の来歴、将軍家から燈明料として朱印地が寄付されたこと、元禄の大火に被災した後に寺社奉行の命で堂宇が再興されたこと、聞声が入寂して二年半後に発生した一九二三年（大正一二）九月の関東大震災で、感応寺の堂塔伽藍や様々な貴重な資料が全焼し、猛火のなかを第一七世住職平松誠厚が秘仏延命将軍地蔵尊を背負って逃げのびたことなどは、「感応寺縁起」に詳述されている。

『本所区史』での紹介　また、関東大震災から八年後の一九三一年（昭和六）発行の『本所区史』では、開山・清薫尼の出自《しゅつじ》や、清薫が二代将軍秀忠の大奥に仕えたこと、幡随院第六世岳誉感随の弟子であること、関東大震災後の移転先が未明であることなどを左記にように記載している。

感応寺は荒井町一五番地に在って如法山正覚寺と称した。浄土宗にして浅草幡随院の末である。慶安四年（一六五一）の創立で開山は幡随院第六世岳誉感随の弟子である空蓮社香誉上人清薫比丘尼である。尼は里見家の浪士影山氏の女《むすめ》であって将軍秀忠公の大奥に仕えたものである。江戸砂子《えどすなご》に、始め清薫寺といったが、桂昌院の御時父君感応殿の二字を下され以後寺号を改めたという。元禄一五年（一七〇二）冬寺院不残類焼《のこらずるいしょう》に遭ったが公儀の御助力を仰ぎ其後間もなく再建する事が出来た。しかるにこの寺も震災後大正一三年六月一六日付をもって移転を許可されたが移転地は未だ明でない。（『同書』四五二頁）

文中の「江戸砂子《えどすなご》」は、江戸時代中期に俳人・菊《きく》岡沾涼《おかせんりょう》（一六八〇～一七四七）が著した江戸の地誌で社寺、名所の由来などを記したものである。内容を改訂しながら江戸期を通してベストセラーになった書物である。

関東大震災から八年後にあって、『本所区史』の「移転地は未だ明でない」（移転先が不明である）という表記は興味深い。関東大震災後のこの間にあって、第一七世住職平松誠厚がどれほど尽力して、人々の援助をもとに世田谷上馬に感応寺を再建したかがうかがい知れよう。なお、本所区は一八七八年（明治一一）から一九四七年（昭和二二）まで存在した区で、現在の墨田区の南部に当たる。

将軍家から寺領二〇石下付の記録

一九五九年（昭和三四）に東京都墨田区役所が編集兼発行者となって出版された『墨田区史』によると、将軍家から感応寺に寺領が下付されたことが次のように明記されている。

旧住所は本所区荒井町一五番地（現東駒形二丁目一八・二〇番地）で、（略。筆者注：創建、開山、寺号改名等の記述は『本所区史』と同趣のため省略）本尊は阿弥陀如来である。

江戸時代を通じて将軍家から元禄五年（一六九二）に二〇石、同九年に一〇石、また宝永二年（一七〇五）には二〇石の寺領を下付されており…（『同書』五一三頁）

続けて御朱印の記録として「寺社書上」の、「武蔵国葛飾郡小村井村の内の二〇石」を感応寺に進上する文書を掲載している。

念のため、『墨田区史』で示す「墨田区東駒形二丁目一八・二〇番地」をもとに、江戸の古地図を見ると現在の駒形橋の東側に位置する「感応寺」を確認できた。両国の回向院から隅田川沿いに北上し、約二キロの距離にある。なお駒形橋は一九二七年（昭和二）に竣工したので、聞声在世中に駒形橋は存在していない。

参考：東京都本所区編『本所区史』東京都本所区、一九三一。東京都墨田区役所編『墨田区史』東京都墨田区役所、一九五九。

（割田剛雄）

感応寺《かんのうじ》から淑徳女学校《しゅくとくじょがっこう》への路《みち》

聞声が淑徳女学校を開校した一八九二年（明治二五）の年末は金策に苦労したのは、有名な逸話である。谷紀三郎編『聞声尼』によると、学校の門から一歩も外に出られなかった聞声は、

たまたま玄関に人が来た声がするから、誰か思って陰で聞いていると、出入りの植木屋が来たのだった。無論手間賃《てまちん》を貰いに来たのである。けれども、学校には少しも金《かね》がなかった。（『同書』一〇二頁）

もとより聞声に手持ちのお金《かね》があるわけではない。しかもこれまでに何度か支払いを断《ことわ》っているので、言い訳のしようがない。絶体絶命である。聞声は、

本意ではなかったが、窮余の一策、逃げるより外《ほか》はなかったので、学校の裏門から、人に見つからぬよう、そっと抜け出して本所のお寺に帰ってしまった。（『同書』一〇二頁）

という。その後、感応寺で寝ていた聞声を義弟の岩田栄蔵が訪ね、「お薬代二〇〇円」を渡してくれて、窮状を一気に解決したわけである。

ところで、谷の文章では「学校の裏門から……本所のお寺に帰ってしまった」と、わずか一行で描写している。しかし、伝通院境内の淑徳女学校から東京本所荒井町（現在、東京都墨田区東駒形）の感応寺まで、近い距離ではない。

交通機関の発達した現在であれば、様々なルートと交通手段で容易に往来できるが、明治半《なか》ばの時期、聞声はどのようにしたのであろうか。このときは多分、歩いて感応寺に帰ったのであろう。

弟子の誠厚が七〇歳を迎えた一九六二年（昭和三七）に、往時の交通事情を回顧した文章が残されている。

私が御師匠さん（筆者注：聞声）の許に引き取られたのは、忘れもいたしませんが、年齢わずか五歳の春でした。（略）当時のお師匠さん（筆者注：聞声は数え四五歳）は元気いっぱいでございまして、本所の感応寺から、小石川伝通院までよくお歩きなりましたことを覚えております。しかも下駄を履《は》きまして。

交通機関は、今のように発達しておらず、鉄道馬車と人力車があっただけです。大体《たいてい》いつも感応寺を出て、厩橋《うまやばし》まで歩き、そこで鉄道馬車に乗って、上野広小路まで来て、そこで下車して、そこから本郷切り通し坂を通り抜けて歩き、春日町に来て、そこから山道を登るような富坂《とみさか》の上がり坂を歩いて、電通院へ歩いていらっしゃいました。（『淑徳』創立七十周年記念特集号、三六〜三七頁）

地図上で想像する道順のとおりであるが、現代にあって歩くとなると、かなりの距離である。

参考：谷紀三郎編『聞声尼』一九二〇。淑徳学園校誌編集委員会『淑徳』（創立七十周年記念特集号）、淑徳学園、一九六二。

（割田剛雄）

感応寺《かんのうじ》での誠念《かいねん》と長谷川《はせがわ》よし子《こ》の出会《であ》い

誠厚の弟子・誠念と長谷川よし子の出会い　感応寺には、平松誠厚の弟子・輪島誠念が大事に所持していたとされる経本などが、大切に保存されている。

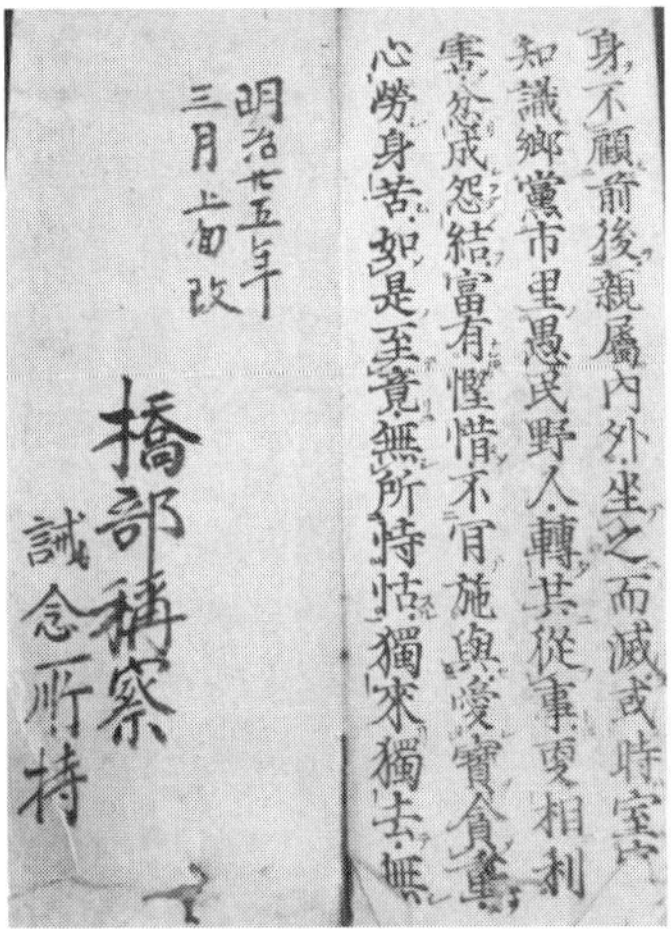

誠念所持の経本（感応寺所蔵）

聞声の姪《めい》に当たる誠念（幼名・タツ）は北海道で育ち、聞声の遺志で誠厚に引き取られたあと、京都の尼衆学園で学び誠厚の後継者と目されていた。

一方、長谷川よし子（大乗淑徳学園第二代理事長）もまた、同じく京都の尼衆学園の出身者である。坂上雅翁は誠厚と誠念が映った写真を長谷川よし子に見てもらったときの対応を、『輪島聞声先生を偲んで』で、

> 長谷川よし子先生に写真を見ていただき、お話しをうかがったところ、誠念尼は一級上で、尼衆学校《ママ》（筆者注：尼衆学園）へは通学していた（多くの生徒は寄宿していた）ので、親しいおつきあいはなかったが、後年、上馬の感応寺でばったり出会い、驚かれたことがあるとのことでした。
> （『同書』三四頁）

と記している。

聞声の十五回忌追善供養　さらに感応寺の墓地の一角に並ぶ歴代住職の供養塔の台座をみると、「十五回忌追善　施主輪島吉平　昭和七年四月三日建立」と刻まれていた。聞声の甥《おい》に当たる輪島吉平が叔《お》母《ば》・聞声の一五回忌を追善供養して建立したものである。

参考：坂上雅翁『輪島聞声先生を偲んで』白鷗社、一九九一。米村美奈『輪島聞声の生涯—日本女子教育の先駆者』淑徳選書6、淑徳大学長谷川仏教文化研究所、二〇一九。→輪島誠念→輪島吉平

（米村美奈）

感応寺《かんのうじ》の秘仏《ひぶつ》「延命将軍地蔵尊《えんめいしょうぐんじぞうそん》」

秘仏延命将軍地蔵尊の由来　感応寺秘蔵の秘仏延命将軍地蔵尊は、恵心僧都源信の作で代々皇室に伝わり、後陽成天皇から、

「広く庶民に功徳を蒙らしめよ」

との勅《ちょく》とともに豊臣秀吉に下賜《かし》されたと伝えられる。その後、豊臣秀吉から徳川家康に譲られ、家康が江戸城で祀《まつ》ったところ、たびたび霊験《れいげん》があったため、家康によって無比の霊体として濫《みだ》りに尊体を開《かい》扉《ひ》せず、秘仏とされたことから「将軍地蔵尊」と呼ばれたものである。感応寺所蔵の「感応寺縁起」に

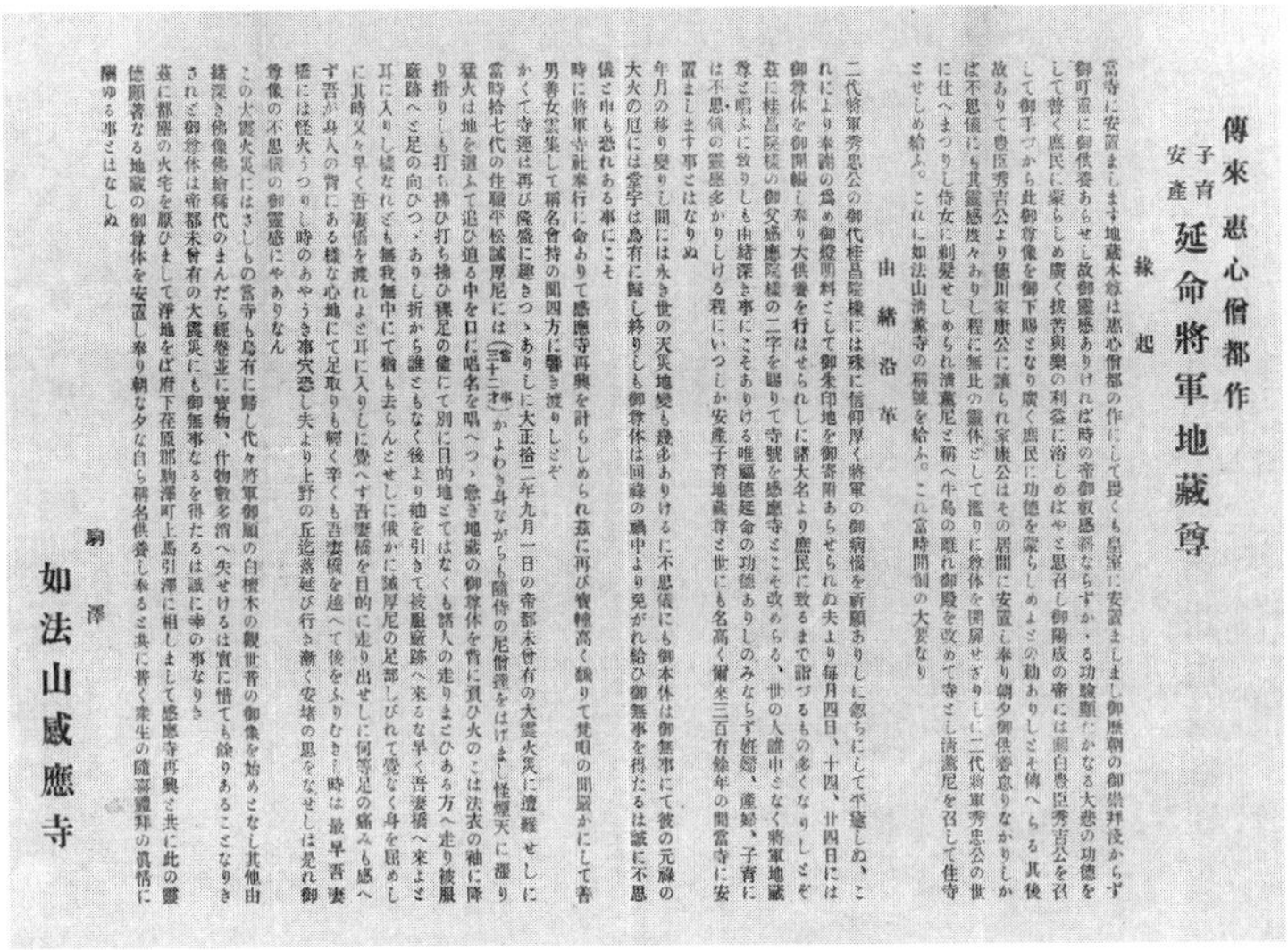

傳來 惠心僧都作

子育 安産 延命將軍地藏尊

縁起

當寺に安置まします地藏木尊は惠心僧都の作にして畏くも皇室に安置ましまし御歴朝の御崇拜淺からず御町重に御供養あらせし故御靈感ありければ時の帝御叡感斜ならずか丶る功驗顯たかなる大悲の功德をして普く庶民に蒙らしめ廣く抜苦與樂の利益に浴しめばやと思召し御陽成の帝には關白豊臣秀吉公を召して御手づから此御尊像を御下賜となり廣く庶民に功德を蒙らしめよとの勅ありしとぞ傳へらる其後故ありて豊臣秀吉公より德川家康公に讓られ家康公はその居間に安置し奉り朝夕御供養怠りなかりしかば不思儀にも其靈感度々ありし程に無比の靈体として濫りに尊体を開扉せざりしに二代將軍秀忠公の世に仕へまつりし侍女に剃髮せしめられ清薫尼と稱へ牛島の離れ御殿を改めて寺とし清薫尼を召して住寺とせしめ給ふ。これに如法山清薫寺の稱號を給ふ。これ當時開創の大要なり

由緒沿革

二代將軍秀忠公の御代桂昌院樣には殊に信仰厚く將軍の御病槝を祈願ありしに忽ちにして平癒しぬ、これにより奉謝の爲め御燈明料として御朱印地を御寄附あらせられぬ夫より毎月四日、十四、廿四日には御尊体を御開帳し奉り大供養を行はせられしに諸大名より庶民に致るまで詣づるもの多くなりしとぞ茲に桂昌院樣の御父觀應院樣の二字を賜りて寺號を感應寺とこそ改めらる、世の人誰中となく將軍地藏尊と唱ふに致りしも由緒深き事にこそありける唯福德延命の功德ありしのみならず姙婦、産婦、子育には不思儀の靈驗多かりしける程にいつしか安産子育地藏尊と世にも名高く爾來三百有餘年の間當寺に安置まします事とはなりぬ

年月の移り變りし間には永き世の天災地變も幾多ありけるに不思儀にも御本体は御無事にて彼の元祿の大火の厄には堂宇は烏有に歸し終りしも御尊体は回祿の禍中より免がれ給ひ御無事を得たるは誠に不思儀とも申も恐れある事にこそ

時に將軍寺社奉行に命ありて感應寺再興を計らしめられ茲に再び寶輪高く輝りて梵唄の聲嚴かにして善男善女雲集して稱名會持の聲四方に響き渡りしとぞ

かくて寺運は再び隆盛に趣きつ丶ありしに大正拾二年九月一日の帝都未曾有の大震火災に遭罹せしに當時拾七代の住職平松誠厚尼には(當事三十二才)かよわき身ながらも隨侍の尼僧達をはげまし怪煙天に漲り猛火は地を這ふて追ひ迫る中を口に唱名を唱へつ丶急ぎ地藏の御尊体を背に負ひ火のこは法衣の袖に降り掛りしも打ち拂ひ打ち拂ひ裸足の儘にて別に目的地とてはなくも諸人の走りまとひある方へ走り被服廠跡へと足の向ひつ丶ありし折から誰ともなく後より袖を引きて被服廠跡へ来るな早く吾妻橋へ来よと耳に入りし樣なれども無我無中にて猶も去らんとせしに俄かに誠厚尼の足部しびれて覺なく身を屈めしに其時又々早く吾妻橋を渡れよと耳に入りしに覺へず吾妻橋を目的に走り出せしに何等足の痛みも感へず吾が身人の背にある樣な心地にて足取りも輕く辛くも吾妻橋を越へて後をふりむきし時は最早吾妻橋には怪火うつりし時のあやうき事穴恐し夫より上野の丘迄落延び行き漸く安堵の思をなせしは是れ御尊像の不思儀の御靈感にやありなん

この大震火災にはさしもの當寺も烏有に歸し代々將軍御願の白檀木の觀世音の御像を始めとなし其他由緒深き佛像佛繪稀代のまんだら經卷並に寶物、什物數多消へ失せけるは實に惜ても餘りあることなりきされど御尊体は帝都未曾有の大震災にも御無事なるを得たるは誠に幸の事なりき

茲に都塵の火宅を厭ひまして淨地をば府下荏原郡駒澤町上馬引澤に相しまして感應寺再興と共に此の靈德顯著なる地藏の御尊体を安置し奉り朝な夕な自ら稱名供養し奉ると共に普く衆生の隨喜禮拜の眞情に瞬ゆる事とはなしぬ

駒澤

如法山感應寺

「感応寺縁起」（感応寺所蔵）

よれば、二代将軍秀忠の世に、

（筆者注：大奥に）仕えまつりし侍女に剃髪せしめられ、清薫尼と称え牛島の離れ御殿を改めて寺とし、清薫尼を召して住持とせしめ給う。これに如法山清薫寺の称号を給う。

とされ、秘仏の「将軍地蔵尊」が清薫寺に移されたという。その後、桂昌院（五代将軍綱吉の生母）が将軍の病悩平癒を清薫寺で祈願したところ、たちまち平癒したため、燈明料として御朱印地を寄進し、

それよりは毎月四日、十四、二十四日には御尊体を御開帳し奉り大供養を行われしに諸大名より庶民に致るまで詣づるもの多くなりしとぞ。ここに桂昌院様の御父観応院様の二字を賜りて寺号を感応寺とこそ改めらる。

と寺号を桂昌院の父・感応院の二字をいただき、清薫寺を感応寺と改めたという。

関東大震災での霊験、そして世田谷で再建　聞声が入寂した三年後の一九二三年（大正一二）、感応寺は関東大震災による火災に見まわれた。

当時三二歳の第一七世住職平松誠厚は、弟子たちとともに本尊阿弥陀如来、秘仏延命将軍地蔵尊像やその他の尊像を背負い、口に「南無阿弥陀仏」の称名を唱えつつ、裸足のままに近隣の避難する人々と同じように被服廠跡へと向かった。すると途中で、背後より袖を引かれたようになり、

「被服廠跡へは行くな、吾妻橋へ行け」

との声が聞こえた。しかし必死の思いでいたために気に留めず、無我夢中で歩き続けると、足がしびれ、思わず立ち止まったとき、ふたたび、

「早く吾妻橋へ行け」

との声が聞こえたので、思い切って方向転換し、吾妻橋へ向かい始めると足のしびれもなくなり、誰かの背に乗っているかのように軽やかに歩くことができた。

吾妻橋を渡り終えて振り返ると、吾妻橋にも火が移り始めるところであった、という。なお吾妻橋は江戸時代に架橋された五つの橋（千住大橋、両国橋、新大橋、永代橋、吾妻橋）の一つである。

その後、平松誠厚住職は出自の小松家の縁者の呼びかけと手助けを得て、上馬引沢（現・世田谷区上馬）に堂宇を建立し、感応寺を再興した。現在も秘仏延命将軍地蔵尊は感応寺に祀られ、人々の尊崇を集めている。

参考：感応寺「感応寺縁起」感応寺所蔵。（米村美奈）

感応寺《かんのうじ》の歴代住職《れきだいじゅうしょく》

観応寺の聞声ゆかりの歴代住職の没年と誉号　感応寺（東京都世田谷）を訪問し、第一九世・成田淳教住職に尋ねると、森本玄浄から平松誠厚までの歴代住職の誉号《よごう》と入寂日が判明した。本所荒井町にあった感応寺の過去帳は関東大震災で焼失している。筆者たちの訪問に合わせ、成田住職が関係資料を調べ整理しておいてくれたおかげである。

森本玄浄　第一四世　法蓮社遠誉玄浄沙弥尼
明治二二年三月二〇日寂

輪島聞声　第一五世　寂蓮社静誉念阿弥陀仏聞声
法尼　大正九年四月三日寂

岩田成功　第一六世　就蓮社徳誉荘阿成功尼
　　大正一二年一一月二〇日寂
平松誠厚　第一七世　秀蓮社導誉貞阿雅心誠厚法尼　昭和五一年一一月一六日寂

これにより、聞声が師・行誡の死別を乗り越え、必死に尼衆教場の運営と教授に取り組み、軌道に乗りかけた一八八八年（明治二一）一二月、浄土宗宗務所より感応寺の再建を命じられ、翌一八八九年（明治二二）一月に「浄土宗学京都支校附属尼衆教場」を姉弟子の内田貞音に託して、上京した経緯を確認することができた。

すなわち、聞声が感応寺に戻ったとき、第一四世森本玄浄は存命していて、聞声が着任した三ヵ月後に入寂していたことが判明した。おそらく森本玄浄が病気などの理由で、宗門に聞声への住職交代を要請したものと思われる。

第一六世岩田成功と第一七世平松誠厚　歴代住職の記録により、これまでの先行研究や資料で、感応寺の住職が第一五世聞声から平松誠厚に代わったとされてきたが、実際は平松誠厚の前に第一六世岩田成功住職がいたことが明確となった。

平松誠厚と岩田成功の間柄について、谷紀三郎編『聞声尼』では、

聞声尼には誠厚尼のほかに、弟子として養い導いた人に岩田成功尼と木原円隆尼との二人がある。成功尼は七歳の時から尼になった人で、聞声尼が京都から感応寺に来る時に、伴れて来た人である。（略）若い誠厚尼は成功尼を聞声尼に次いで恩故深き人として尊敬し、かつ唯一の力として何事も頼みにしておられる。その間の両尼の情誼《じょうぎ》は実に美しいものである。（『同書』一五八頁）

と言及している。この両尼の間柄を知れば、これまでの定説と異なり、誠厚が敬愛していた年長の岩田成功が第一六世となり、三年後（一九二三年〈大正一二〉）に岩田成功が寂《じゃく》したのちに、誠厚が感応寺第一七世になったことが確認できた。

参考：感応寺「感応寺縁起」感応寺所蔵。谷紀三郎編『聞声尼』私家版、一九二〇。→内田貞音→平松誠厚→岩田成功

（米村美奈）

木原円隆《きはらえんりゅう》

浄土宗の尼僧（一八六八～一九四二）。聞声の仏門の代表的な弟子の一人。三重県鈴鹿郡神辺村布気（現・亀山市）に、木原利右衛門の三女として生まれる。一六歳のとき、母親に随伴して徳住《とくじゅう》の説教を聴聞し、恵心僧都《えしんそうず》の往生要集の絵巻物を見て無常を感じ、出家の志を固め、一八八五年（明治一八）に京都東山袋中庵《たいちゅうあん》で賀幡円鏡尼について出家得度、円隆と改名した。

一八八八年（明治二一）に京都支校尼衆教場に入り、内田貞音等から宗乗や余乗を学ぶ。一八九一年（明治二四）七月卒業。直ちに尼衆教場の監督となり、一年務めるが淑徳女学校が開校すると東京に遊学。感応寺に住み、淑徳女学校に通学。聞声のもとで一八九五年（明治二八）一二月まで修行する。そののち再び尼衆学校の監督、教授を務め、一九一二年（明治四五）には幹事となる。

聞声の入寂直後に出版された、谷紀三郎編『聞声尼』では、

円隆尼は京都にあって知恩院内の尼衆教場の監督兼教授として同所一切の事務を処理しておられる。（『同書』一五八頁）

と記している。一九三八（昭和一三）に尼僧初の得業《とくごう》（僧侶の学問上の階級の一つ。三会《さんね》に参加し卒業をしたもののこと）を授かる。聞声が切り開いた尼衆教場を継承し、三一年の長きにわたって、尼衆教育のためにその生涯を捧げた。

死期が迫って来たときも、「今日こそはわが往《ゆ》かん日の来《きた》るらし　西の御空《おそら》に来迎《らいごう》の雲」の和歌を口ずさんで、その夜の一〇時、静かに七五歳の大往生を遂げた。法名は入蓮社実誉真阿。

参考：浄土宗尼僧史編纂委員会『浄土宗尼僧史』吉水学園高等学校、一九六一。谷紀三郎『聞声尼』私家版、一九二〇。大橋俊雄『浄土宗人名事典』斎々坊、二〇〇一。

（米村美奈）

『教会《きょうかい》の婦人《ふじん》』（安藤鉄腸著《あんどうてっちょうちょ》）

聞声や淑徳婦人会の活動を考察するうえで、貴重な同時代資料の一つである。

棚橋絢子《たなはしあやこ》（教育家）や奥村五百子《おくむらいおこ》（社会運動家。愛国婦人会の創設者）を筆頭に、輪島聞声や跡見花蹊《あとみかけい》（教育者、跡見女学校の創設者）、島地八千代子《しまじやちよこ》（島地黙雷夫人。黙雷とともに女子文芸学舎創設）など、当時の仏教界・教育会を代表する婦人三五名の人物評伝集である。

その三五名のなかに、第二期淑徳婦人会の発起人二二名に会長就任の岩倉梭子《おさこ》を加えた計二三名のうち、伊沢千世子、岩佐徳子、原礼子、西村節子、河野関子、岩倉梭子など、主要メンバー六名が収録されている。

本文は明治後期の東京の有力新聞の一つ『日出国《やまと》新聞』に連載され、好評を得たのち加筆増補されて出版されたものである。『日出国《やまと》新聞』は明治後期の東京の有力新聞の一つ『やまと新聞』が、一九〇〇年（明治三三）から一九〇四年（明治三七）までの期間、『日出国《やまと》新聞』と改題して発行した新聞名である。『やまと新聞』そのものは一八八六年（明治一九）から一九四五年（昭和二〇）まで発行された。

奥付を見ると、発行日は一九〇三年（明治三六）九月一八日。東京本郷の文明堂が発行元で、京都の興教書院が売捌所《うりさばきじょ》となっている。本文一二四頁。著者・安藤鉄腸については同書の奥付以降の多量な書籍紹介頁の中に、同書の紹介文があり、

「著者は仏教文士として有名な日本新聞記者安藤鉄腸先生で……」

と記されている。特にそれ以上の略歴は記載されていない。

第二期淑徳婦人会が結成されて四年後の単行本化である。主要メンバー六名、特に河野関子、岩倉梭子や聞声の評伝から、第二期淑徳婦人会との関りが如実に読み取れる。また、三五名全体の人物評伝を読むと第二期淑徳婦人会が結成された背景や、時代

の動向が生き生きと伝わってくる。

（割田剛雄）

黒田真洞《くろだしんとう》

淑徳女学校の最後の名誉校長で、淑徳高等女学校の初代校長。明治期の学僧（一八五五〜一九一六）。

各地で八宗兼学を学び宗学を修める　一八五五年（安政二）一月二五日に、江戸日本橋の黒田嘉右衛門の次男として生まれる。聞声より三歳年下である。一八六二年（文久二）に増上寺の一誉真我の寮に入って剃髪、名を真洞と改めた。

黒田真洞

一八六三年（文久三）一〇月より一八六四年（元治元）六月まで菊池三溪に随身。一八六七年（慶応三）一一月より一八七一年（明治四）二月まで三河国岡崎藩儒曽我政二郎塾にて漢籍を学び、一八七六年（明治九）四月に教導職試補となり、一八七七年（明治一〇）より一八八〇年（明治一三）一一月まで京都各地で仏教学を学び、浄土宗の宗学を修める。

浄土宗総本山宗学校で聞声の師となる　聞声は師・行誡の勧めにより京都遊学し、一八七九年（明治一二）八月に浄土宗総本山宗学校（旧大学林）に入学。黒田真洞は翌一八八〇年（明治一三）一一月より一八八二年（明治一五）まで同校の教員となり、聞声は黒田の講義を受講。

『浄土宗尼僧史』の平松誠厚述「輪島聞声尼」の項によると、聞声は一八八二年（明治一五）三月五日に浄土宗総本山宗学校の第三課を卒業し、同年四月八日から泉涌寺で佐伯旭雅の講義を受講している（『同書』一九三頁）。

宗学校在学三年目の聞声に、倶舎《くしゃ》や唯識《ゆいしき》の性相学《しょうそうがく》を泉涌寺《せんにゅうじ》で学ぶことを勧めたのは、黒田真洞であった。このときの黒田と聞声の応答が有名な、

「女なので入ることができません」

「それならば男になれ」

というものであった。聞声は師・行誡に相談し泉涌

寺で学ぶことを決断して実行。一方、黒田は同年八月に宗学校の教員を辞め、京坂南陽各地で幅広く仏教学を学ぶ。

三三歳で浄土宗学本校の校長・学監に　そののち上京し、増上寺に掛錫して岸上恢嶺《きしがみかいれい》・石井大宣について宗学を究め、さらに福田行誡からも宗学を学ぶ。一八八四年（明治一七）に増上寺の慈忍室に止住。このとき芝岳学頭に推され、『倶舎論《くしゃろん》』を講じ名声を上げる。さらに『八宗綱要』の注釈書『標註八宗綱要』を出版。一八八五年（明治一八）九月、越智専明のあとをうけて東部大学林の主幹に就任。万里小路照道とはかり学制を改めた。

一八八六年（明治一九）五月に東京浅草松山町満泉寺住職。同年に東西の確執がおこると浄土宗学本校の創設に腐心。三三歳の若さで一八八七年（明治二〇）創設の浄土宗学本校の校長・学監を兼務。校長職を一八九〇年（明治二三）に三星善応と交代し、同校教授職は一八九五年（明治二八）八月まで続けた。

シカゴ万国宗教会議で黒田真洞著『大乗仏教大意』の英訳本が好評を得る　聞声が淑徳女学校を開校した翌年の、一八九三年（明治二六）四月、黒田は米国シカゴ万国宗教会議の議長ジョン・ヘンリー・バーロス博士より案内状を受け、同会評議員に指名される。同会議はコロンブスの新大陸発見四〇〇周年を記念して開催されたコロンビア万国博覧会に併設する会議の一つで、同年九月一一日から二七日まで開かれ、世界の多くの宗教が招かれた。会議での配布のため黒田は『大乗仏教大意』を著述し、天台宗の桜木谷慈薫、臨済宗の釈宗演、浄土真宗の村上専精、真言宗の釈雲照、曹洞宗の高田道見の校閲を

『大乗仏教大意』

受けて、同年六月に仏教学会から出版した。

シカゴ万国宗教会議に出席した日本仏教の代表者は、釈宗演（臨済宗円覚寺派管長）、土宜法竜（真言宗高野山派）、芦津実全（天台宗）、八淵蟠竜（浄土真宗本願寺派）で、黒田の『大乗仏教大意』は英訳されて会場で配布され好評を得た。

那須理香は論文「一八九三年シカゴ万国宗教会議における日本仏教代表釈宗演の演説―「近代仏教」伝播の観点から」で、日本仏教代表者の演説と黒田の『大乗仏教大意』英訳本の配布を取り上げ、その意義を次のように指摘している。

この会議の開催は、キリスト教以外にも真理を体現する宗教としての価値を認め得るものがあることをアメリカ社会に示し、宗教相対主義の概念を生み出すなどの役割を果たした。またそこで発表された日本仏教代表の演説は、大乗仏教を基盤とする明治日本の「近代仏教」をアメリカ社会に始めて提示したという意義が認められる…（「同論文」八一頁）

浄土宗の宗務執綱と淑徳女学校の名誉校長、そして淑徳高等女学校の初代校長等に就任　黒田はシカゴ万国宗教会議が開催された翌一八九四年（明治二七）、浄土宗学本校の校長に再任されると、人材の発掘と後進の指導にあたった。一八九七年（明治三〇）四月、伊達霊堅に代わって宗務執綱《しっこう》となり、一宗の綱紀を刷新し、教学の振興をはかる。なお執綱は、近代浄土宗制における行政執行の最高役職名で、宗務一切を総理することを任務とし、一九四一年（昭和一六）三月に宗務長と改称されるまで存続した。

一八九九年（明治三二）一〇月に淑徳女学校の第四代名誉校長、および淑徳家政女学校校長に就任。翌一九〇〇年（明治三三）七月、宗務執綱を辞すると伝道講習院院長兼講授になり、一九〇五年（明治三八）四月浄土宗大学学長に就任。翌一九〇六年（明治三九）八月に勧息義城・大鹿愍成とともに勧学《かんがく》に叙せられた。勧学は浄土宗における学階の最高等級であり、学僧の最高位である。同年一二月に高等女学校令によって認可された淑徳高等女学校の初代校長となる。
一九〇七年（明治四〇）宗教大学学長となり、将来の発展を目ざして巣鴨に広大な敷地を求め、翌一九〇八年（明治四一）九月、校舎を小石川より巣鴨に移して内容の充実をはかった。黒田は新たに宗憲を制定し、また宗学振興の淵源ともいうべき教育制度の改正を断行。一九一二年（明治四五）正僧正に叙せられた。

淑徳高等女学校の校長を辞任　黒田真洞はこのように浄土宗の執綱、浄土宗大学学長、勧学、宗教大学学長などの要職を歴任しながら、淑徳高等女学校の初代校長を兼務し続けた。淑徳女学校の名誉校長就任から数えると一三年に及ぶ長期間である。聞声にとって京都遊学のときからの盟友ともいうべき存在であった。

しかし、黒田校長に気持ちの変化が起き、聞声と対立していた井原徳従主幹を助ける側について、聞声を抑えるような態度を取り始めた。聞声にとって不快であり、黒田校長の家に行き、その態度変更が理不尽なことを訴えたが、黒田校長の姿勢は改善されず、聞声対黒田校長・井原主幹の対立という構図となった。

そこで、学校の顧問・伊沢修二が紛争を抑えるため井原主幹の更迭を浄土宗宗務所にせまったが、宗務所は積極的な行動を取らず、芝中学校校長・渡辺海旭に調停を依頼。両者の対立はさらにはげしくなり、浄土宗宗務所は黒田校長、井原主幹、聞声監督の三人に職を辞するように諭告。三人は後任校長に椎尾弁匡《しいおべんきょう》を推すなどいくつかの条件を示し、その約束のもとに辞表を提出。これで問題は解決の方向に向かったと思われた。

けれども浄土宗宗務所が桑門秀我を校長に任命したため紛糾。こうした混乱した状況下の聞声の心境を、谷紀三郎編『聞声尼』では、

聞声尼は思った。これはいつまでも自分が（監督の）職にとどまるべきではない。時勢が変ってきたのである。自分のような旧思想の者がいつまでも新時代の教育に従事しようというのは

間違ったことである。（谷紀三郎編『聞声尼』一四五頁）と考えたと記している。そして聞声は一九一二年（明治四五）五月に辞職を決意。黒田校長、井原主幹も辞職した。

その後、黒田真洞は一九一六年（大正五）一月二五日遷化した。没後ただちに大僧正が追贈された。代表的な著書は『法相以呂波目録』二巻、『標註八宗綱要』二巻、『科註浄土三心私記裏書』、『浄土宗綱要』などで、その他に多くの著書がある。現代略式の僧服として用いられている黒の道衣（改良服）は、黒田の考案したものとされる。

参考：黒田真洞著『大乗仏教大意』仏教学会、一八九三。那須理香「一八九三年シカゴ万国宗教会議における日本仏教代表釈宗演の演説―「近代仏教」伝播の観点から」『日本語・日本学研究』第五号、二〇一五。谷紀三郎編『聞声尼』私家版、一九二〇。

（割田剛雄）

血書《けっしょ》と菩薩戒《ぼさつかい》

聞声の経文《きょうもん》の血書《けっしょ》　聞声は京都遊学中に、泉涌寺の佐伯旭雅師の講義や、永観堂（浄土宗西山禅林寺派総本山）の山本厳識師に学び、智積院（真言宗智山派総本山）に通い、天台学や唯識学を修めるなど、強い覚悟のもとで修学を続けていた。こうした聞声の命がけの修行の一つに、「経文《きょうもん》の血書《けっしょ》」がある。

血書は墨汁の代わりに、自分の血で写経することである。指の先へ針を指し、滴《したた》る血を盃《さかずき》に受け、朱《しゅ》墨《ぼく》に混ぜて一文字ずつ経文を書くもので、非常に根気を要するもので、古来より強い決意や誠意、神仏への祈願や誓願を示すために行われてきた。

血書した『法華経』を竹生島《ちくぶじま》に納経　聞声が伏見稲荷へ日参して血書した鳩摩羅什《くまらじゅう》訳『法華経（妙法蓮華経）』（八巻二八品）は、琵琶湖竹生島《ちくぶじま》の弁財天に納められたという。『法華経（妙法蓮華経）』は諸経の王と言われ、天台教学の要《かなめ》である五時八教の教相判《きょうそうはん》釈《じゃく》の最終「法華《ほっけ》・涅槃時《ねはんじ》」の重要経典で、経文の総文字数は六万九三八四字にのぼる大部なお経である。

指先の血を一滴ずつ絞り出し、祈りを込めて血書し、完成に八ヵ月を要したとされる。しかも聞声は『法華経』のほかに、大乗戒を説く根本経典である『梵網《ぼんもう》菩《ぼ》薩戒経《さつかいきょう》』（『梵網経』）や、善財童子《ぜんざいどうじ》が五三人の善智識に出会い、問答し、学び、ついに悟りを開く『普賢行願品《ふげんぎょうがんぼん》』（唐・般若三蔵訳『大方広仏華厳経』の略称）、『般若心経』、『阿弥陀経』なども血書している。このうち『梵網菩薩戒経』（梵網経）と『普賢行願品』（『大方広仏華厳経』）を、京都遊学中の聞声が東京に持参し、師・行誠に届けて「序」を加筆してもらったものと考えられる。

こうした聞声の命がけの修行は、誰もが簡単に真似できるものではない。どのような困難があっても最後までやり抜こうとする強い意志と行動力がなければ達成できない仏道修行である。その強い意志を支えたのは、師・行誠の「亡者《もうじゃ》の導師となるよりも、生者《しょうしゃ》の善知識となれ」という、聞声が「一生の護《まもり》刀《がたな》」とした教えの実践と、佐伯旭雅師をはじめとする他宗の碩学たちの厳しい教え、父・太左衛門の深い愛情と励ましであったといえる。

血書を持参し菩薩戒を受け比丘尼《びくに》となる　聞声が持参した二つの血経にはそれぞれ行誠の序が添えられている。『梵網菩薩戒経』の漢文の序を書き下すと以下の通りである。

梵網菩薩戒経血書序

経に曰《いわ》く、皮を剥《は》いで紙と為《な》し、血を刺《さ》して墨と為《な》し、髄《ずい》を以《もっ》て水と為《な》し、骨を折って筆と為《な》

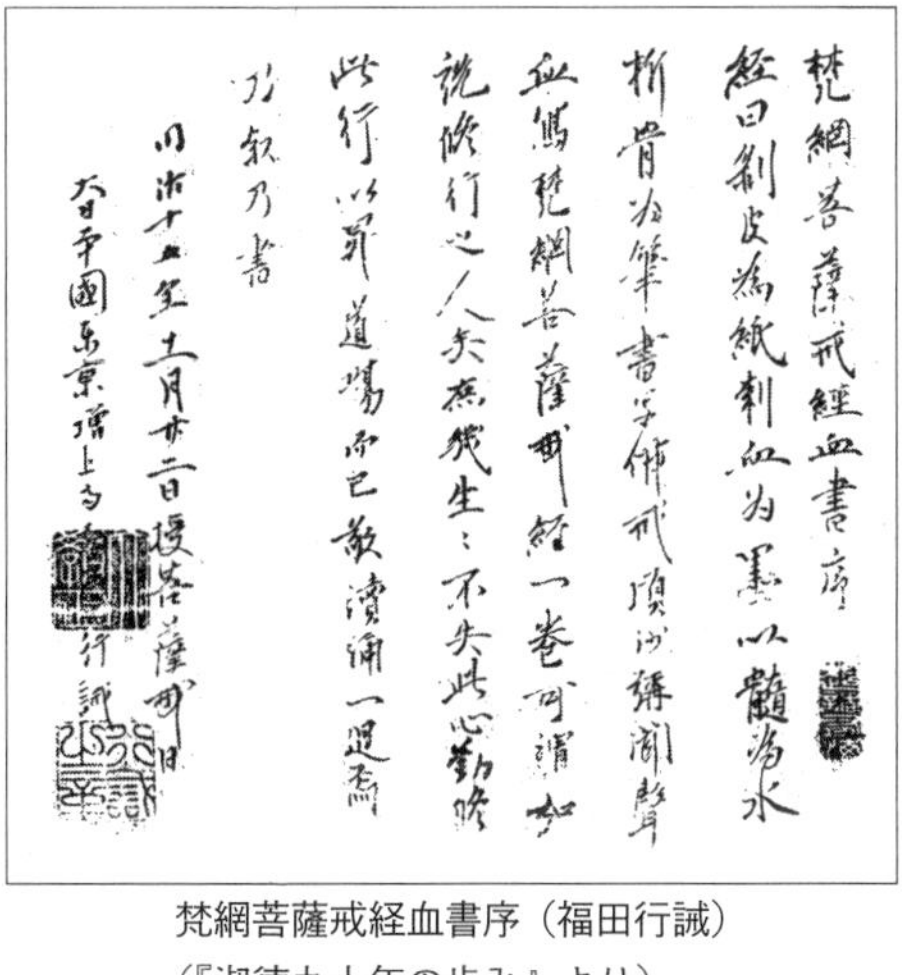

梵網菩薩戒経血書序（福田行誠）
（『淑徳九十年の歩み』より）

して、仏戒を書写す。頃《このごろ》、沙弥《しゃみ》聞声は梵網菩薩戒経一巻を血写《けっしゃ》す。如説修行《にょせつしゅぎょう》の人と謂《い》うべし。こいねがわくは、生々《しょうじょう》、この心を失わず、この行を勤修《ごんしゅ》し、以《もっ》て道場に昇るのみ。敬って読誦すること、一過《いっか》、すなわち叙《じょ》し、すなわち書す。

明治十五年十一月廿二日菩薩戒を授くるの日

大日本国東京増上寺老沙門行誡

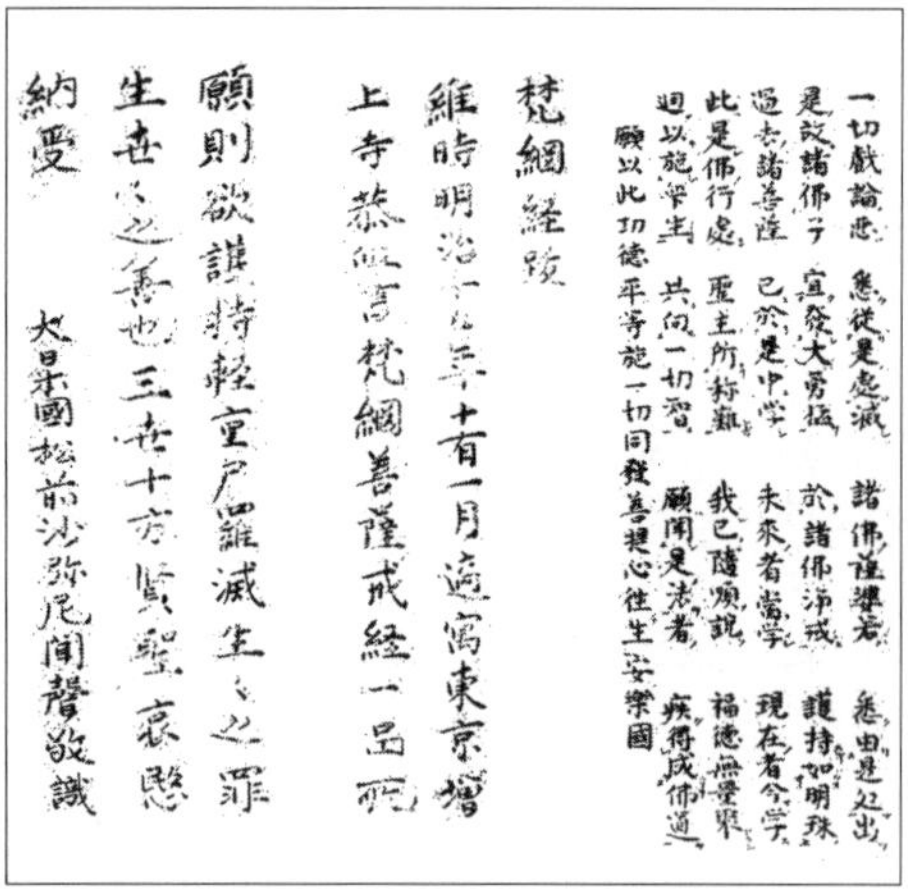

梵網菩薩戒経血書跋（輪島聞声）

（『淑徳九十年の歩み』より）

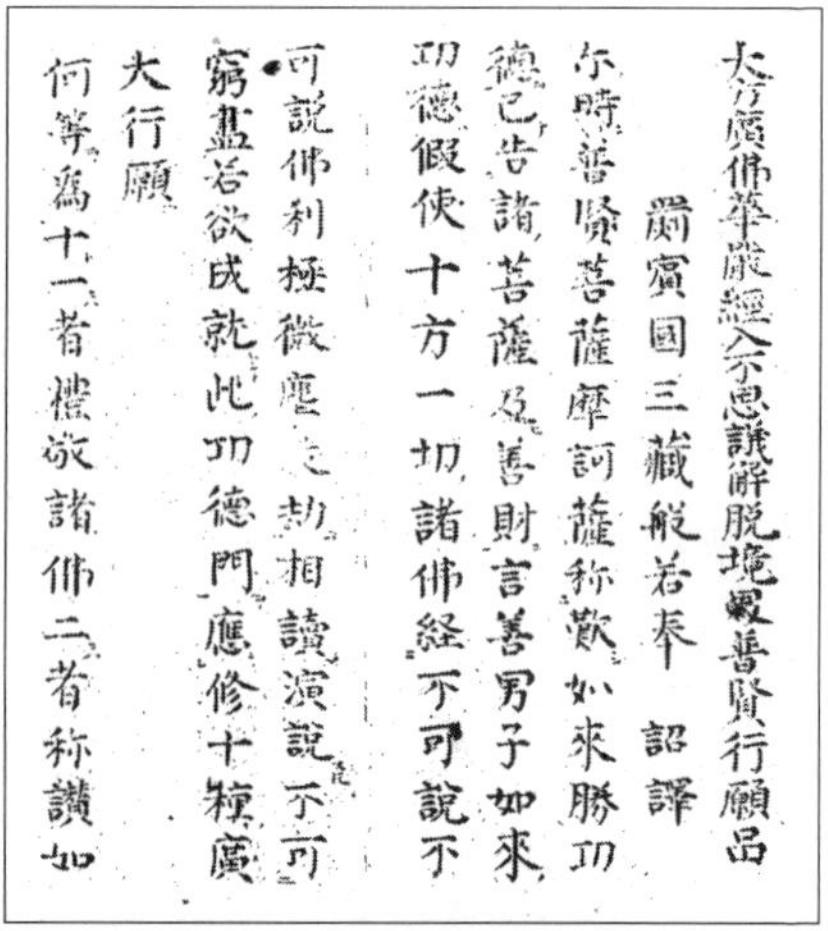

大方広仏華厳経不思議解脱境界普賢行願品血書跋（輪島聞声）（『淑徳九十年の歩み』より）

聞声が血書した『梵網菩薩戒経』と跋、『普賢行願品』（『大方広仏華厳経』）に対する、師・行誡の「序」を読むとき、弟子の聞声が血書して戒を守ることを誓う姿を、あたたかく見守り顕彰している姿勢を痛感する（『淑徳九十年の歩み』二〇～二一頁参照）。聞声は『梵網菩薩戒経』の跋の末に「大日本国松前沙弥《しゃみ》尼《に》聞声敬識」と謹書している。沙弥尼は得度・出家して十戒を受けているが、まだ菩薩戒を受けていない尼僧をいう。聞声はこの授戒会のために二つのお経を血書し、持参したものと推定される。

そして聞声はここで師・行誡から菩薩戒を受け、名実ともに比丘尼となったのである。聞声が三二歳のときである。

恩師・行誡と記念写真を撮る　菩薩戒を受けた後の一八八三年（明治一六）正月、聞声と師・行誡は連れだって丸木写真館に出向き、行誡を中心とする集合写真を取っている。聞声の受戒の記念写真と思われる。それは写真の裏面に「明治十六年正月写　東京増上寺　大教正行誡師真影」と記されていることから確認できる。同時に聞声一人だけの法衣姿の写真も撮影している。同写真が聞声の現存写真の中で、最も若い年齢の写真である。これらの写真を取ったのは、明治天皇の肖像写真などを撮影した、明治の写真界を代表する丸木利陽である。

比丘尼となった聞声は、さらに仏道修行をするべく京都に戻った。

参考：米村美奈『輪島聞声の生涯―日本女子教育の先駆者』淑徳選書6、淑徳大学長谷川仏教文化研究所、二〇一九。「淑徳九十年の歩み」編集委員会『淑徳九十年の歩み』学校法人淑徳学園、一九九二。　（割田剛雄）

河野《こうの》関子《せきこ》

河野たか（淑徳女学校第一期生）の母親。第一期淑徳婦人会からの発起人。夫・広中《ひろなか》は政治家、第一一代衆議院議長。

同時代史料の安藤鉄腸《てっちょう》著『教会の婦人』によれば、関子は福島県の代々続く仏教信者の家に生まれ、若くして姉妹で剃髪して尼僧となり、河野広中が自由民権運動のために福島の監獄に入獄していた折に、その人柄に触れ、のちに還俗《げんぞく》して河野広中に嫁《とつ》いだという。

また、『浄土教報』一四二号（明治二六年四月二五日）に、河野広中・関子夫妻の仏教への篤信《とくしん》ぶりと、淑徳婦人会や淑徳女学校との関係を示す記事が掲載されている。

自由党の領袖《りょうしゅう》たる代議士河野広中氏には、平生仏教を尊信せられ、毎朝必らず般若心経を読誦して懈怠《けたい》あることなしと云う、又、其令夫人てい子（筆者注：てい子は関子の誤り）には厚く仏教に帰依し、淑徳婦人会を発起し、其令嬢たか子を淑徳女学校へ入学せしめ、仏教の徳義を以て養成せんとの心懸けなるよし。

河野関子は第一期淑徳婦人会、第二期淑徳婦人会を通して、淑徳婦人会の中心人物。（米村美奈）

河野《こうの》たか

「たか」「たか子」とも表記されるが、本事典では「たか」で統一表記する。淑徳女学校第一期生。広瀬了義編『淑徳五十年史』に、開校時の入学生徒五人のうちの一人として名前が記録されている。

（筆者注：開校時の入学）生徒は尼衆教場と共に移ってきた三人の尼僧と河野たか、平岡いねの両女史であった。（『同書』六頁。圏点は筆者）

父は政治家・河野広中《ひろなか》、母は第一期淑徳婦人会からの発起人・河野関子《せきこ》。河野広中・関子夫妻の娘である典拠は『浄土教報』一四二号（明治二六年四月二五日）の左記の記事である。

其（自由党の領袖《りょうしゅう》たる代議士河野広中の）令夫人てい子（筆者注：てい子は関子の誤り）には厚く仏教に帰依し、淑徳婦人会を発起し、其令嬢たか子を淑徳女学校へ入学せしめ、仏教の徳義を以て養成せんとの心懸けなるよし。（圏点は筆者）

この『浄土教報』一四二号は淑徳婦人会の設立が報じられた『浄土教報』（一四一号）の次号である。

参考：広瀬了義編『淑徳五十年史』淑徳高等女学校、一九四二。（米村美奈）

河野《こうの》広中《ひろなか》

政治家（一八四九〜一九二三）。河野たか（淑徳女学校第一期生）の父親。妻・関子《せきこ》は第一期淑徳婦人会からの発起人。福島県三春《みはる》出身。磐州《ばんしゅう》と号し、第一一代衆議院議長。

東北の自由民権運動の中心人物。福島県令・三島通庸《みちつね》の圧政に対する福島事件が一八八二年（明治一五）に発生。連座し軽禁獄七年の刑を受ける。一八八九年（明治二二）大日本帝国憲法発布に伴う恩赦で出獄。翌一八九〇年（明治二三）の第一回衆議院議員総選挙に当選。以後、一九二〇年（大正九）の第一四回衆議院議員総選挙まで連続当選を果たす。

この間にあって、長女・たかを淑徳女学校の開校時に入学させた翌年、一八九三年（明治二六）七月一六日に母・利代子の葬儀を行い、青山善光寺に埋葬した。その折の大導師は釈雲照律師で、慈雲尊者の『能理の友』という十善法語に関する施本を印刷して会葬者に配り、夫婦兄弟しての篤信ぶりを示す記事が『浄土教報』一五一号（明治二六年七月二五日）に、次のように掲載されている。

> 自由党の名士河野広中氏母堂利代子の葬儀は去る一六日午後二時、三田小山町自宅出棺。仏式にて青山善光寺に埋葬せられ、当日大導師は目白僧園雲照律師にて、貴顕紳士無慮数百名会葬せられたり。又喪主河野氏より能理の友と題する慈雲和上の十善四恩の大意を印行し、会葬者に頒布せられたり。殊に感ずべくは河野氏フロックコートの臂《ひじ》に数珠を掛け、位牌を捧げて柩の前に立ち、氏の細君も同く数珠を持て其後に従い、焼香の時にも氏の夫婦兄弟等は孰《いずれ》も、導師たる雲照津師に向《むかっ》て三拝の礼を行へり。嗚呼、河野氏は能く道を知るものと云うべし。

導師を務めた釈雲照律師は、明治維新の廃仏の危機に仏教復興のために奔走し、戒律主義を主唱した名僧である。河野広中の母・利代子が、青山善光寺に埋葬されたというのも機縁を感じさせる。なぜなら、青山善光寺は聞声と連名で「静淑女学校創立並びに建築諸言（淑徳女学校設立趣意書B）」に名前を連ねた八幡祐観が寄寓し、のちに平松誠厚の姉・直子が尼僧・祐厚となり、住職になった名刹である。

河野広中は一九〇三年（明治三六）に第一一代衆議院議長に就任。一九〇五年（明治三八）九月、日露戦争後のポーツマス講和条約に反対する国民大会の議長として、日比谷焼打事件を扇動。一九二三年（大正一二）一二月二九日、七四歳で入滅。

（割田剛雄）

さ

西寿寺《さいじゅじ》（京都《きょうと》）と愛用《あいよう》の硯《すずり》

浄土宗の念仏道場　西寿寺《さいじゅじ》は京都洛北の通称「泉谷」と呼ばれる地（京都市右京区）にある。江戸時代初期の一六二八年（寛永四）に浄土宗の高僧・袋中《たいちゅう》良定（一五五二～一六三九）を開山とする浄土宗律・捨世派の寺院である。捨世派は世俗を離れて戒律を守り、静かに念仏を称える僧侶集団で、西寿寺は開山以来、念仏三昧道場として多くの人々の念仏修行の場であった。明治初期の廃仏毀釈で荒廃したが、それを復興したのが颯田本真《さったほんしん》とその妹・颯田諦真《さったていしん》である。本真は神奈川県鵠沼《くげぬま》の慈教庵を布施活動の拠点として活動実践し、妹の諦真が長く尼寺・西寿寺の住職をしていた。聞声は七歳年長の颯田本真を姉とも思い敬慕していた。

西寿寺から京都市内の眺望

藤吉慈海は『颯田本真尼の生涯』のなかで、

> 輪島聞声尼は、淑徳女学校を創立して、子女の教育に従事しておられたが、本真老尼を心から尊敬されていた。ときどき京都の泉谷にもこられて、「極楽庵で三日間でもいいから、お念仏三昧の生活がしてみたい」などと申しておられた。
> （『同書』一五〇～一五一頁）

と記している。このように聞声は京都修行中（一八七九～一八八八）にも西寿寺を訪ね、本真や諦真と親交を結んだものと思われ、泉谷・西寿寺での念仏三昧の生活を希望していた気持ちが理解できる。

聞声愛用の硯　西寿寺に聞声が愛用していた硯が

聞声尼愛用の硯の表面（右）と裏面（左）（西寿寺蔵）

残されていた。硯を見ると裏側に、「三年通学生一同輪嶋様」と彫られている。聞声が一八九二年（明治二五）に設立した淑徳女学校の生徒たちからの贈呈である。当時、硯は必需品で、特に書道を得意とした聞声は生涯にわたり大切に使っていた様子がうかがえる。

聞声は亡くなる数年前に、若き日の仏道修行の場であり、恩師・福田行誡が眠る知恩院のある京都を最期の地にしたいという強い希望を抱き、身の回りの小物や衣類、書籍などを念願の西寿寺に送ったとされている。

高台にある西寿寺からは京都市内が眺望できるので、聞声は西寿寺境内の地蔵堂近くに新たな「聞声庵」を造り、余生を静寂な念仏三昧ですごしたいと考えたのである。しかし病勢が進み、その願いは叶うことなく、東京・感応寺で最期を迎えた。生前に西寿寺に送られた荷物のなかに、愛用の硯があった。

参考：米村美奈『随想　輪島聞声尼』淑徳中学・高等学校、二〇一七。藤吉慈海『颯田本真尼の生涯』春秋社、一九九一。→颯田本真　（米村美奈）

裁縫《さいほう》が堪能《たんのう》だった聞声《もんじょう》

聞声は精進料理など料理を得意としていて、大概の料理法は心得ていたという。また裁縫にも堪能であった。谷紀三郎編『聞声尼』によると、

淑徳女学校の生徒は、監督さん――聞声尼のことを監督さんと呼んで居た――は、尼さんだから裁縫のことなど、そう解りはしまいと、誰も最初は多寡をくくっていた。所が実はそうではなかった。（『同書』一七〇頁）

聞声は常に、

「女性が針の道に疎《うと》くてどうする」

と生徒たちに話し、

「女性に一番大切なものは、裁縫だ」

と言って、生徒の裁縫を見て回った。生徒は驚きの目を見張り、上級生になって絹物の裁縫になると、聞声の目は一段と厳しくなった。運針が拙《まず》い出来だと、生徒の目の前で縫い上げた裁縫の糸を、どんどん解いて、

「もう一度、縫い直しなさい」

と厳しく指導した。それでも聞声は裁縫の受け持ちではなく、別の専門の教員がいたのである。生徒にとって聞声の裁縫の指導は怖かったという。

裁縫の時間に、若《も》し（裁縫の）先生が居ないようなことがあると、生徒はいつか針の方が疎《おろそ》かになってお話に夢中になってしまう。そうした時に聞声尼の足音でも聞こえると、

「そら、監督さんよ」

と、猫の足音をききつけた鼠のように、急に森《しん》となったものである。


「あなた方は何のために学校に来ている。話をしろといって、御両親が高い月謝を払って学校へよこして下さるのですか」（『同書』一七〇頁）

聞声はこのように言って、よく生徒を叱ったので、生徒にとっては怖かったという。

聞声が出家を決意し、松前を出発したのは数え二五歳の三月である。松前の豪商の一つであった輪島屋の三女なので、茶道や華道、裁縫など一通りの花嫁修業を習っていたものと考えられる。そういう意味では、門声が料理や裁縫の心得に長けていても不思議ではない。

なお、聞声直筆で始まる『淑徳女学校教職員名簿』を見ると、開校直後の一八九二年（明治二五）九月一一日付で、裁縫受持・三浦仙子の名前があり、三浦仙子の退職直後に太田美寿子、続いて吉川くわ子、林美喜子と裁縫担当の教師名が順次に記録されている。初期の淑徳女学校にあって裁縫は重要な科目の一つであった。

参考：谷紀三郎編『聞声尼』一九二〇。『淑徳女学校教

職員名簿』（淑徳大学アーカイブズ提供）　（米村美奈）

佐伯旭雅《さえききょくが》

泉涌寺第一四三世長老（一八二八～一八九二）。字は恵浄、雲洞。阿波国三好郡三野村勢力内田熊三郎の末男。三歳のとき父を亡くす。一二歳で同郡加茂野宮村瀧寺靈雅に師事して出家。

天台、倶舎《くしゃ》、唯識《ゆいしき》、悉曇《しったん》、儀軌《ぎき》を究め、とくに倶舎学に秀《ひい》でていた。一八七八年（明治一一）に泉涌寺《せんにゅうじ》一四三世長老に就任し、性相学《しょうぞうがく》の講義を開始。当代を代表する碩学《せきがく》の権威ある講義に、三〇〇人を超える受講生が集まったとされる。

佐伯旭雅はどんなに暑い日でも扇子《せんす》を使わず、身動き一つせず、厳粛な雰囲気で講義。さらに講義前に受講生一同を眺め、頭髪が少しでも伸びた僧侶がいると、黙って退場してしまうほど厳しかった。

『浄土宗尼僧史』の平松誠厚述「輪島聞声尼」の項によると、聞声は一八八二年（明治一五）三月五日に浄土宗総本山宗学校の第三課を卒業。同年四月八日から泉涌寺で佐伯旭雅の講義を受講している（『同書』一九三頁）。宗学校在学三年目の聞声に泉涌寺で学ぶことを勧めたのは、宗学校の教員・黒田真洞である。

講義を聴く受講生は男僧ばかりで、尼僧は聞声一人であった。谷紀三郎編『聞声尼』では受講の様子や、雪の日に下駄の鼻緒を切り裸足で通学した姿を次のように記している。

> 大和上《だいわじょう》（筆者注：佐伯旭雅師）の講座を聴くということは実に有難《ありがた》いことだ。在俗では叶《かな》わぬことだ。聞声尼は心からこう思って益々《ますます》自ら励まして講座に出たのであった。それは如何《いか》な日でも講堂の中に聞声尼の姿を見ぬ日はなかった。
>
> 入信院から泉涌寺まで約一里ある。ある時、雪の深く積《つも》った朝であった。膝を没する積雪を踏んで、泉涌寺への道を辿《たど》ると、途中で下駄《げた》の鼻《はな》緒《お》が切れてしまった。仕方がないから素洗足《すあし》で雪を踏んだ。足は感覚を失って幾度か倒れようとした。泉涌寺に行き着いた頃には、身内がこ

とどとく凍《こご》えようとして居た。その時の聞声尼は、たとえ凍え死にをしようと、それは道の為《た》めだから満足だと思って居た。（『同書』四三～四四頁）

こうして泉涌寺での佐伯旭雅の講義を受講し続けけた聞声は、同時期に合わせて永観堂（浄土宗西山禅林寺派総本山）で山本厳識師、智積院（真言宗智山派総本山）学林で天台学や唯識等を修学している（『浄土宗尼僧史』一九三頁）。

聞声の熱心な勉学に対して、泉涌寺の佐伯旭雅は、「もんじょう（聞声）尼の数年法の道を聞けるを感じて」

と題して、

しかすがに名にもそむかじ幾年を
重ねて法の道を聞《きく》かな　旭雅

佐伯旭雅より聞声への和歌（『淑徳教育七十年』より）

と、「聞声」の名前を読み込むようにして、一首の和歌を短冊に揮毫してくれた。まさに聞声の並々ならぬ精進を認め、誉《ほ》め讃《たた》えた証《あかし》である。

参考：平松誠厚述「輪島聞声尼」浄土宗尼僧史編纂委員会『浄土宗尼僧史』浄土宗吉水会、一九六一。徳武真有編『淑徳教育七十年』淑徳学園、一九六二。（割田剛雄）

雑誌《ざっし》『淑徳《しゅくとく》』

雑誌『淑徳』は淑徳女学校および淑徳高等女学校の機関誌である。広瀬了義編『淑徳五十年史』では、一九〇五年（明治三八）三月の第一号から、一九四二年（昭和一七）一一月の第二三〇号まで発行された、としている。

なかには興味深いタイトルの「特集号」が多数含まれており、淑徳女学校・淑徳高等女学校の発展の歴史や教育方針、淑徳と関係の深い人物の追悼号などに見られる回想録など、淑徳との関わりを知るうえで貴重資料である。

本誌は明治三八年に第一号を発行され、爾来月刊ともなり、或は学期発行となるなど、時代に依って多少の相違もあるが、とにかく連綿として今日まで続刊せられ既に第三九巻となり、通巻二三〇号を数うるに至った。

これらを一瞥すれば、本校の発展のあとが自ら推察せられて興味がある。そして本校の伝統的精神も実に此間の消息を看取せられるのである

（『同書』一三二頁）

第二三〇号以降の経過については、広瀬了義編『淑徳七十年史』に、太平洋戦争の激化などで休刊の止むなきに至つた経過が記されている。

「淑徳」は第二三〇号の創立五〇周年の特集号が昭和一七年一二月二〇日発行もあつたが、太平洋戦争が烈しくなるにつれ物資欠乏、印刷物の窮屈になるに連れて本誌も尾大掉わず、それに同二〇年に母校の全焼、学園分離などで一時休刊の止むなきに至つたのは致しかたがなかつた。

（『同書』一六九頁）

本事典の編纂に際して、筆者等は関係機関の協力を得て、出来る限り雑誌『淑徳』の現物に当たり、掲載内容の確認に努力した。そのなかで第二三一号の一九四三年（昭和一八）発行を確認できた。現時点（二〇二四年三月現在）で所蔵を確認できたのは、

（1）淑徳大学……………………五二冊。

（2）淑徳学園（SC）図書館所蔵…三五冊。

（3）筆者所蔵……………………一六冊。

の計一〇三冊である。重複所蔵分を除き計五七冊の内容を確認することができた。なお、本事典の巻末に、広瀬了義編『淑徳五十年史』や確認できた五七冊をもとに、二三一号までの各号の発行年月日、主要収録記事名等を網羅した一覧表を付す。

参考：広瀬了義編『淑徳五十年史』淑徳高等女学校、一九四二。広瀬了義編『淑徳七十年史』学校法人大乗淑徳学園、一九六二。

（割田剛雄）

雑誌《ざっし》『淑徳《しゅくとく》』、月刊発行《げっかんはっこう》に

雑誌『淑徳』改正の決議　雑誌『淑徳』は第一号から第五号まで、版型は菊判（一四八×二一八センチ

メートル）で、年一回の発行であった。

一九〇九年（明治四二）一〇月一三日、秋季同窓会評議員会が開催された。出席者は聞声、井原法従、荻原かつ、荒井たつ、則武ふさ、服部はるの六名。会合の席で雑誌『淑徳』の編集・発行・分売などの改正が討議され、

1、雑誌原稿は各女性教員が集めること。

2、雑誌発行は毎年六月二〇日頃。

3、雑誌を夏季休業中の読物とし、生徒に分売。

ということが決議された、という（『淑徳五十年史』一三二～一三三頁参照）。

この決議が「雑誌発行の改正決議」とすると、それ以前、すなわち第一号から第五号までは、異なる形で編集・発行・配布されていたものと考えられるが、詳細は不明である。残された記録では、一九〇六年（明治三九）四月発行の第二号は、

三〇〇部を印刷して金二五円五〇銭、右郵便代が三円九〇銭で、これを合計しても三〇円に満たない……。（『淑徳五十年史』一三二～一三三頁）

とされる。

月刊に変更と発行の目的　一九〇九年（明治四二）一〇月の「改正決議」にもかかわらず、翌年、一九一〇年（明治四三）二月一一日発行の第六巻から、版型は菊倍版に改め、校友会と同窓会を連合して雑誌部を設け、それまで同窓会の会報として年一回発行の雑誌『淑徳』を、八月を除く毎月一回発行に改定した。

さらに、「雑誌部規約」を定め、『淑徳』発行の目的を、

1、学校と家庭との連絡を適切にする

2、全校生徒の精神上の融和を計る

3、生徒の成績を表彰する

4、教科書以外の生徒の「読物」とする

5、学校と卒業生との連絡、ならびに卒業生相互間の親睦を計る

と明示した。

月刊発行の背景　井原法従主幹は雑誌『淑徳』を月刊発行とし、五つの目的を明示した理由を次のよ

うに述べている。

此頃は時代の傾向とは申しながら、師弟の情誼というものが段々浮薄になりまして、徳川時代に於ける寺小屋時代のそれを夢想だもすることの出来ないのは、常々遺憾と思うて居る次第であります。

本校は卒業生諸子が折々母校を訪れられて、自己の消息等を親しく御洩し被下ことを希望するのでありますが、尚その事状の許さない方々や、遠く地方に居らるる方々に本誌を送り、母校の現状を通知し、又諸子よりの消息、所感文等は出来る限り漏なく誌上に披露して、同窓諸氏相互の旧情を温めたいと思うのであります。

在学の諸子は油断なく学芸を修め、真情を吐露し、卒業の諸子は勉めて所感並に相互の消息を本校に通知せられ、父兄、保証人の方々は之に依て子女の学校が如何にあるか、又子女が如何に学びつつあるか、諒知せられんことを望むのであります。（『淑徳五十年史』一三三頁）

井原法従主幹の説明の背景に、卒業生の増加や地方出身の在校生の増加が考えられる。明治の世にあって、在校生がどのような教育を受け、どのような学習をしているかを、その父母や保証人に知らせる配慮が強く感じられる。（割田剛雄）

雑誌《ざっし》『淑徳《しゅくとく》』第一号《だいいちごう》

雑誌『淑徳』第一号の発行と未発見　淑徳女学校の機関誌である雑誌『淑徳』は、広瀬了義編『淑徳五十年史』によると、一九〇五年（明治三八）三月に、同窓会の会報として第一号が発行された、とされている。

なにゆえに「発行された、とされている」と曖昧な記述をするかと言えば、広瀬了義が一九三五年（昭和一〇）に第二〇〇号「第二百号記念特輯」を編集する際に、「淑徳二百号史の瞥見《べっけん》」と題して創刊号から二〇〇号までを総覧した一文を寄せている。そのなかで、創刊第一号が淑徳高等女学校に保管されていないため、詳細が分からないのを嘆き、次のように寄贈を呼びかけているからである。

本誌は明治三八年の創刊であるが本校の所蔵中に之を欠いているので、その詳細を知ることの出来ないのは私共の多年の遺憾《いかん》としている所である。（同窓諸姉のうちで若《も》し御所蔵の方があれば、学校に御寄贈に預《あず》からば洵《まこと》に結構である。）

（『同誌』四一頁）

なお付言すれば、広瀬は聞声の入寂直前の一九二〇年（大正九）四月に淑徳校高等女学校に入職。同月末に発行された第一一四号「嗚呼《ああ》前監督輪島聞声師」以来、長く雑誌『淑徳』の編集を担当してきた。収集癖を自認している広瀬なので、一九三五年（昭和一〇）の第二〇〇号編集時点では、自他共に認める「淑徳女学校の生き字引的存在」であったと考えられる。その広瀬が欠号を嘆き、寄贈を呼びかけているのである。

さらに広瀬は七年後の一九四二年（昭和一七）に、『淑徳五十年史』を編纂する際に、淑徳高等女学校や伝通寺等に保管されていた資料、および関係者や関係機関から幅広く蒐集している。しかし同書の『淑徳』発行一覧表を見ると、第一号、第一〇号、第三七号の三点は、発行年月などの記録はあったものの、原本がどうしても見つからなかったためか、詳細を欠いた記録となっている。（『淑徳五十年史』一四〇～一四二頁）

雑誌『淑徳』第一号の思い出　一方、これまでに収集し確認できた雑誌『淑徳』を丹念に読むと、淑徳高等女学校の卒業生の文章の中に、第一号に関する記事を見出すことができた。卒業生「今井よしの」の文章で、在学三年生のときに第一号が発行されたので、珍しくて隅から隅まで読みました、という思い出が綴られている。

今井よしの

一、私共の在学当時と申しますと、もう二五年前（筆者注：一九〇五年（明治三八）になりましょうが、ついこの間の様な気が致します。雑誌『淑徳』第一号が発行されたのは私共の三年の時、珍しくて隅から隅まで読みました。殊《こと》に拙《まず》い作文などが載《の》った時の嬉しさ、得意さ、またあの時代にかえりたくなるほどです。

二、何もかも満足と致して居ります。なお本校生徒は非常に質実に見えます。これを学校精神として益々発揮させたいと思います。（雑誌『淑徳』二〇〇号、三三頁）

右の卒業生「今井よしの」の文章は一九三五年（昭和一〇）に綴られたもので、これを読むと、創刊第一号に生徒の作文などが掲載されていた様子を窺い知ることができる。

（割田剛雄）

雑誌《ざっし》『淑徳《しゅくとく》』の「雑誌部規約《ざっしぶきやく》」

淑徳女学校および淑徳高等女学校の機関誌である雑誌『淑徳』は、同窓会の会報として一九〇五年（明治三八）三月に第一号が発行された。そして創刊当初の五年間は年一回の発行であった。

一九六八年（明治四三）二月に、八月を除く年一一回発行の月刊誌に変更。その際に左記の「雑誌部規約」が定められた。雑誌『淑徳』の会則に相当するものである。広瀬了義編『淑徳五十年史』から引用する。

一、校友会、同窓会連合して雑誌部を設け在来の同窓会報「淑徳」を拡張し、左の目的を以て凡毎月一回（八月を除く）雑誌「淑徳」を発行す。

其一、学校と家庭との連絡をして一層適切ならしめんが為め。

其二、全校生徒の精神の融和を計る為め。

其三、生徒の成績を発表して修学奨励の一助とする為め。

其四、全校生徒の「読物」とする為め。

其五、学校と卒業生相互間の連絡、親和を計る為め。

一、前項の目的を達せんが為めに、学校内の出来事、学校より家庭への希望、寄宿の状況。卒業生相互間の消息、通信其他生徒の成績品は勿論、修身、家政、娯楽に関し有益なる記事を掲載す。

一、本部には左の掛員を置き本校教職員之に当る。

　部長一名　雑誌掛長　一名

　雑誌掛各組に一名宛（内二名専任）

一、校友会員、同窓会員は学校の進歩に有益なる材料又は所感追想等を随時寄稿する事を得。

一、発刊の雑誌は校友会員、同窓会員に其都度配付す。　以上

　明治四三年二月

（『同書』一三三〜一三四頁）

　右の会則に準拠して、一九一〇年（明治四三）二月（第六号）から、一九二三年（大正一二）一二月（一五三号）まで、一四年間の合計一四八号分は、おおむね会則通り順調に定期発行している。ただし、聞声の退任前後など、一部に欠号がある。また、一九二四年（大正一三）以降は発行が不定期化し、臨時増刊の発行が目立つ。（割田剛雄）

雑誌《ざっし》『淑徳《しゅくとく》』の代表的《だいひょうてき》な特集号《とくしゅうごう》

　雑誌『淑徳』全二三一号の中から、聞声に関する記事を掲載する号や、淑徳女学校・淑徳高等女学校にとって重要な事項が掲載されている代表的な特集号など、一四の号と記事の一部を列記する。

第五号　輪島聞声「塩原にて（和歌）」明治四二年一二月

第八一号　荻原雲来「淑徳漲美《ちょうび》」大正六年四月

第一一四号　嗚呼《ああ》前監督輪島聞声師。
　弔辞「荻原雲来」大正九年四月。
（筆者註：聞声、同年四月三日入滅。その追悼号）

第一四二号　創立三〇年を迎えて（杉浦重剛、荻原雲来、渡辺海旭）大正一一年一一月。

第一六三号　輪島聞声哀悼号。
　永地待枝「聞声尼を憶《おも》う」大正一五年七月。
（筆者註：聞声七回忌）

第一六七号　三六周年新築落成号。
　藤田寛随校長「輪島聞聲尼を偲ふ」
　祝辞「水野文相、山下管長、平塚知事、市来市長、浜私立高女代表、岡倉」昭和三年七月

★第一八八号　渡辺海旭師・野沢俊冏師追悼号。
仏教講演集「椎尾弁匡、小野清一郎他」
広瀬了義「渡辺海旭師の長逝を悼《いた》む」
翠雫生「野沢俊冏師の遷化を追慕す」
昭和八年二月

第一九四号　茅根学順師追悼号。
追慕「山下管長、石塚、藤田、原田、広瀬」
昭和九年二月

★第一九六号　原田霊道「淑徳漲《ちょう》美《び》に新意気を」
昭和九年六月

★第二〇〇号　第二百号記念特輯。
原田霊道「本校の伝統を顧《かえり》み飛躍を期す」
中村耕康「梅花の姿に信仰の香を添えて」
藤田寛随「会誌二〇〇号を寿《ことほ》ぎて」
広瀬了義「淑徳二〇〇号史の瞥見《べっけん》」
昭和一〇年二月

★第二一五号　荻原雲来先生哀悼号。
編輯部「元本校長荻原雲来先生哀悼録」
弔辞「椎尾弁匡、郁芳随圓」
高楠順次郎「梵語学界の最大級の偉材」
原田霊道「荻原先生を憶う」昭和一三年一月

★第二二〇号　原田霊道校長追悼号。
中島眞孝「原田先生を悼む」
弔辞「郁芳随圓管長、大村桂巌、大森亮順、
荒川五郎、三輪田元道、泉道雄」
大島徹水「原田霊道君を偲ぶ」
広瀬了義「原田霊道先生追慕記」
昭和一四年三月

★第二二九号　永地待枝先生哀悼号。
中島眞孝「永地待枝、清涼言両先生を弔う」
永地先生を偲ぶ「小池龍海、野生司香雪、荻原かづ、広瀬翠雫、他」昭和一七年七月

★第二三〇号　淑徳五〇周年特集号。
里見達雄「婦徳涵養と本校創立精神」
中島眞孝「淑徳高女回顧録
木村玄俊「淑徳四十年の回顧」
広瀬翠雫「輪島聞声尼の一代略記」
昭和一七年一一月

第200号「第二百号記念特輯」

第188号「渡辺海旭・野沢俊冏追悼号」

第230号「創立五〇周年特輯号」

第229号「永地待枝追悼号」

（いずれも割田剛雄所蔵）

右に列記した一四の号のうち、★印を付した計七号については筆者が入手ないしは閲覧し、内容を確認できた号である。★印以外の七号の聞声関連項目は、広瀬了義編『淑徳五十年史』の記述に基づくものである。

（割田剛雄）

雑誌《ざっし》『淑徳《しゅくとく》』の発行兼編集《はっこうけんへんしゅう》・発行人《はっこうにん》

発行兼編集・発行人について、広瀬了義編『淑徳五十年史』に第一号から二三〇号まで、次のような記録が残されている（『同書』一三四〜一三五頁参照）。筆者等が現存を確認できたのは計五七冊である。雑誌『淑徳』の記録として、以下を掲載する。

（1）（第一号と第二号の）発行兼編集は淑徳女学校、同窓会、右代表者は千葉秀胤
（2）第三号から発行名義人は三星与市
（3）第六号からは河合了順
（4）第三〇号からは伊藤大遷
（5）第一〇一号からの発行人は八木徳三
（6）第一六〇号からは三好海昶氏
（7）第一七三号からは西村定雄
（8）第二二九号は大河内隆弘
（9）第二三〇号は遠藤宗光
（10）第二三一号も遠藤宗光

（割田剛雄）

雑誌《ざっし》『淑徳《しゅくとく》』の表紙《ひょうし》

表紙のデザインについて広瀬了義編『淑徳五十年史』に第一号から二三〇号まで、次のような記録が残されている（『同書』一三五頁参照）。筆者等が現存を確認できたのは計四五点である。あくまでも雑誌『淑徳』の記録として、以下を掲載する。

創刊号から五号までは「白百合」
第六号の菊倍版から「鏡と撫子」
第一六号からは「書斎の婦人」
第二八号からは「少女と花」
第三八号からは「二人の子供と二疋牛」
第五六号は「天界と兎」
第六七号からは「橘」

第七八号からは「薔薇と小鳥」
第八九号からは「林と三疋の馬」
第一〇〇号には「牝牛と少女」
第一二二号からは「成道と瑞獣と瑞鳥」
第一三三号からは山下管長の題字「淑徳」
第一四二号からは三〇周年記念当日の正門写真
第一五〇号からは本校正門
第一五七号からは無地に題名。毎号色紙変更
第一六〇号の八木氏追悼号には朝顔の図案
第一六二号は親子鳥
第一六三号は高野武雄氏筆の「双鳥」
第一六四号は「波に兎」
第一六七号は「春雨と塔」
第一六八号は「田家朝」
第一六九号は「農業大学見学の写真」
第一七〇号は「欧州の名彫刻の群馬」
第一七四号は「羊群と林」
第一七五号は「本校涅槃会の写真」
第一八一号は「上空よりの本校」
第一八二号「国境を守る」
第一九一号「富嶽」
第一九二号「秋の湖」
第一九三号は「印度の風充」
第一九四号は「犬の仔」
第一九五号は「如意輪寺」
第二〇〇号からは銃後の女性を表徴するため、「銃と太陽と撫子」を組み合わせて、その覚悟のほどを野生司画伯が苦心して力強く表現されたもので、最近までは毎号その色をかえて用いられている、とされる。なお、

　第一号より五号までの菊版時代の表紙は色刷（三度刷）で永地秀太先生の麗筆にかかつていた。

　第四号から意匠がかわつた。（『同書』一三六頁）

とも記されている。

（割田剛雄）

雑誌《ざっし》『淑徳《しゅくとく》』発行《はっこう》と同窓会《どうそうかい》

第二回卒業式後に同窓会結成　淑徳女学校の雑誌『淑徳』は、一九〇五年（明治三八）三月に淑徳女学

校同窓会の会報として発行された。そこで会報を発行するまでの同窓会の歴史を概観する。

開校当初、わずか五人であった生徒も、二年後の『浄土教報』一七七号（一八九四年、明治二七年四月一五日）に、徐々に生徒が増加している様子が、

去る（三月）八日、第一年第二年修業証書授与式を挙行し、教員蓮池恒次氏より学年修業の趣旨を披露し片桐氏校長代理として五十有余名の生徒へそれぞれ修業証書を授与し、優等生へ賞品を与え……午後の饗宴あり、一同伝通院境内に園遊会を催したり。現今生徒八十余名にてなおますます盛大に赴くよし。

と報じられた。経済的な苦難を乗り越え、第一期生の卒業式を一八九五年（明治二八）に挙行。さらに翌一八九六年（明治二九）の第二期生の卒業式を終えて、同年秋に同窓会が結成された。

第一回同窓会の開催　広瀬了義編『淑徳五十年史』には、「淑徳同窓会の変遷」と題して、第一回同窓会の開催を皮切りに、一九二〇年（大正九）五月七日に同窓会の大会を兼ねて「輪島先生の追悼法要」が開催されるまでの活動記録を記載（『同書』五〇〜五七頁）。さらに関連写真を口絵に収録している。

「第一回同窓会覚書」によれば、参加者は聞声を始めとして教員が七名、同窓会員が一二名である。第二回の同窓会は一八九七年（明治三〇）五月に、卒業式後に伝通院で行われ、羽部とみ子、矢部初枝、村上ゆき子の幹事役三名、聞声以下の教員八名、同窓会会員一五名であった。

卒業生の増加とともに、回を追うごとに参加人数は増え、会場も淑徳女学校内を中心に、日暮里花見寺（第七回、第一二回）、大森八景園（第一一回）、飛鳥山公園（第一三回）などで盛大に開催された。第一二回から運動会も共催。

一九〇四年（明治三七）に一〇回目の卒業生を出した直後の第一四回（同年五月一日）は、校内で開催され、黒田真洞同窓会会長の演説、来賓の挨拶、会員の唱歌などが行われ、式後に園遊会を開き、露店も出て大盛況であった。この園遊会がやがて淑徳婦人

会と共催の小石川植物園などを会場とする、春秋二回の園遊会へと発展していく。

雑誌『淑徳』第一号の発行　こうした盛り上がりを背景にして、一九〇五年（明治三八）秋に、同窓会の会報として雑誌『淑徳』第一号が発行された。同時に聞声の女子教育に賛成し、淑徳女学校を支援する名流夫人による淑徳婦人会の活動も活発化して、同年に同婦人会の付帯事業「女子清韓語学講習所」が淑徳女学校内に開設された。

淑徳女学校の創立から一四年目で、聞声の決断で淑徳女学校を浄土宗に寄付し、浄土宗立女学校となってから三年目であった。まさに聞声の女子教育の悲願が花開いた象徴のような、雑誌『淑徳』の発行であった。（割田剛雄）

颯《さっ》田《た》本《ほん》真《しん》

持戒堅固な尼僧　聞声が敬愛した浄土宗の尼僧（一八四五～一九二八）。江戸時代末期の弘化二年（一八四五）に三河国幡豆《はず》郡《ぐん》吉田村（現・愛知県西尾市吉良町）の颯田清左衛門の長女として生まれ、幼名はりつ。両親は仏道への信心が篤《あつ》く、子ども一二人のうち六人が出家している。

りつは一八五六年（安政三）、一二歳のときに貞照院天然について得度し、叔母である真珠庵の本浄尼のもとで修行。本浄の師・慈本尼の遺徳を敬慕して三年間不臥の念仏を修し、一八八五年（明治一四）京都黒谷・金戒光明寺の獅子吼観定から浄土宗の宗戒両脈を相承。一八八五年（明治一八）に貞照院戒幢より形同《ぎょうどう》沙弥戒を受けている。形同《ぎょうどう》沙弥とは大乗の教えを学び、十戒（十善戒）を受けた出家者のことである。

颯田本真（『浄土宗尼僧史』）

このの ち本真は、浄土律に基づく持戒堅固な尼僧として、郷里の吉田村に慈教庵（現・徳雲寺）を建立し、

一〇〇人を超える尼僧を養成。また、神奈川県鵠沼《くげぬま》に慈教庵（現・本真寺）を創設して、托鉢を中心とする布施活動の拠点とした。

布施《ふせ》の行者《ぎょうじゃ》と尊称される

一八九〇年（明治二三）に発生した三河地方の大海嘯《だいかいしょう》を始めとして、一九二三年（大正一二）の神奈川県藤沢の震災に至る三五年間に、二三県一五〇余町村の天災地変に衣類・金銭を施し、窮民を慰問。救助六万余戸、巡教一〇万余戸に及び、「身は比丘尼、心は生きた観世音、口は念仏颯田本真」と呼ばれ、布施《ふせ》の行者《ぎょうじゃ》と尊称された。

特に、布施をする人も、施しを受ける人も、布施の品物に対しても、何のこだわりもなく布施が行われなければならないという、「施者・受者・施物の三輪ともに本来空なり」とする仏教の「三輪体空《さんりんたいくう》」の教えをもとにして、颯田本真は究極の布施行を実践していたといえる。

具体的には、多くの賛同者からの寄進や募金で用意した着物やお金を被災者に渡すとき、自ら念仏を称え、

「どうか、これを受け取ってください」

と合掌しながら配布し続けたのである。

日本女子教育の先駆者として評価を受けていた聞声は、七歳年長の持戒堅固にして布施行に邁進する本真を大変尊敬していた。あるとき、浄土宗では宗内の教育分野の功労者として聞声を表彰しようとした。その知らせを聞くとすぐに浄土宗宗務所へ行き、旧知《きゅうち》の黒田真洞《しんとう》に向かって、

「浄土宗の宗務所は目がつぶれているのか、本真尼のような徳行者《とっこうしゃ》を表彰しないで、私ごときを表彰するとはどういうことか」

と憤慨《ふんがい》して抗議し、近くにあった椅子を投げつけるようにして帰ったという。本真への敬愛ぶりと、聞声の気丈《きじょう》な性格と独特で一途《いちず》な生き方がうかがえる逸話である。

聞声が教育者として名声を得るのは、一八九二年（明治二五）に淑徳女学校を創立したのち、淑徳女学校の地歩が確立された明治三〇年代である。一方、黒田真洞も一八九七年（明治三〇）に浄土宗の宗務執

綱に就任している。おそらく、右のエピソードは明治三〇年代のものと思われる。

参考：田中悠文「颯田本真尼の被災地支援」『現代密教』第二四号、総本山智積院、二〇一三。藤吉慈海『布施の行者颯田本真尼』春秋社、一九九一。坂上雅翁『輪島聞声先生を偲んで』白鴎社、一九九一。

（米村美奈）

下田《しもだ》歌子《うたこ》の「淑徳《しゅくとく》」論《ろん》

女子教育の先覚者　教育者、歌人（一八五四～一九三六）。聞声より二歳年少。第二期淑徳婦人会の例会で「淑徳」論を講演。出生名は平尾鉐《ひらおせき》。美濃国恵那郡岩村（現在の岐阜県恵那市）出身。女子教育の先覚者。生涯を女子教育の振興にささげ、実践女子学園の基礎を築く。

岩村藩士の家に生まれ、五歳で俳句・漢詩・和歌を詠み、神童ぶりを発揮。明治になり祖父と父が新政府の招聘《しょうへい》を受け東京へ。一七歳の鉐《せき》も上京。一八七二年（明治五）、女官に抜擢され宮中へ出仕。武家の礼儀作法や、儒学者の祖父仕込みの学識、和歌の才能で明治天皇の皇后・美子《はるこ》（昭憲皇后）から寵愛され「歌子」の名を賜り、宮廷で和歌を教える。

和歌を通じての親交　下田歌子の和歌の師は、宮中御歌所の初代所長をつとめた高橋正風《まさかぜ》である。高橋正風は行誡と親交があり、行誡の和歌を称賛し、

いたづらに枕を照らす灯し火も
思へば人のあぶらなりけり

の一首を、名歌として明治天皇の天覧《てんらん》に供したほどである。聞声もまた、行誡につかえる日々のなかで、自然に薫陶《くんとう》され、後年に淑徳女学校の校庭や小石川伝通院の境内を散策し、吟遊《ぎんゆう》することを好んだと伝えられている。和歌を通して、高橋正風―下田歌子―行誡―聞声―淑徳婦人会という交流があったかもしれない。

平尾歌子は、一八七六年（明治一二）に剣客・下田猛雄と結婚し下田姓を名乗り、宮中出仕を辞す。自宅で『桃夭女塾《とうようじょじゅく》』を開講。明治新政府の高官の婦女子を教導する。一八八四年（明治一七）、夫・猛雄が病死。同年に塾の実績と皇后の推薦で、華族の子女

のみが学ぶ華族女学校教授となり、翌年学監就任。一八九三年（明治二六）から一八九五年（明治二八）まで、皇女教育のため欧米教育視察。帰国後、一八九八年（明治三一）一一月、帝国婦人協会を設立。女性が教養と品性を磨き、自活のチャンスを作り、女性の地位向上・生活改善をはかるべく奮闘。一八九九年（明治三二）機関誌「日本婦人」創刊。同年、中流階級の婦女子育成を目的として実践女学校および女子技芸学校を創立。奇しくも同年は第二次淑徳婦人会が発会した年である。

淑徳婦人会の例会で「淑徳」を講演　第二次淑徳婦人会の発会式の二ヵ月後、一九〇〇年（明治三三）二月一〇日の例会で、大内青巒《おおうちせいらん》が「淑徳」の題で講演。続いて四月八日の釈尊聖誕祭を兼ねた例会で、下田歌子は徳をともなった智の大切さと、智よりも徳を大事とする「淑徳の実践」を、舌鋒《ぜっぽう》鋭く、講演し聴衆を魅了した。

宗教家に淑徳無きことあり、往々廃倫《はいりん》の徒《と》を出す、学者の家に腐敗《ふはい》の醜名《しゅうめい》を生ず。「あの御方《おかた》の御家内《ごかない》に」「あの御方の御子息が」と意外の醜聞《しゅうぶん》を流すこと数々なり。此等《これら》は何に原因するか。……（略）之《これ》を要するに智が徳の奴《やっこ》とならざるより起《おこ》るものなり、智にして徳に伴《ともな》はざらんか、智は偶々《しばしば》以《もっ》て悪人たるに過《す》ぎず、希《ねがわ》くは諸君よ、聞《きき》て之《こ》れを実践せよ。

この下田歌子の気迫に満ちた講演内容は、聞声の徳育重視の教育方針と軌《き》を一《いつ》にするものであり、淑徳婦人会の活動方針とも合致するものであった。筆記録が『浄土教報』三九三号（明治三三年四月一五日）に約一頁にわたって掲載されている。（割田剛雄）

十善法語《じゅうぜんほうご》

慈雲の戒律復興の提唱　江戸時代後期に活躍した真言宗の僧・慈雲《じうん》（一七一八〜一八〇五）は、『梵学津梁《ぼんがくしんりょう》』に代表される悉曇学《しったんがく》（サンスクリット）の研究が有名だが、一方で、戒律復興を称え正法律《しょうぼうりつ》（正しい戒律）を提唱し、後世に大きな影響を与えた。その代表作が『十善法語《じゅうぜんほうご》』である。慈雲が、仏教者が守るべき十善戒《じゅうぜんかい》（十種の善のはたらき）の内容と功徳について説いた法話を、弟子が記録し書き起こした。

十善戒は、

（1）不殺生戒《ふせっしょうかい》…故意に生き物を殺さない。
（2）不偸盗戒《ふちゅうとうかい》…盗みをしない。
（3）不邪婬戒《ふじゃいんかい》…人の道に外れた関係をしない。
（4）不妄語戒《ふもうごかい》…嘘を言わない。
（5）不綺語戒《ふきごかい》…きれいごとを言わない。
（6）不悪口戒《ふあっこうかい》…悪口を言わない。
（7）不両舌戒《ふりょうぜつかい》…両者に違ったことを言わない。
（8）不貪欲戒《ふとんよくかい》…激しい欲を持たない。
（9）不瞋恚戒《ふしんにかい》…激しい怒りを持たない。
（10）不邪見戒《ふじゃけんかい》…誤った考えを持たない。

である。慈雲はこの釈尊以来の仏教的生活規範である十善戒の復興に尽力した。

行誡の『十善法語《じゅうぜんほうご》』の説法　聞声の師・行誡は仏教を学ぶについて、

「わたしは通《つう》仏教と浄土宗の二方面から学び、通仏教では慈雲尊者を、浄土宗では四休庵貞極《しきゅうあんていぎょく》上人を師と仰ぐ」

としている。

明治維新後の廃仏毀釈や堕落した仏教への批判が高まる中で、行誡は自分の宗派の教えだけでなく、仏法を幅広く学ぶ八宗兼学の考えを大切にし、自ら実践した。

また、持戒第一と称賛された行誡は自ら持戒堅固を貫くと同時に、慈雲の『十善法語』を分かりやすく説き、仏教的生活規範の大切さを強調した。聞声は師・行誡の『十善法語』の法話を好んで聞いたとされる。　（割田剛雄）

「淑徳《しゅくとく》」

現代の辞書では　現代であれば、手元の辞書で「淑徳」や「淑女」の項目を引くと、「淑徳」は、

しとやかな徳。婦人の美徳（『広辞苑』）
上品でやさしい、女性の美徳（『新明解国語辞典』）

婦人の美徳。婦徳（『新字源』）

のように「しとやかな徳」や「女性の美徳」の意味で解説されているのが一般的であり、「淑女」は、

①善良で徳のある婦人。②品位のある女性。しとやかな婦人。レディー。「紳士―」（『広辞苑』）

品位のある、りっぱな婦人。レディー（『新明解国語辞典』）

①しとやかでよい女。②教養があって上品な婦人（『新字源』）

とあり、総合的に見ると、「しとやかで、品位のある、上品な女性」の意味で解説されている。

明治時代の辞書では　それでは今から一三〇以前の、聞声が淑徳女学校の設立趣意書Aおよび Bを起草した一八九一年（明治二四）ころの国語辞書では、どのように解説されているのであろうか。

米村美奈は論文「淑徳女学校設立趣意書の『淑徳』についての考察」で、まず幕末から明治にかけて、西周《にしあまね》や福沢諭吉などの教育者・哲学者・啓蒙家たちが、西欧各国に留学して西洋近代の思想や学問を学んだのち、日本に紹介するために、漢学の知識を生かしてわかりやすい翻訳語や新語の考案に尽力したことを示し、次に、翻訳語などの体系的な造語が進み、哲学、自由、社会、権利、国会、憲法、個人、近代、存在、恋愛など、新たな概念をあらわす日本語が膨大に作られたことを指摘している。

その上で、日本初の近代的国語辞典『言海』と『和漢雅俗いろは辞典』の編纂された背景を次のように考察している。

一八七五年（明治八）から国語辞典の編纂が開始された。担当したのは当時の文部省報告課に勤務していた大槻文彦である。国語辞典が近代国家の証として、ドイツ、イギリス、フランス、アメリカなどでも盛んに編纂されていた。大槻文彦は三万九一〇三語を収録した『言海』（全四冊）を一八八六年（明治一九）に完成し、一八九一年（明治二四）に出版を完結した。日本初の近代的国語辞典である。時を同じくして一八八九年（明治二二）、浩瀚《こうかん》な語彙数を収録した高橋五

郎輯著『和漢雅俗いろは辞典』刊行された。いずれも聞声が設立趣意書Aを提出する二年前の出版である。（「同論文」五三〜五四頁）

そして米村は、明治初期の日本語を網羅した国語辞典である『言海』と『和漢雅俗いろは辞典』に、「淑徳」が収録されているか否かを調べ、

「淑女……徳行アル女」（『言海』）

「淑女……よきをんな（徳行ある女）」（『和漢雅俗いろは辞典』）

と「淑女」はあるが「淑徳」はない。（「同論文」五四頁）

と調査結果を示し、収録されていない理由は、日本語としてまだ一般的でなかったためと考えられる、としている。

「淑徳」はどこから来たのか　以上の確認とともに米村は、二つの辞書に収録されている「淑女」の語源が、四字熟語の「窈窕淑女《ようちょうしゅくじょ》（窈窕《ようちょう》たる淑女）」であるとし、しかし四字熟語に「窈窕淑徳《ようちょうしゅくとく》（窈窕《ようちょう》たる淑徳）」は見当たらないことに言及。聞声が設立趣意書AやBで教育目標に掲げた「淑徳」や「窈窕《ようちょう》たる淑徳」は、いったいどこから来たのであろうか、と問いかけている。

参考：米村美奈「淑徳女学校設立趣意書の『淑徳』についての考察」『淑徳大学研究紀要』第五五号、淑徳大学総合福祉学部・コミュニティ政策学部、二〇二一。大槻文彦『日本辞書　言海』第三冊、印刷局、一八九〇。高橋五郎輯著・濱野知三郎補訂『和漢雅俗いろは辞典』宝文館、一九一三。↓「淑徳」—徳育教育を表す清新な言葉

（割田剛雄）

「淑徳《しゅくとく》」——徳育教育《とくいくきょういく》を表《あらわ》す清新《せいしん》な言葉《ことば》

「窈窕の淑徳の養成」という表記の初見　聞声の淑徳女学校設立の主要な理念は、まぎれもなく「窈窕《ようちょう》たる淑徳の養成」に集約される。その中核に当たる「淑徳」については、石塚龍学が一九〇五年（明治三八）四月に淑徳女学校の同窓会で解説し、さらに一九一七年（大正六）四月に第三代校長・荻原雲来が「淑徳漲美《しゅくとくちょうび》」について解説している。この石塚と荻

原の解説は別項で取りあげるが、いずれも淑徳女学校の名声が高まり、「淑徳」の表記と意味内容が世の中に定着し始めてからのものである。

本項では、「窈窕の淑徳の養成」や「淑徳」という表記の初出に焦点を絞って記述する。米村美奈は論文「淑徳女学校設立趣意書の『淑徳』についての考察」でこの問題を掘り下げている。

米村は、明治初期に洋行した日本で最初の僧侶で、女子文芸学舎の創立者でもある島地默雷に注目し、さまざまな関係資料を検討して確認できた「窈窕の淑徳の養成」の初見を島地の書簡としている。それは『婦人教会雑誌』第七号（一八八八年八月）の「月報」に掲載されたもので、長門国《ながとのくに》馬関《ばかん》（現在の山口県下関）の教法寺・多田道然に宛てた七月二〇日付書簡である。

> 島地は、僧侶の多田道然の女学校創立構想に賛意を示し、「婦人教育の重点は決して男女同権などという、不都合なるお転婆にならないようにして、婉娩窈窕《えんめんようちょう》の淑徳を養成なさるようご注意下されたく…」（現代語訳）と綴っている。（「同論文」四九頁）

というものである。

島地の「僧侶による普通教育を推奨する提言」

島地は真宗本願寺派の五名の俊秀の一人として、岩倉使節団に遅れること二ヵ月、一八七二年（明治五）一月二七日に横浜港を出発した。選ばれた梅上沢融《うめがみたくゆう》、島地默雷、赤松連城《れんじょう》、堀川教阿《きょうあ》、光田為然《みつだいぜん》の五名には、それぞれ大きな使命が託されていた。島地默雷にはキリスト教を中心とする宗教の視察と、先進国における教育の現状、なかでもキリスト教による女性教育の実態の調査と、参考にすべき点の視察が任務とされていた。

米村は、山口輝臣がその著『島地默雷』で五名の役割を分析しているのを取りあげている。

> 五人には役割分担があった。（略）默雷に課された『海外教状視察』の対象も、まずは欧州の状況となろう。默雷たちは、キリスト教への敵愾《てきがい》心《しん》を燃やしていたのだから、いうなればこれは

敵状視察である。（山口『島地黙雷』二五～二七頁）黙雷にとって、キリスト教はつねに敵であるとともに、モデルであった。（山口『同書』九二頁）聞声は一般女子の普通教育の必要性を痛感して、一八八八年（明治二一）に「奨学建議書」を浄土宗議会に提出。島地も同年に「僧侶ハ速《すみやか》ニ普通教育ニ従事スベシ」との論説を発表している。

「淑徳」は徳育教育の清新な言葉　以上の諸点を押さえながら、筆者は島地が『婦人教育雑誌』第一号（一八八八年、明治二一年五月一日）に寄稿した「能《よ》く日本人の細君となり得《う》るや否《いな》や」を検討し、次のような見解を述べている。

黙雷は「およそ男子は必ず配偶者に淑女を得んことを望み、淑女も配偶者に才子を得んことを望む」と書き始め、雑誌『日本人』の発刊を一男児の誕生になぞらえ、一男児にふさわしい「日本婦人すなわち清淑窈窕婉娩貞従《せいしゅくようちょうえんめんていじゅう》の一佳人《いちかじん》」を求めると記している。黙雷の記述の根底に『詩経《しきょう》』の「たおやかで美しい女性は、君子の良き伴侶となる（窈窕《ようちょう》淑女、君子好逑《こうきゅう》）」があることは、容易に推測できる。さらに、三ヵ月後の七月二〇日付の多田道然宛の手紙に、「窈窕《ようちょう》の淑徳を養成なさるよう」とあることから、徳育教育の高まりを背景に島地黙雷などによって、四字熟語で慣用の「窈窕《ようちょう》たる淑女」が「窈《よう》窕《ちょう》の淑徳」と言い換えられ、続いて「窈窕《ようちょう》たる淑徳」となり、その意味が「淑徳」の二文字に集約され、女子の徳育教育を表す清新な言葉として用いられるようになったと考えられる。（米村「同論文」五四頁）

明治二〇年代にあって、「淑徳」が女子の徳育教育を表す清新な言葉であったといえる。

参考：米村美奈「淑徳女学校設立趣意書の『淑徳』についての考察」『淑徳大学研究紀要』第五五号、淑徳大学総合福祉学部・コミュニティ政策学部、二〇二一。山口輝臣『島地黙雷―「政教分離」をもたらした僧侶』山川出版社、二〇一七。↓「淑徳」

（米村美奈）

淑徳《しゅくとく》ＳＣ中等部《ちゅうとうぶ》・高等部《こうとうぶ》の教科書《きょうかしょ》

中学校・高等学校の道徳科副読本　『信じること　たえしのぶこと　女性らしくあること』と題した、淑徳ＳＣ中等部・高等部（二〇二四年四月より「小石川淑徳学園中学校・高等学校」と校名変更）の道徳科副読本。表紙に同校の校祖に当たる聞声の写真を掲載している。全体が、

学習の手引き
輪島聞声先生とは
第一章　聞声先生の「学び」と「修行」
第二章　聞声先生の「実践」
学習の振り返り
資料編・輪島聞声先生関連年表

という構成になっている。
　まず冒頭の「学習の手引き」で、本書が校祖・聞声の生涯をまとめたものであることを説き、聞声が「信じること」「たえしのぶこと」を信条として、その生涯を貫き、多くの困難を乗り越え、女子教育に心血を注ぎ、約一三〇年前に同校の基礎を築いたことを示す。そのうえで生徒に、

「聞声が、私たちに何を伝えたいのか、それを考えて欲しい」

と投げかけるところから始まっている。
　さらに、

「よりよい生き方とはなにか」
「女性らしさとはなにか」

について、生徒自身が自ら考え、聞声の教えを理解することを求めている。

道徳科副読本『信じること　たえしのぶこと　女性らしくあること』

【さ】

次の「輪島聞声先生とは」では、聞声の写真と、誕生から淑徳女学校を創設するまでの略歴を掲載している。

聞声の生涯を前後半に分けて　本文の第一章　聞声先生の「学び」と「修行」では、幼少期から出家、修行時代が描かれ、聞声の修行に対する姿勢がどのように形成されていったかを、

町民の信頼を集める名家に生まれて
師の言葉に奮起する
尼僧になる決意
なんのために尼僧になるのか
男僧のなかでの修行

の五つのキーワードをもとに述べている。

第二章　聞声先生の「実践」では、尼衆教場、女学校設立・運営から入寂までを取り上げ、聞声が師・福田行誡の教えを実践し、女子教育を進めたのは、修行を世のために活かす道であったとして、

なすべきことにまっすぐに
信念にもとづいて行動する
学校経営、授業、寄宿生の世話まで
淑徳の監督様、母上様
行誡上人とともに祈り続ける

という五つのキーワードで、聞声の後半生を解説している。いずれも、道徳科副読本としての配慮から、親しみやすい図と写真と脚注を用いている。

学ぶ工夫のワークシート　各章に一〇問の問いが書かれた「自問自答ワークシート」がついており、各章ごとに四頁にわたり書き込みながら学ぶ工夫がされている。

「学習の振り返り」では、聞声の生き方、考え方の基本に仏教の「慈悲」や「利他」の精神があることを解説し、思いやりの心と、「変わらない大切な教え」を守る大事さを学ぶように、問いかけている。

資料編には、当時の新聞記事等が掲載され、年表と合わせて、コンパクトに聞声を学べるように作成された内容となっている。

参考：学校法人淑徳学園　淑徳ＳＣ中等部・高等部『信じること　たえしのぶこと　女性らしくあること』学校

法人淑徳学園　淑徳SC中等部・高等部二〇一九年。（米村美奈）

淑徳絵巻《しゅくとくえまき》（野生司香雪《のうすこうせつ》）

「淑徳絵巻」は画家・野生司香雪《のうすこうせつ》（述太《のぶた》。一八八五～一九七三）の作。野生司は香川県出身、一九〇八年（明治四一）に東京美術学校日本画科（現在の東京藝術大学）を卒業。『淑徳女学校教職員名簿』の記録を見ると、一九一四（大正三）四月に図画の教師として入職し、一九四五（昭和二〇）まで在職した。

野生司香雪（述太）

一九三一年（昭和六）にインドを訪問。その後スリランカ人・ダルマパーラが仏教の聖地サールナート（鹿野園《ろくやおん》）に寺院建立。堂内に釈尊一代記を描くことを日本に依頼。親友の桐谷洗鱗《きりやせんりん》が選ばれたが渡印直前に急逝。四七歳の香雪が選ばれて、洗鱗の弟子・河合志宏と共に渡印。経費不足を個展の開催などで経費を捻出。淑徳高等女学校でも壮行会や資金募集をして援助。野生司は苦労を克服し五年かけ釈尊一代記を完成させた。

①女子教育の決意

「淑徳絵巻」は聞声の「①女子教育の決意」から、終戦後の「⑩復興の喜び・虹の橋」までを描き、カラー一〇枚構成である。

四枚目に淑徳女学校のシンボルとも言える、「④紫《し》紺《こん》の袴《はかま》・生一本《きいっぽん》の白線《はくせん》」が描かれている。（割田剛雄）

②開校

③登校（草創のころ）

④紫紺の袴・生一本の白線

⑩復興の喜び・虹の橋

淑徳女学校教職員名簿《しゅくとくじょがっこうきょうしょくいんめいぼ》

約六〇年間の教職員の記録　淑徳女学校および淑徳高等女学校の、約六〇年間にわたる教職員の就職と退職等を記録した名簿である。「帳簿製造所大川平助」製作の帳簿で開校時に購入されたものと思われる。

「明治二拾五年九月十一日開校　淑徳女学校」の扉があり、計四三頁にわたり在職教職員の氏名と動向が記入されている。前半と後半の二部に分かれており、それぞれ記入項目が異なる。

淑徳女学校の教職員名簿　前半は一八九二年（明

治二五）九月の淑徳女学校の開校時から一九〇七年（明治四〇）までの淑徳女学校に在職した教職員の名簿で、輪島聞声の直筆記入である旨が記録されている。また、末尾部分に「淑徳高等女学校　明治四十年十二月文部省認可」と筆書きされている。

　名簿の項目は①就職、②退職、③適用、④受持、⑤番地、⑥氏名の六項目に区分されている。①の就職欄には全員の就職年月が記入されている。②の退職欄には退職年月が記入されていない人も数名いる。③の適用欄には役職や退職理由などが記入され、④の受持欄は校長・教頭・主任などの役職や担当教科の記入欄で、⑤の番地欄には住所が記され、⑥は氏名欄である。

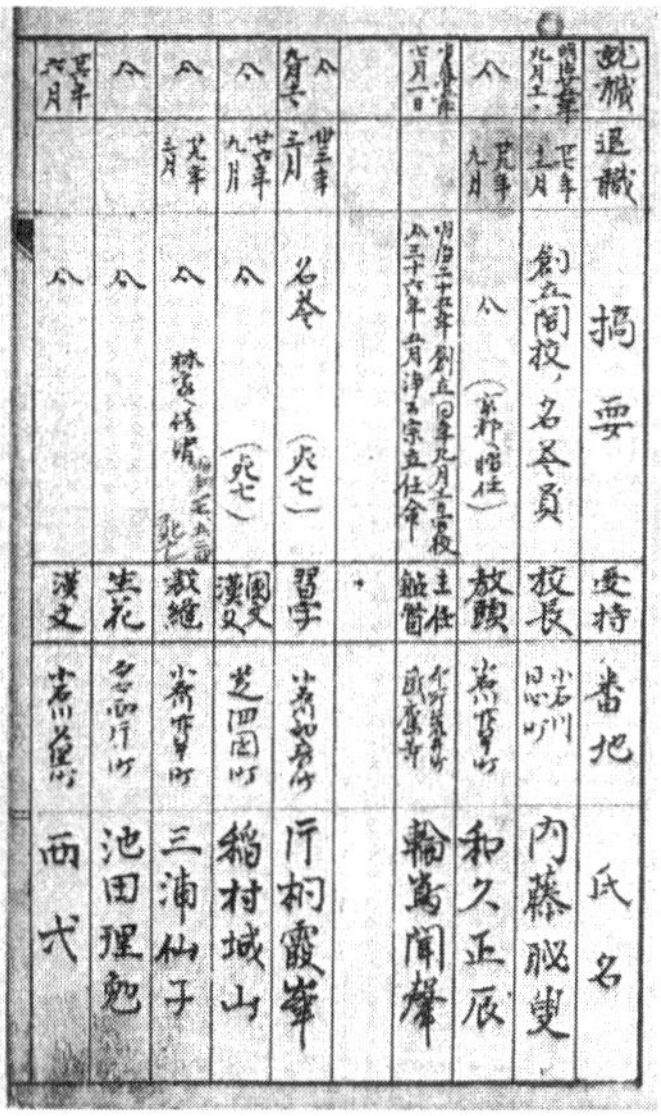

「淑徳女学校教職員名簿」の冒頭部分
（淑徳大学アーカイブズ提供）

淑徳高等女学校の教職員名簿　後半は一九〇七年（明治四〇）四月に公布された「高等女学校令」に基づき、淑徳女学校が「淑徳高等女学校」となってか

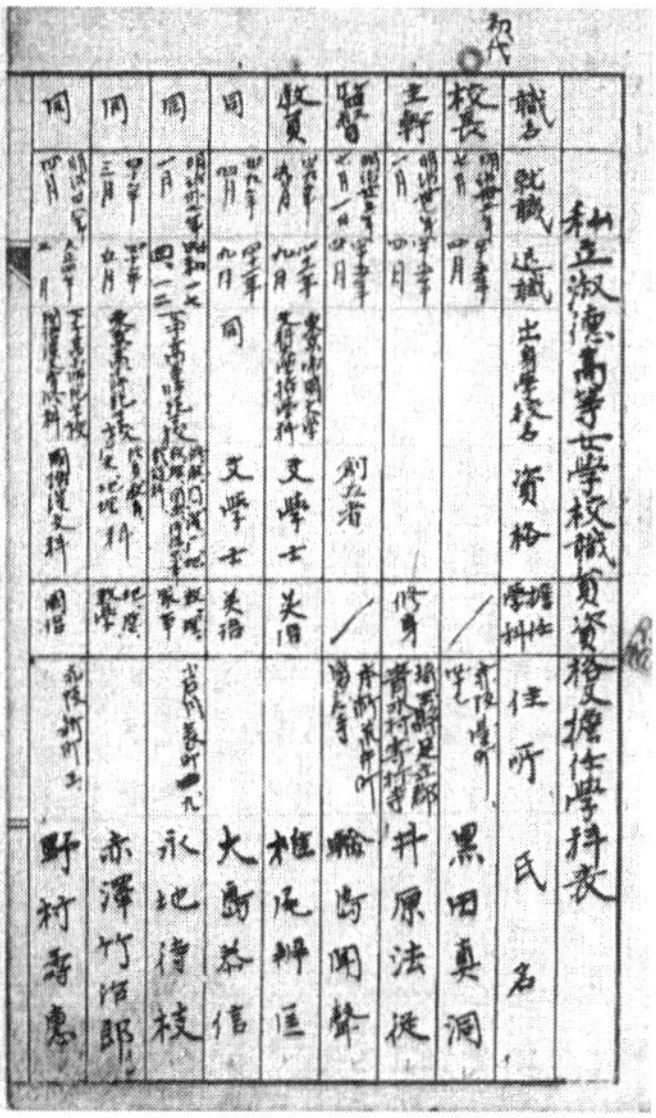

「私立淑徳高等女学校職員資格及担任学科表」
（淑徳大学アーカイブズ提供）

ら、一九五一年（昭和二六）まで在職した教職員の名簿である。もちろん、淑徳女学校時代から継続勤務することになった教職員は、冒頭部分に再録されている。

名簿の最初に「私立淑徳高等女学校職員資格及担任学科表」と表記され、項目欄は①職名、②就職、③退職、④出身学校名・資格、⑤担当学科、⑥住所、⑦氏名に区分されている。前半の教職員名簿と比較すると、出身学校名が明解に示されている点に特長があり、戦時中の混乱を反映しているためか、退職欄が空白の人も多い。

空襲で焼け残った貴重な名簿　淑徳高等女学校は一九四五年（昭和二〇）五月二五日、東京大空襲で校舎が全焼する惨事に見舞われ、隣接の伝通院も全焼。淑徳高等女学校の関係資料は校舎とともに、ことごとく灰燼《かいじん》に帰した。このときの校長は第八代・長谷川良信《りょうしん》である。前年（一九四四、昭和一九）一二月に第七代校長・大河内隆弘が芝中学校長に転出したあとを受けての校長就任であった。

長谷川よし子（長谷川良信校長の妻）は、当時の様子を次のように記している。

長谷川校長が焔のまだおさまりやらぬなかを学校に駆けつけた時は、すでに焼け落ちた校舎のなかに一〇〇台近いミシンが不気味に形骸をさらし、音楽室のピアノやオルガンの銅曲線はまだ赫々《あかあか》と熱しており、洋裁室からしきりに煙が噴き上がっていたといわれます。空襲が夜半であったこと、勤労動員中で生徒が居なかったことなどのため、直接の犠牲者を出さずにすみましたが、焼け残ったのは僅に大金庫一箇と地下に貯蔵してあった石炭だけ、しかもその石炭は余熱のために数日間くすぶりつづけました。（『学校法人大乗淑徳学園一〇〇年史　資料編』四七七頁）

奇跡的に焼け残った大金庫を開けると、創立以来の淑徳女学校・淑徳高等女学校の教職員名簿が出てきた。開校以来の教職員の動向を記録した貴重資料である。

（米村美奈）

淑徳女学校《しゅくとくじょがっこう》・淑徳高等女学校《しゅくとくこうとうじょがっこう》の歴代校長《れきだいこうちょう》

淑徳女学校の歴代校長　聞声が一八九二年（明治二五）九月七日に開校した淑徳女学校は、高等女学校令に基づき、一九〇七年（明治四〇）四月に淑徳高等女学校と改称された。

淑徳女学校時代の校長は名誉校長と呼ばれた。広瀬了義編『淑徳五十年史』等を参照し、歴代名誉校長名と任期を列記する。

初代名誉校長　内藤恥叟

〈一八九二年（明治二五）九月〜一八九四年（明治二七）一二月〉。教頭・和久正辰と、主任・輪島聞声で専ら校務に従事する。

第二代名誉校長　久保了寛

〈一八九四年（明治二七）一二月〜一八九六年（明治二九）五月〉。引き続き教頭・和久正辰と、主任・輪島聞声で専ら校務に従事。久保了寛名誉校長の就任を契機に、以後は伝通院住職が淑徳女学校の校長に任ずることになる。

第三代名誉校長　勤息義城《ごんそくぎじょう》

〈一八九六年（明治二九）五月〜一八九九年（明治三二）七月〉。久保了寛第二代名誉校長の退任とともに、教頭・和久正辰も退職。以後、当分の間教頭を欠き、主任・聞声が校務を掌握。

第四代名誉校長　黒田真洞

〈一八九九年（明治三二）一〇月〜一九〇六年（明治三九）一二月〉。黒田が第四代名誉校長に就任した同月に、「私立学校令（勅令第三五九号）」（八月四日施行）に基づき、淑徳女学校は「私立淑徳女学校」となる。一一月第二期淑徳婦人会発足。一九〇二年（明治三六）五月、創立満一〇年記念祭を挙行、浄土宗宗立校となる。一九〇五年（明治三八）五月、女子清韓語学講習所を併設。同月、井原法従が主幹に就任。

淑徳高等女学校の歴代校長　その翌年、一九〇六年（明治三九）一二月に、高等女学校令に基づき淑徳高等女学校と改称。黒田真洞（第四代名誉校長）は淑徳女学校の最期の名誉校長となり、続いて淑徳高等女学校の初代校長に就任。なお同校の歴代校長名は一九四六年（昭和二二）一二月に礫川台《れきせんだい》と志村の二校経営承認の協定書が成立するまでを記載する。

初代校長　黒田真洞

〈一九〇六年（明治三九）一二月～一九一二年（明治四五）四月〉。一九〇九年（明治四二）三月、女子清韓語学講習所を閉鎖。一九一〇年（明治四三）四月、鵜飼祐弌が教頭に就任。八月、講堂落成。定員四五〇名に増員認可。

第二代校長　桑門《くわかど》秀我

〈一九一二年（明治四五）四月～一九一五年（大正四）三月〉。黒田真洞初代校長と井原法従主幹が、一九一二年（明治四五）四月に退職。玉置徳全が主幹に就任。五月に聞声は監督職を辞し、顧問となる。鵜飼祐弌教頭を辞す。一九一三年（大正二）四月松濤泰巌教頭に就任。

第三代校長　荻原雲来

〈一九一五年（大正四）三月～一九二一年（大正一〇）一〇月〉。黒田真洞一九一六（大正五）一月二五日入寂。九月松濤教頭辞職、大村桂巌教頭に就任。当時、職員三二名、生徒数は高等女学校五六三名、家政八三名。創立以来二五年を経て卒業生が一〇〇〇余名に。一九二〇年（大正九）四月三日、聞声入寂。四月六日伝通院で葬儀。

第四代校長　藤田寛随

〈一九二一年（大正一〇）一〇月～一九三三年（昭和八）三月〉。一九二三年（大正一二）九月一日、関東大震災発生。淑徳高等女学校はさしたる被害なし。一九二六年（大正一五）六月六日聞声七回忌を感応寺で営む。七月発行『淑徳』誌を聞声尼追悼号に。一九三二年（昭和七）二月全校職員・生徒が阿弥陀経を三唱一文謹写し、山下現有管長に謹呈。同年三月三日伝通院で「輪島聞声先生十三回忌」法要。

第五代校長　原田霊道

〈一九三三年（昭和八）四月～一九三九年（昭和一四）一月〉。一九三五年（昭和一〇）二月『淑徳』二〇〇号発行。一九三六年（昭和一一）四月三日「輪島聞声尼十七回忌」法要を伝通院で営む。

第六代校長　中島真孝

〈一九三九年（昭和一四）二月～一九四二年（昭和一七）九月〉。一九四〇年（昭和一五）一〇月三〇日、聞声の片腕であった永地待枝に「多年教育界に功績あり」と文部大臣より表彰。

第七代校長　大河内隆弘

〈一九四二年（昭和一七）九月～一九四四年（昭和一九）一一月〉。一九四二年（昭和一七）一一月一一日『淑徳五十年史』発行。

第八代校長　長谷川良信

〈一九四四年（昭和一九）一二月～一九五二年（昭和二七）三月〉。一九四五年（昭和二〇）五月二五日空襲のため全校舎炎上。八月一五日終戦。一〇月一六日焼け跡の金庫を開扉、淑徳女学校以来の「教職員名簿」を見つける。

一九四六年（昭和二一）一二月、礫川台《れきせんだい》と志村の二校経営承認の協定書が成立。二校はそれぞれの道を歩み、第九代校長の就任となる。

第九代校長　大河内隆弘（学校法人淑徳学園）

〈一九四七年（昭和二二）二月～一九五〇年（昭和二五）四月〉。

第九代校長　里見達雄（学校法人大乗淑徳学園）

〈一九五二年（昭和二七）六月～一九七一年（昭和四六）三月〉。

その後、二校は聞声の教えを継承しながら、それぞれの道を歩む。

参考：広瀬了義編『淑徳七十年史』学校法人大乗淑徳学園、一九六二。徳武真有編『淑徳教育七〇年』学校法人淑徳学園、一九六二。

（山口光治）

淑《しゅく》徳《とく》女《じょ》学《がっ》校《こう》設《せつ》立《りつ》趣《しゅ》意《い》書《しょ》

「同校の規則要領」と淑徳女学校設立趣意書　一般的には、聞声が淑徳女学校開校の前年、一八九一年（明治二四）九月一七日に浄土宗宗務所学監宛に提出した文書が、淑徳女学校設立趣意書と呼ばれている。しかし現在に至るまで、提出された文書の原本および写本は見当たらない。晩年の聞声から直接聞き書きし、姪の松田すてや愛弟子平松誠厚から関係資料を提供されて纏めたという、谷紀三郎編『聞声尼』にも原文は掲載されていない。

同文書は未発見であるが、淑徳女学校開校四ヵ月後の一八九三年（明治二六）一月五日発行の『浄土教報』一三一号に、「淑徳女学校の始業」の見出しで同校の生徒数増加の記事があり、「同校の規則要領を掲ぐ」と題して、「凡《およ》そ徳性の薫陶《くんとう》は…」で始まる規則要領が掲載されている。

『浄土教報』掲載の「同校の規則要領」には「表題」も、文中に「淑徳女学校」の校名も、「提出者の氏名」もない。また、この「同校の規則要領」が、聞声が浄土宗に提出した文書と同文であるか否かも、確かめようがない。

また、谷紀三郎編『聞声尼』には、聞声の松前での恩師・和田瑳門からの手紙や多種の建議書など、重要書類や明らかに新聞記事と推測できる内容の文書を網羅しているのに、谷はなぜか、一八九一年（明治二四）九月一七日に浄土宗宗務所学監宛に提出したと、提出年月日までを明記しながら、提出文書を記載せず、『浄土教報』一三一号の「同校の規則要領」も掲載していない。

けれども現在では、『浄土教報』一三一号の「同校の規則要領」が淑徳女学校設立趣意書とされ、通用しているのが実情である。

広瀬了義編『淑徳五十年史』での引用　ではなぜ、『浄土教報』掲載の「同校の規則要領」が「淑徳女学校設立趣意」となったのであろうか。それは聞声の提出から五一年後の一九四二年（昭和一七）、広瀬了義が『淑徳五十年史』を編纂するなかで、同書の第四編第一章の「本校の教育方針」に、

明治の初頭に欧化主義の心酔者の跋扈《ばっこ》せる時代とて学校なども専《もっぱ》ら西洋流の直訳のみに没頭し、又女子教育などもミッションスクールのために掌握され、（略）斯《かか》る時代にあって、我校は

左の如き設立趣意書を発表している。（『同書』二二頁。ルビと圏点は筆者）

として『浄土教報』掲載の「同校の規則要領」全文を、「設立趣意書」の名で引用したためである。おそらく広瀬は、聞声が浄土宗に提出した文書と同文であると考えたものと想像できる。『淑徳五十年史』は淑徳女学校に保存されていた豊富な関係資料を参照して編集されたものである。編者の広瀬も一九二〇年（大正九）に淑徳高等女学校に奉職し、雑誌『淑徳』で健筆をふるい、淑徳女学校の生き字引的存在であった。

さらに戦時下の空襲で淑徳女学校が全焼し、関係資料もことごとく灰塵《かいじん》に帰した。そのため戦前の資料を収録した『淑徳五十年史』は、淑徳（高等）女学校および聞声研究の重要資料の一つとなった。

『淑徳五十年史』以降、今日に至るまで、各種の聞声研究や淑徳女学校関連の学校史、文献、伝記等ではごく一般的に『浄土教報』掲載の「同校の規則要領」が「淑徳女学校設立趣意書」として用いられ定着している。

二つの「淑徳女学校設立趣意書」 近年、米村美奈は論文「淑徳女学校設立趣意書の『淑徳』についての考察」で、「同校の規則要領」が淑徳女学校設立趣意書となった経緯を詳細に論究している。その結果、晩年の聞声から谷紀三郎が聞き書きして著述した『聞声尼』の、

明治二四年九月一七日附を以て宗務所学監に宛てて普通女学校の設立願を提出した。宗務所ではこれを一片の形式として取扱ったと見えて、訳もなく許可した。（『同書』八八～八九頁）

という部分の「普通女学校の設立願」の表記に注目し、同文書は淑徳女学校の設立趣意書ではなく、一般女子を教育する「普通女学校の設立願《ねがい》」書《しょ》であるとの理解に立ち、次のような新たな見解を展開している。

（1）一八九一年（明治二四）九月一七日に浄土宗宗務所学監宛に提出されたとされる同文書（正確には『浄土教報』掲載の「同校の規則要領」）を「淑徳女学校

設立趣意書」Aと定義し、

（２）浄土宗宗務所から許可が下りたのち、翌一八九二年（明治二五）四月一五日の日付で、輪島聞声と八幡祐観の二名が発起人となって作成された「静淑女学校創立並びに建築諸言」を、「淑徳女学校設立趣意書」Bと定義して、

（３）両文書を合わせて「淑徳女学校設立趣意書」と考えるのがふさわしい。

その上で、両文書は相い補う性格のものであり、二つの文書内容を合わせて、聞声の淑徳女学校設立の理念と、「淑徳」の語意を中心とする建学の精神を考察している。

本事典では米村の提言を踏まえ、一八九一年（明治二四）九月に浄土宗宗務所学監宛に提出されたとされる文書を「淑徳女学校設立趣意書」Aとし、翌一八九二年（明治二五）四月作成の「静淑女学校創立並びに建築諸言」を、「淑徳女学校設立趣意書」Bと定め、用いることにする。

参考：広瀬了義編『淑徳五十年史』淑徳高等女学校、一九四二。谷紀三郎編『聞声尼』私家版、一九二〇。米村美奈「淑徳女学校設立趣意書の『淑徳』についての考察」『淑徳大学研究紀要』第五五号、二〇二一。→淑徳女学校の校名の変遷

（米村美奈）

淑徳女学校設立趣意書《しゅくとくじょがっこうせつりつしゅいしょ》Aの原文《げんぶん》と現代語訳《げんだいごやく》

淑徳女学校設立趣意書Aの原文　広瀬了義編『淑徳五十年史』によって、「淑徳女学校設立趣意書」と命名された淑徳女学校設立趣意書Aの原文は、以下のとおりである。

凡《およ》そ徳性の薫陶《くんとう》は躬《みずか》ら行ふて而《しこう》して後《の》ち、人を導くにあらずんば得て望むべからず、現時《げんじ》女学校と称するもの其数許多《そのかずあまた》あり。其期《そのき》する所、皆《みな》淑徳にあらざるはなしと雖《いえど》も、其結果《そのけっか》の往々《おうおう》反対せるもの多きは何ぞや。思ふに故なきにあらず。殊《こと》に異教者の手に教育せらるるものを見るに大に嫌悪《けんお》す可《べ》きものなり。然《しか》るに近時仏門《きんじぶつもん》の徒《と》にして婦女を教育するもののあるを聞かず。慨《がい》すべきの至《いた》りなり。是《こ》れ本校を設立し女子の

淑徳を養成し以《もっ》て吾《わ》が教旨《きょうし》の美果《びか》を見んと欲する所以《ゆえん》なり。因《よ》て本校に於ては専《もっぱ》ら徳行《とくこう》の教員を招聘《しょうへい》し、且其《かつその》教科書及ひ管理方法の如き充分の吟味を尽し、静淑《せいしゅく》の徳を養成するに於て欠くる所なきを期す。若《も》し此挙《このきょ》にして幸《さいわい》に良善の効果を見ることを得ば吾が仏門の国家に尽すの一端たるべし。今や朝野《ちょうや》の賛助を請ふに当《あた》り、謹《つつしん》で微衷《びちゅう》のある所を開陳《かいちん》すること爾《しか》り。（『浄土教報』一三一号。ルビは筆者）

当然のことながら、今から一三〇年も前に記述された文章なので、平易ではなく、聞声の真意をくみ取るのは容易ではない。

淑徳女学校設立趣意書の現代語訳　米村美奈は聞声研究の最初の著『随想輪島聞声尼』で、読者の理解を深める一助として、「淑徳女学校設立趣意書A」の主要部分の意訳を試み、

このごろ、仏門の徒にして婦女を教育するものがいない。嘆かわしいばかりである。ここに本校を設立し、女子の淑徳を養成し、仏教にもとづく教育の効果を挙げようと望むものである。よって本校には、徳のある行動を身につけた教員を招き、教科書および運営方法を十分に吟味し、静淑の徳を養成することを期するものである。（『同書』一〇六頁）

としている。そののち、米村は聞声研究を進展させて、『輪島聞声の生涯』では全文を前半と後半に分割して、現代語訳している。前半部分は先行するキリスト教教育に対して反対する聞声の立場を鮮明にするもので、

およそ（女子生徒の）、徳性（道徳心）を育てるには、自分で率先して模範を示し、そののちに導くのでなければ、良い成果を得られない（道理である）。現在、女学校と称するものが多数設立されている。その（教育）目的は、皆、「淑徳」をかかげているが往々にして目的と反対の教育結果が多いのはどうしてであろうか。思うに理由がないわけではない。そのなかでも特に、（キリスト教などの）異教者による教育（の内容、教科

など）を見ると（伝統的な日本古来の仏教や儒教や神道などの教えと対比したとき、異教なものを感じ）嫌悪さえ感じる。（『同書』一八三頁）

と言葉を補いながら訳し、聞声が徳性（道徳心）の育成の必要性を強調した後半部分を、

一方（このごろ）、仏教徒の立場で女子を教育しようとする人の話を聞かない。嘆かわしい限りである。この点にこそ、私が本校（淑徳女学校）を設立し、女子の「淑徳の徳性」を養成して、立派な教育の効果をあげたいと願うものである。このような理由から本校では（女子生徒の模範となる）徳を身につけた教員を招き、さらに教科書および学校運営の方法を充分吟味して、（女子生徒たちの）静淑《せいしゅく》の徳（道徳心）を養成する上で問題が起きないように努力する（覚悟である）。もし、これを機会に好結果を得ることができたならば、わが浄土宗が日本国家のために尽くす（証《あかし》の）の一つとなるはずである。ここに朝野（浄土宗門と世間）の賛成と援助をお願いするに当たり、謹んで私の真意を述べた次第である。（『同書』一八四頁）

と現代語に訳している。この現代語訳を用いて、米村は聞声の主張の核心部分が従来の尼衆教育の立場から一歩踏み出し、一般の女子に「静淑《せいしゅく》の徳」（道徳心）を教育しようとするものであったことや、そのために指導者に「徳のある行動を身につけた教員を招き」と提言していることなど、特筆すべき点を強調している。米村のこの指摘は淑徳女学校設立趣意書Aを考察するとき、重要な意味を持つ。

聞声の女子教育への意気込み　米村の鋭い指摘の根幹には、聞声の女子教育への並々ならぬ決意があることを示唆している。聞声は一八九〇年（明治二三）三月の東京大教会会議に際して、

凡そ普通女子の教育は社会の世論なれども、其の就学の校舎に於いて欠乏を告げるは明らかなる事実なり。（略）今や女子教育の実権は耶蘇教会の手に落ち……（谷紀三郎編『聞声尼』八〇頁）

と、危機感に満ちた持論を展開し、仏教の教えに基

づく「普通女子の教育の途」を開くべき建議書を提出している。これこそが「淑徳女学校設立趣意書A」の伏線である。

このように当時はキリスト教による女学校教育に対抗し、仏教の教えに立脚する女学校の設立への世論が高まりを見せた時期で、その中にあって聞声の淑徳女学校設立趣意書Aの主張が、他校の設立趣意書に比べて極めて異彩を放った理由は、設立趣意書の前段階の「普通女学校設立願い書」であったからと考えられる。

参考：米村美奈『随想　輪島聞声尼』淑徳中学・高等学校、二〇一七。米村美奈『輪島聞声の生涯—日本女子教育の先駆者』淑徳選書6、淑徳大学長谷川仏教文化研究所、二〇一九。広瀬了義編『淑徳五十年史』一九四二。

→淑徳女学校設立趣意書
（割田剛雄）

淑徳女学校《しゅくとくじょがっこう》の開校《かいこう》と資金援助《しきんえんじょ》

普通女学校設立についての相談　聞声は、浄土宗宗務所から「普通女学校の設立許可」が下りると、同年（一九八一）一二月、東京芝の占い師・石龍子に普通女学校開校についての自分の考えを告げ、事業が成就するや否かを占ってもらった。石龍子は聞声の顔相や手相を見て、

「必ず成功する。あなたには末広《すえひろ》の相がある。来春になれば、必ず校舎建築の運びとなる。場所は小石川が良い」

と言った。

聞声は翌一八九二年（明治二五）二月、伝通院脇の真珠院を訪問して、旧知の茅根《ちね》学順《がくじゅん》と野沢俊冏《しゅんげい》に普通女学校設立について相談した。二人は二年前の一八九〇年（明治二三）三月、東京大教会会議に際して聞声が仏教の教えに基づく一般女子教育の必要性を訴える建議書を提出したのを知っていたので、賛意を示した。このとき三者の間で、建設地の候補に伝通院境内の借用が話し合われたものと思われる。校舎については、茅根が江戸川の有得館という学校が売りに出ているから、それを買ってはどうかと提案した。

二月一七日に真珠院で茅根学順、野沢俊冏、三星善応、竹川弁中、金子常全、竹田典栄、広安真髄、蓮池恒次、和久正辰など、浄土宗の枢要な人々が集まり、次のようなことが決議された。

（1）聞声提案の普通女学校建設に賛同
（2）敷地は伝通院境内を借り受ける
（3）校舎は江戸川の有得館を買い取る
（4）校長は内藤恥叟、教頭は和久正辰
（5）主任は聞声
（6）茅根、野沢両師は聞声と共に創立者としての責任を負う
（7）本日参集した人々を評議員に推薦する
（8）買い取った校舎の移転工事を鈴木藤蔵に託し、遅くとも4月初旬に竣工する

学校用地は、伝通院境内を五年間無償で借用　二月一七日の会合ののちに、伝通院当局と境内を借り受ける交渉が行われ、伝通院境内地三〇〇坪を「輪島聞声女学校設立ノ敷地トシテ」、五年間無償で貸借する貸借契約が結ばれた。比較的順調に契約できたのは茅根、野沢をはじめとする浄土宗の要職たちの尽力と、浄土宗を挙げての協力体制があったからと考えられる。

校舎は、水島忠兵衛の協力で有得館を購入　校舎の候補となった江戸川の有得館は、日蓮宗の信徒たちによって建てられた中学校程度の建物で、どのような理由か不明ながら、廃校になっていたものである。聞声は耳寄りな話と思い、感応寺に帰宅すると、信徒総代の水島忠兵衛に、宿願の普通女学校の設立許可が下りたことを伝え、校舎購入に必要な五〇〇円の借用を依頼した。谷紀三郎は『聞声尼』に次のように記している。

水島氏は固《もと》より聞声尼の人となりを知悉《ちしつ》して居る人で、観応寺が聞声尼を住職に得てより少からず、昔日の面目を回復したことを喜んで居る人であったから、具《つぶさ》に聞声尼の宿願のあるところ、及び将来の経営方針等を聴取した上、聞声尼に快諾を与えたのであった。（『同書』九五頁）

水島忠兵衛の快諾を得て、聞声はいまさらのよう

に喜びにたえず、自分の宿願が実現するのだと思うと、感謝と歓喜の涙を禁じ得なかった。

　水島忠兵衛から受け取った五〇〇円で有得館を買い取り、茅根、野沢の協力を受けながら、同年四月五日に移転工事に着手。八日に棟上げ、七月六日に全工事が完了した。

初期運営資金は、輪島家が三〇〇円援助　学校用地は伝通院境内を借用し、校舎は水島忠兵衛の快諾で有得館を移転できた。その間に「静淑女学校創立並びに建築諸言」（「淑徳女学校設立趣意書B」）の発表と配布などで有志者から浄財を勧募し、初期費用の調達を図った。しかし期待したほどの資金は集まらなかった。

　水島忠兵衛からの五〇〇円の借用金は校舎の買い取り代金に充当したため、聞声は移転工事に伴う諸経費や開校に当たっての費用の捻出に苦しみ、実家の輪島家から三〇〇円の支援を受けた。その間の事情を『婦人雑誌』第五六号（明治二五年九月三日発行）は、「浄土宗普通女学校」の見出しで次のように掲載している。

先に其《その》趣意書を本誌に掲げたる浄土宗尼衆学校の教授輪島聞声尼が発起して東京小石川伝通院内に創立せる静淑女学校は追々《おいおい》盛大なる気運に至りしとのことなるが元同校設立の事に就《つ》いては最初有志者の寄付金等をも募集して之《これ》を設置せんとの目的にてありしが夫々《それぞれ》事情もあり旁々《かたがた》にて終《つい》に其《その》素志を貫徹する能《あた》わず以て聊《いささ》か躊躇《ちゅうちょ》せしが健気《けなげ》にも今日《こんにち》の世に人の力を恃《たの》んで事業を為《な》さんこと最も覚束《おぼつか》なしと爰《ここ》に断然意を決して同尼が実家に熟談して三百円の資金を貰い受けて漸《ようや》く建設するに至りしものなれば其間に嘗《な》め来れる幾多の艱難《かんなん》を思い浮《うか》べて益《ますます》同校の発達を企図し造次顚沛《ぞうじてんぱい》（筆者注：わずかの間）も忘ることなしと云う男僧も中中《なかなか》に恥づべき感心なる尼僧かな流石《さすが》は行誡上人の弟子たるに背《そむ》かずと云うべし。（圏点とルビは筆者）

　右の『婦人雑誌』の記事には、開校に当たっての聞声の金銭面での苦闘が如実に綴られている。また、

「浄土宗普通女学校」の校名が「静淑女学校」となっていることは、「静淑女学校創立並びに建築諸言」の影響と考えられる。

　こうして淑徳女学校は校舎完成の二ヵ月後、一八九二年（明治二五）九月七日に開校した。（割田剛雄）

淑徳女学校《しゅくとくじょがっこう》の校名《こうめい》の変遷《へんせん》

輪島聞声女学校設立の敷地　聞声が一八九一年（明治二四）九月一七日に浄土宗宗務所学監宛に提出した文書に対し、ほどなく浄土宗宗務所から「普通女学校の設立許可」が下りた。

　聞声は翌一八九二年（明治二五）二月、伝通院脇の真珠院を訪問。茅根《ちね》学順《がくじゅん》と野沢俊冏《しゅんげい》に普通女学校設立について相談している。茅根と野沢はかねてから女子教育の必要性を痛感していたので、快く賛意を示した。さらに茅根は江戸川に有得館という学校が売りに出ているから、それを買ってはどうかと言った。聞声は感応寺に帰宅途中で、耳よりの話だと思ったという。

　直後の二月一五日発行の『浄土教報』第九九号に、「女子教化の急要を論ず」の社説が掲載された。論旨は聞声の「普通女学校の設立願」と軌を一にするものであった。

　さらに二月一七日、真珠院に茅根学順、野沢俊冏、三星善応、竹川弁中、金子常全、竹田典栄、広安真髄、蓮池恒次、和久正辰など、浄土宗の枢要な人々が集まり、聞声が提案した普通女学校建設への賛同と、敷地を伝通院境内に借り受けることなどが決議された。

　そのあとすぐに、伝通院当局と境内を借り受ける交渉が行われたと思われ、「地所貸渡願」が東京都公文書館および増上寺に所蔵されている。いずれも伝通院の境内地を「輪島聞声女学校設立ノ敷地トシテ」五年間無償で貸借する旨が明記されている。貸借契約を結んだこの時点でも、まだ学校名はなくて「輪島聞声女学校」である。

校名の初出は「静淑女学校」　その後、同年四月二五日発行の『浄土教報』第一〇六号に、「静淑女学校創立」の見出しと記事がある。内容は、静淑女学校の創立は近来の美挙であり、このたび「創立旨趣《ママ》書」を入手したので掲載する、として長文の「静淑女学校創立並びに建築諸言」を掲載し、四月一五日の日付と発起人の名前を「感応寺住職　輪島聞声尼」と「青山善光寺寓　八幡祐観」の連名で記している。

この『浄土教報』の記事が校名の初出と考えられる。ただし、名称は「静淑女学校」であり、「淑徳女学校」ではない。

「淑徳女学校」の校名を示す記事　さらに、二ヵ月後の『浄土教報』第一一一号（明治二五年六月二五日）に、初めて「淑徳女学校の創立」の見出しで、淑徳女学校の校名が掲載された。記事では、

輪島聞声尼その他有志者の首唱にかかわる同校は、小石川伝通院境内に設立することとなり、（略）いよいよ九月より授業に着手する都合となれり。これがため、去る一一日伝通院に於て学科編製《ママ》等の相談会あり。三星本校長、和久同教頭、桑田衡平、布施仲男、茅根学順、金子常全、武田典栄、越岡俊冏等の諸氏も出席し、種々の協議が行われた。

と紹介している。

「淑徳女学校」に校名決定　留意すべきは、当初、校名がないまま輪島聞声女学校（輪島聞声が提案した普通女学校の意）として伝通院等と敷地借用の賃貸契約が結ばれたこと、次に「静淑女学校」の校名で「創立並びに建築諸言」が作成されて浄財の募金と開校準備の活動が行われていること、さらに、開校三ヵ月前にしてようやく淑徳女学校の校名が発表されるなど、校名について変遷が生じていたことである。校名のみならず、「静淑女学校創立並びに建築諸言」で一般の女子に「静淑の徳」を教育しようとする目的を示すなど、「淑徳」と「静淑」の用語が混用されていることも留意する必要がある。

これらの問題のなかで校名の変遷過程に関して、筆者は論文「淑徳女学校設立趣意書の『淑徳』についての考察」で克明に経緯を論究し、一八九二年（明治二五）六月一一日の伝通院の会議までに、校名が

「淑徳女学校」と決められていたと考えられる、と推定している。

参考：米村美奈「淑徳女学校設立趣意書の『淑徳』についての考察」『淑徳大学研究紀要』第五五号、二〇二一。

（米村美奈）

「淑徳《しゅくとく》」についての石塚龍学《いしづかりゅうがく》の解説《かいせつ》

石塚龍学は一九〇五年（明治三八）四月に、淑徳女学校の第一六回の同窓会の席上で、「淑徳」の徳目について、「清らかさ」「礼儀」「謙遜《けんそん》」「信仰」の四種の要素から解説・講演した。

その講演内容が広瀬了義編『淑徳五十年史』に収録され、後年、広瀬了義編『淑徳七十年史』にも再録されている。二つの年史を比べ、誤植を直し、難字にはルビをふり意味内容を（　）で補った。

又石塚龍学氏が第一六回の同窓会の席上、（明治三八年四月）で「淑徳」なる徳目に就《つ》いて分析して解説せられたのは又一考の価値あるものとして左に掲げてみる。

此学校の生徒は他の学校の生徒に比較して温良《おとな》しい。余程温順であるということです。悪く言えば無気力で余り学問に秀《すぐれ》て居《お》らぬ。世間の女学生の様《よう》に軽躁ではないが知識の方面に勝れて居《お》らぬ。けれども女らしい柔和な優美な淑徳の名に負《そむ》かぬ人が多いと申します。よし学問は出来なかろうが、芸術に達せぬだろうが、婦人としての人格に大した影響はない。――女にして淑徳を欠いたら婦人たる資格を失う。

淑徳というと御婦人方の品性のことを思いださせる、少くとも四種位の要素が相結合《あいけつごう》して此《この》淑徳をなしている。

一、清らかなことが淑徳の要素――淑は「きよい」、和かな愛らしい語をきく時に初めて淑徳という性質――此顔、身廻、語と心とが清浄になること。

二、礼儀――礼儀なければ威厳を欠く。

三、謙遜――傲慢《ごうまん》ならば婦人の品格がない。美人でも知識ある人も謙譲《けんじょう》でなければ完全とは言いがたい。

四、信仰——仏の力を以て各自の心を磨《みが》き、敬《けい》虔《けん》の態度を持《じ》せよ。

此学校はもと法衣《ほうい》を着した婦人の居《お》った所ですが、今はそういう方は一人も居《お》らない。此法衣は仏教に解脱幢相《げだつどうそう》（解脱・悟りを求める幢相《しるし》として着用すること）とか柔和忍辱《にゅうわにんにく》（侮辱や迫害を受けても柔和に応対し恨まないこと）の衣《ころも》といい、これぞ皆様の淑徳の根本です。昔はこれを外に着た人が居たが、今は之を心に着ている人がいる、（略）皆様が学校で拵《こしら》えあげた淑徳の船、道徳の波避《なみよけ》が社会の荒浪《あらなみ》に抗し互《たがい》に相補《あいおぎな》い遂には如何なる濤《なみ》にも恐れぬ金剛不壊《こんごうふえ》（きわめて堅固で、破壊されないこと）の品性を養いたい。（広瀬了義編『淑徳五十年史』二二一～二二三頁）

石塚龍学の解説する「淑徳」の徳目の一つ、「清らかさこそが淑徳の要素」の背景には、まぎれもなく「窈窕《ようちょう》たる淑徳の養成」に集約される、聞声の淑徳女学校設立の理念が示されている。窈窕《ようちょう》は「美しく、たおやかなさま」を現す言葉であり、一般的には「窈《よう》窕《ちょう》淑女《しゅくじょ》」の四字熟語が用いられている。

なお、『淑徳高等女学校教職員名簿』を調べると、石塚は解説の翌年、一九〇六年（明治三九）三月に英学担当で入職している。

参考：広瀬了義編『淑徳五十年史』淑徳高等女学校、一九四二。広瀬了義編『淑徳七十年史』学校法人大乗淑徳学園、一九六二。

（割田剛雄）

「淑徳漲美《しゅくとくちょうび》」

「淑徳漲美《しゅくとくちょうび》」は一九一七年（大正六）、淑徳高等女学校創立二五周年の記念に当たり、浄土宗管長山下現有《げんう》が大額《だいがく》に揮毫《きごう》した文字である。

漢和辞典を調べると、「漲《ちょう》」は会意形声《かいいけいせい》文字で、会意は「いくつかの漢字を結合し、それらの意味を合わせて全体の字義を導き出すもの」である。「漲」は水と張の会意なので、原意は「水が満ちあふれる」という意であり、一般的には「みなぎる。満ちあふれる。わきあがる」の意味で用いられている。

一方、「淑徳」は「しとやかな徳、女性の美徳」の意味で解説されるのが一般的なので、「淑徳漲美《しゅくとくちょうび》」には「しとやかな女性の美徳が、満ちあふれ、発揮されるさま」という意味が込められたものと考えられる。

（割田剛雄）

「淑徳漲美《しゅくとくちょうび》」の荻原雲来《おぎはらうんらい》の解説《かいせつ》

淑徳女学校創立二五周年の記念に当たり、一九一七年（大正六）に浄土宗管長山下現有《げんう》が「淑徳漲美《しゅくとくちょうび》」を揮毫《きごう》し、第三代校長・荻原雲来が同年四月発行の雑誌『淑徳』第八一号に、「淑徳漲美《しゅくとくちょうび》」についての解説を掲載している、とされる。しかし雑誌『淑徳』第八一号そのものは未見であるため、詳細は不明である。ただ広瀬了義編『淑徳五十年史』にその概略が掲載され、後年、広瀬了義編『淑徳七十年史』にも再録されている。以下はその引用である。

大正六年四月三〇日（第八一号）の本誌に荻原校長が「淑徳漲美」の題下《だいか》に本校が当時偶々《たまたま》創立満二五年の記念にあたり創立者山下管長が本校の為に「淑徳漲美」の大額《だいがく》を給わりしにあたり淑徳の意を解釈せられて、

淑とは善也美也善美なる徳これ淑徳なり。淑徳の内容に至っては之を数種に分類する事を得ん。今一言にして之を尽《つ》くせば即ち勤倹《きんりん》にして克《よ》く己《おのれ》を持《じ》するにある。勤《きん》は、勤勉にして怠惰《たいだ》ならざるを言い、倹《けん》は倹約にして驕奢《きょうしゃ》ならざるをいう。勤勉なるが故に進歩向上し、節倹《せっけん》なるが故に幸福安穏《あんのん》なり。（中略）淑徳の美、洋々として外に漲《みなぎ》り校門の隆昌、今日を見るに至りしは一《いつ》に生徒の能《よ》く校訓を奉じて専心勉励したるの賜《たまもの》なり。（略）心の至誠正直ならんが為には常に神仏を崇敬《すうけい》するの念の厚きを要す。（略）善人とは信念厚き敬上慈下《けいじょうじか》の人をいうなり。女子の慎み深くして気品の高さ人格を有するもの程《ほど》崇《とうと》きはなし。これ女子の権威にして他の及ぶ能《あた》わざる美徳なり。ここに於て真に淑徳の完全せるものと言うべし。内外透徹、表裏相応《あいおう》じて勤倹、正直、敬信、慈愛の四徳と具備《ぐび》し、進んでは其徳を兄妹に及ぼし以《もっ》て一家一校に其徳の漲《みなぎ》り溢《あふ》れん事を期せざるべからず。かくして始めて諸子が本校に業をうけたるの本領、発揮したるものと言うべきなりと。

荻原雲来の「淑徳漲美《しゅくとくちょうび》」の解説は、石塚龍学の解説の延長に、勤倹、正直、敬信、慈愛の四徳を備えることを強調したものである。

なお、創立二五周年記念式は同年一一月一一日に挙行され、山下管長より大額が贈られるなかで、「輪島聞声尼は法衣に数珠をつまぐりながら押し戴いて居られた姿は一同の感激も一入《ひとしお》であった」（『淑徳七十年史』一三六頁）と記録されている。

参考：広瀬了義編『淑徳五十年史』淑徳高等女学校、一九四二。広瀬了義編『淑徳七十年史』学校法人大乗淑徳学園、一九六二。

（割田剛雄）

「淑徳漲美《しゅくとくちょうび》」の扁額《へんがく》

「淑徳漲美《しゅくとくちょうび》」の扁額《へんがく》は、一九一七年（大正六）の淑徳女学校創立二五周年の記念に当たり、浄土宗管長

長谷川良信が揮毫した「淑徳漲美」の扁額

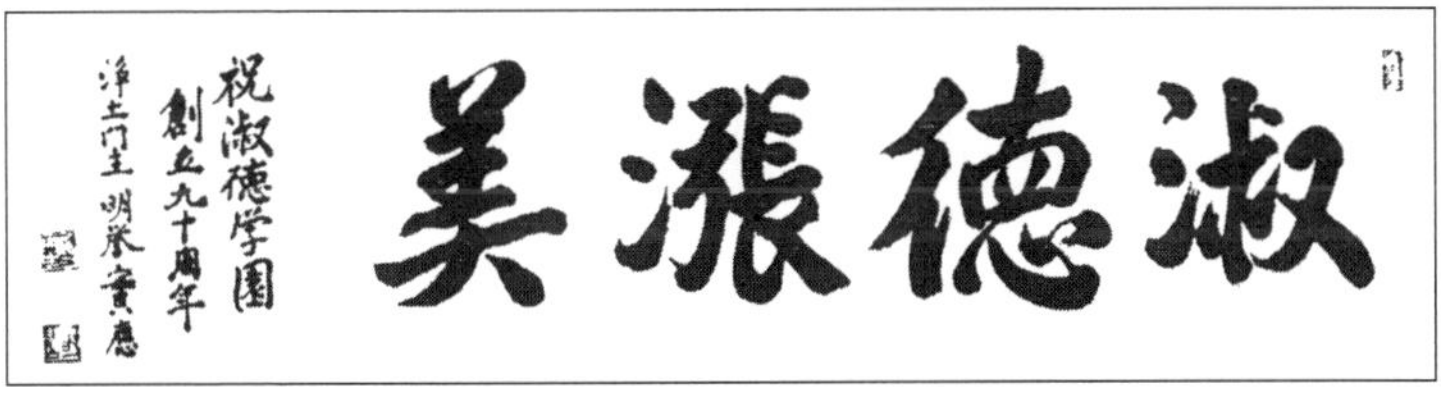

藤井実応が揮毫した「淑徳漲美」の扁額

山下現有《げんう》が揮毫《きごう》した大額《だいがく》が最初である。聞声が一九〇三年（明治三六）に、淑徳高等女学校を浄土宗に寄付して以来、設立者は浄土宗管長の名義であったので、山下現有は設立者と浄土宗を代表する二つの立場で大額を揮毫したわけである。

大額は講堂に掲げられ、現存する雑誌『淑徳』の口絵等に、その一部が散見されるが真正面から間近に撮影された写真は未見である。そして山下現有揮毫の大額は一九四三年（昭和二〇）五月の空襲で、校舎や貴重資料とともに焼失した。

その後、淑徳高等女学校の第八代校長・長谷川良信が揮毫した「淑徳漲美《しゅくとくちょうび》」の扁額の一部分が、広瀬了義編『淑徳七十年史』の口絵に掲載されているのを確認したので、淑徳大学関係者に質問するなど、筆者は長らくその存在を探していたが不明であった。

それが奇しくも、本事典の編纂が本格化した段階で、大乗淑徳学園の五号館の壁面に掲げられているのを共著者・米村が見つけ出し、写真に収めることが出来た。

次に、淑徳女学校創立九〇周年を記念して、浄土門主明譽實應（藤井実応）が揮毫した扁額が、『淑徳教育百年』に掲載されている。

雑誌『淑徳』の蒐集が進み、その中に山下現有揮毫の大額の写真が見つかることを願うものである

参考：淑徳教育百年編纂委員編『淑徳教育百年』学校法人淑徳学園、一九九二。

（割田剛雄）

淑徳婦人会《しゅくとくふじんかい》

淑徳婦人会の果たした大きな役割　淑徳婦人会は聞声が淑徳女学校を開校した翌一八九三年（明治二六）三月に結成され、二〇年間にわたり聞声・淑徳女学校とともに活動し、聞声が監督職を退任を表明した一九一二年（大正元）に解散した。

聞声の志操《しそう》の高さと、率先垂範《そっせんすいはん》の姿勢・徳育重視の教育方針を支持し、当時の日本を代表する多数の名流婦人が協賛。著名な講師を招いての講演会の開催や、小石川植物園などを会場とする春秋二回の大会。そして付帯事業の女史清韓語学講習所を淑徳女

学校内に開設するなど、幅広い文化活動が「婦人団体の白眉」と称賛されるほどであった。

長く踏襲されてきた定説　淑徳婦人会の活動について、これまで長く踏襲されてきた定説と、近来の研究成果を対比し、淑徳婦人会の歴史を概観する。

一九四五年（昭和二〇）五月二五日の東京空襲で淑徳高等女学校の校舎もろとも、設立以来の関係資料がことごとく焼失した。そうしたなかで、空襲前の一九四二年（昭和一七）に編纂・出版された、貴重な広瀬了義編『淑徳五十年史』が現存する。同書では、淑徳婦人会が修養会として設立された経緯と、発起人に名を連ねた当時の名流夫人の氏名を、左記のように列記している。

輪島聞声尼は学校発展の一策として淑徳婦人会を明治二六年三月に結成された。これは尼の理想を基礎とした一種の修養会で、発起人には佐藤男爵夫人静子、岩佐男爵夫人とく子、大倉男爵夫人夏子、三宅博士夫人藤子、三浦博士夫人とめ子、伊沢修二氏夫人千勢子、小野金六氏夫人よし子、安田善次郎氏夫人ふさ子、河野広中氏夫人関子、原亮三郎氏夫人礼子、家寿多貞子、中山幸子、前田とも子、堀江初子、西邑初子、藤田きく子、須田静子女史等が尽力され、会長には岩倉子爵夫人梭子刀自《さやことじ》を頂き…（『同書』四七頁）

『淑徳五十年史』の編者・広瀬了義は、一九二〇年（大正九）四月から淑徳女学校に奉職。長年にわたり雑誌『淑徳』の編集を担当しており、当時淑徳高等女学校に保管されていた創立以来の諸資料をもとに編纂している。

そのため同書は貴重文献の宝庫であり、同時にその記載内容がその後の研究に与えた影響も大きい。たとえば、芹川博通は「慈悲の実現と淑徳教育—輪島聞声尼の生涯—」で、

（筆者注：淑徳女学校の開校翌年の）一八九三年（明治二六）三月、聞声尼は淑徳婦人会を結成されました。この会は毎月例会を学校内に開き、名流婦人が集まり、生徒全員と『阿弥陀経』の訓

読をして、名士の講演を聴くことを慣しとしていました。たとえば、（筆者注：淑徳婦人会結成直後の）明治二六年四月三日には、淑徳女学校内で講話会を開き、内藤恥叟《ちそう》氏は『勅語衍義《ちょくごえんぎ》並に竹取物語』の講話を、堀内静宇氏は『婦人家庭の心得』についての演説がありました。（『同書』一二〇頁）

と記している。さらに芹川は淑徳婦人会が淑徳女学校の隆盛につながった点を、時系列を示さずに、

淑徳婦人会は、春秋二回、植物園などを会場に大会が開かれたので、日ごとに盛会となり、当時の知識階層の婦人団体の白眉となりました。夏目漱石の『わが輩は猫である』のなかにも、その会の名が出るようになり、淑徳婦人会の成功が、淑徳女学校の隆盛に道を拓くことにもなったのです。（『同書』一二〇頁）

と述べている。いずれも広瀬説を基本に論究を進めたもので、こうした解説内容は芹川のみならず、諸種の淑徳学校史や先行研究などで、今日まで広く定説化されてきた。

新たな発起人による発会式　近年、加藤恭子は論文「明治末の日本女子教員中国派遣における淑徳婦人会」で、淑徳婦人会が一九〇五年（明治三八）に付帯事業として淑徳女学校内に開設した女子清韓語学講習所を論究し、淑徳女学校の開校翌年とは別に、淑徳婦人会の新たな発会式があったことを、次のように指摘している。

設立（筆者注：淑徳女学校の開校）翌年（明治二六）に女学校の後援組織として淑徳婦人会を組織し、仏教法話などの講演会を行なっていた。それが（筆者注：明治）三二年に、河野関子、伊沢千世子、児玉周子らを新たな発起人とした発会式を行ない組織を拡大した。（「同論文」四頁）

以前から聞声および淑徳婦人会の研究を進めていた筆者は、加藤の指摘をさらに進め、『浄土教報』等の関連資料に掲載されている淑徳婦人会関係の記事を細かく調査・蒐集し、論文「淑徳女学校発展にかかわる淑徳婦人会の変遷と実態」で、新たな研究成

果を発表した。

淑徳婦人会は二回結成された　筆者は『浄土教報』等の記事内容や発起人を時系列に基づいて丹念に整理し、これまでの定説を確認しながら、以下の新見解を提起している。

（1）淑徳婦人会は二回結成された。それぞれを第一期淑徳婦人会、第二期淑徳婦人会とする。

（2）**第一期淑徳婦人会の結成**は開校翌年の一八九三年（明治二六）三月。従来の定説と同じである。

（3）発起人は七名。桑田てい子、河瀬てる子、河野せき子、家寿多てい子、三浦とめ子、井上すて子、亀岡幸子。広瀬説等の従来説と明らかに異なる。多勢の名流夫人が発起人に名を連ねてはいない。

（4）淑徳婦人会の月例会は関係資料類を閲覧する限り、設立同年の四月三日、五月三日、六月三日、七月三日、一〇月三日、一一月三日に開催されている。しかし翌年三月五日に一周年総会を開催後、一八九九年（明治三二）一一月二五日発行の第三七九号まで、「淑徳婦人会」に関連する記事が見出せない。

（5）この間の一八九七年（明治三〇）、二度目の経営危機が発生。学校身売りの窮状を再び水野忠兵衛（感応寺信徒総代）に救われ、寄宿舎新設も協力を受けて完成。生徒募集も隆盛化する。

（6）**第二期淑徳婦人会の結成**は、開校八年目の一八九九年（明治三二）一二月。

（7）発起人は伊沢千世子、岩佐徳子、原礼子、西村節子、西尾良子、細川糸子、堀江貞子、河野関子、河瀬てる子、亀岡幸子、永井文子、井上捨子、家寿多貞子、小埼常子、丸山勝子、児玉周子、城所高子、三宅藤子、三浦留子、守田市子、鈴木代子、須田静子の二二名。

（8）二二名のうち、河瀬てる子、河野せき子（関子）、家寿多てい子（貞子）、三浦とめ子（留子）、井上すて子（捨子）、亀岡幸子の六名は継続して発起人となるが、その他の一六名は新たな発起人である。この二二名の多くがいわゆる名流夫人で、毎月の例会が定例化し、集まった会員と生徒たちが『阿弥陀経』を訓読したあと、有名講師の講演を聞き、小石川植物園などを会場とした春秋二回の大会が新聞紙上にたびたび取り上げられ、婦人会の活動が活発化する。

（9）一九〇一年（明治三四）秋に岩倉梭子《いわくらさやこ》が第二期淑徳婦人会会長に就任するとともに、世評も高まり「婦人団体の白眉」とまで言われるようになり、一九〇五年（明治三八）に淑徳婦人会の付帯事業として淑徳女学校内に「女子清韓語学講習所」開設、岩倉梭子が講習所校長に就任。

（10）こうした隆盛を背景に、一九〇六年（明治三九）三月、夏目漱石『吾輩は猫である』に淑徳女学校が登場する（雑誌『ホトトギス』第九巻第六号）。

右のように時系列を細かく整理すると、第一期淑徳婦人会は発足して数年で、例会などの活動が停滞ないし休止状態となり、二度目の経営危機を乗り越えてから学校経営が隆盛となることが分かる。

それと同時に名流夫人を主体とする第二期淑徳婦人会が結成され、名士を呼んでの毎月の例会が定例化して、会員と生徒たちが『阿弥陀経』を訓読し、「当時の知識階層の婦人団体の白眉」と言われるほどになり、淑徳女学校の名声を高める大きな役割を果たしたことが明解になる。

そして一九一二年（明治四五）五月、聞声が監督職を退任し淑徳高等女学校と全く関係を絶ったので、岩倉梭子や伊沢千世子、三宅藤子などの幹部が協議し、聞声と関係がなくなった同校内に淑徳婦人会を置く必要はないとの結論に達し、第二期淑徳婦人会は同年一一月に解散式を行った。

参考：加藤恭子「明治末の日本女子教員中国派遣における淑徳婦人会」『お茶の水史学』二〇一七―三、二〇一七。米村美奈「淑徳女学校発展にかかわる淑徳婦人会の変遷と実態」『淑徳大学大学院総合福祉研究科紀要』二六、二〇一九。

（米村美奈）

出家《しゅっけ》の決意《けつい》

出家の決意　聞声（本名・こと子）は一八歳のとき

に和田瑳門《さもん》の弟子となり、一八七六年（明治九）の二五歳（満二四歳）で出家を願い出た。当初、瑳門は、「両親の許さぬ出家は、せぬほうがよい。俺には許すことはできぬ」とその願いを斥《しりぞ》けた。しかし、聞声は諦めずに出家の意志の固さを示し、瑳門から、「両親が許したなら、心配してやってもよい」との了解を取り付けると、両親に固い決意を伝え、出家を懇願した。

　両親は、「それほどの決心なら、弁財天に伺いを立ててみよう。もし、弁財天が『よい』とおっしゃることであったら、娘はお前一人しかないというのではないから、許してやろう」となり、父・太左衛門が深く信心していた弁財天に伺いを立てた（谷紀三郎『聞声尼』二〇頁）。

弁財天の宣託と聞声の誓いの言葉　聞声は、弁財天の宣託による許しを得ると「生涯この心は決して変えず、変わりません」と誓いの言葉を立てた。出家を認められた聞声は、「ともかくも、尼になれるということによって、厭《いと》わしい世間のことが、一切自分から離れてしまって、先ず一生を楽に暮らせるようになったと思って、嬉しかった」と言い残している。

参考：谷紀三郎編『聞声尼』私家版、一九二〇。米村美奈『輪島聞声の生涯—日本女子教育の先駆者』淑徳選書6、淑徳大学長谷川仏教文化研究所、二〇一九。→和田瑳門　（米村美奈）

出家《しゅっけ》の動機《どうき》

聞声は晩年となった六一歳（満六〇歳）のときに出家の動機について尋ねられ、『二六新報』の記者に対して、

　仏道を信ずる信念に出でたことはもちろんであるけれども、（略）別に立派な志から家を出たわけでもありません。ただ私は小さいときから浮世の雑事にかかわることがイヤで、こんな心ではとても他人の家庭に入って、夫につかえ舅《しゅうと》・姑《しゅうとめ》につかえ、子女を養育することはできまい。いっそのこと、出家して昔から好んでいる道一

筋をたどって行こうと思いまして、いわばわがまま心から落髪《らくはつ》（出家のこと）するに至ったのです。（『二六新報』一九一二年（明治四五）五月一四日）

と述べている。同じ時期の『婦女新聞』の取材には、

年ごろになって、他家《よそ》の娘さん方は皆お嫁にお出になりますが、私はどうもそれが嫌いでございまして、これから他家《よそ》の家にお嫁に行って夫のほかに舅《しゅうと》や姑《しゅうとめ》だの小姑《こじゅうと》などの機嫌をとったり、子供や孫の世話もしなければならず、女というものはなかなか難しいものだ、これからお嫁入りするよりも、いっそ尼にでもなって、一生気楽に暮らした方がましだ、というような、ただ今から申しますとずいぶん怪《け》しからぬ望みを起こしたのでございます。（『婦女新聞』一九一二年（明治四五）五月二四日）

と答えている。

　この二つの談話は一九一二年（明治四五）五月に、聞声が淑徳高等女学校を退任した直後の盛大な送別式（告別式）を踏まえての新聞記事である。『二六新報』は「一生不犯の浄尼」と題して四日にわたって連載し、『婦女新聞』は「女子教育家としての輪島聞声尼」（上下）の見出しで二日間掲載した。

　連載記事の中には出家の動機だけでなく、師・行誡の「生者《せいじゃ》の善知識となることを心掛けよ」という厳しい訓戒を、「一生の護刀《まもりがたな》」にしてきた決意などが記されている。

参考：谷紀三郎編『聞声尼』私家版、一九二〇。米村美奈『輪島聞声の生涯—日本女子教育の先駆者』淑徳選書6、淑徳大学長谷川仏教文化研究所、二〇一九。→一生不犯の浄尼、→一生の護刀　（米村美奈）

『生者《しょうじゃ》の善知識《ぜんちしき》　輪島聞声尼《わじまもんじょうに》』（里見達人著《さとみたつとちょ》）

聞声への理解を示すタイトル　里見達人著の聞声の伝記。一九八一年（昭和五六）四月二五日の出版なので、聞声伝としては早期の著述で、その後の聞声研究に活用されてきた。著者の里見達人は淑徳高等学校の当時の校長で、同高等学校から発行された。

聞声が弟子入りした福田行誡は当時の僧侶の心構えやあり方を批判して、世間の僧侶や尼僧たちは「すべて亡者の導師であって、生者の善知識ではない」と説き続けた。師の教えを体現した聞声は、僧侶として葬儀に関わることを本業とせず、女子教育の必要性を訴え、尼衆教場、淑徳女学校の設立に精力を傾けた。

「生者の善知識」であろうとした聞声の生き方を深く理解した筆者が、本書のタイトルとしたものである。もし、聞声がこのタイトルを見たならば、必ず喜びを表すであろう。それは、師・行誡の教えを守り通し、生き抜いた証《あかし》としての尊敬の念を込めたタイトルだからである。

著者は本書の「はじめに」において、

聞声尼は、行誡上人を生涯の師として、その思想・信仰を正統に受けつぎ、仏教界にあって独《ひと》り「新時代の女性の向上」をめざし、女性の学識と教養の必要を力説《りきせつ》し、仏教による普通女子教育の道をひらいたのである。（『同書』四頁）

と聞声への理解を端的に表現している。

聞声の記述が中心であるが聞声の僧籍略歴、生い立ちに入る前に、「明治・浄土宗尼僧活動の年譜」から始まる構成となっている。参考文献として『浄土宗尼僧史』があげられていることから見ても、浄土宗の尼僧に焦点を絞った尼僧史であると推察できる。年譜や資料の後に、聞声の僧籍略歴、生い立ちと続く。

生い立ちは、北海道での誕生から記され、師・行誡との出会いと出家、京都での修行、尼衆教場・淑徳女学校の設立、晩年の姿が描かれている。最後に筆者は、

聞声のつねに時代の進運《しんうん》を思い、一身の名誉《めいよ》利《り》益《えき》への執着《しゅうちゃく》の無《な》さ、進退のいさぎよさ、そして自己への厳《きび》しい反省と持戒《じかい》の姿は仏者《ぶっしゃ》として、教育者として範《はん》たるべき先覚者であった。（『同書』三六頁）

と記す。僧籍をもつ筆者がこのように聞声を評する意味は、大きい。

聞声の人柄に近づきたいという著者の想い　最後に「師・聞声の思い出（平松誠厚尼の記）」として、聞声の弟子である平松誠厚が『浄土宗尼僧史』に「思い出」と題して記した聞声の伝記を、原文のまま掲載している。

筆者は、そこに著者が「聞声尼の日常を想いたい」と述べ、聞声の履歴からだけでは見えてこない人柄を垣間見られるエピソードを、紹介することを意図しているのがわかる。生きる時代の異なる著者が、出会うことが叶わなかった聞声の人柄に近づきたいという想いが、本書の構成となって表れているといえるだろう。

参考：里見達人『生者の善知識　輪島聞声尼』淑徳高等学校、一九八一。

（米村美奈）

『浄土宗《じょうどしゅう》尼僧史《にそうし》』

本書は法然上人七五〇年御忌記念出版であり、一九六一年（昭和三六）三月一日に吉水学園高等学校から発刊された。浄土宗を中心とする内容であるが、尼僧の歴史と活動を知る上で貴重な書である。

口絵に聞声をはじめとして本文中に取り上げられた代表的な尼僧や、長野の大本願全景、吉水学園などの写真が多数収録されている。

出版の意図は序文に、

法然上人の七百五十年大遠忌記念に、浄土宗尼僧の団体である吉水会では、お念仏につらなる尼僧の行蹟を調査して、これを一冊の本にまとめ、自らの反省の質に供すると共に、これを後世にのこしたい…（『同書』一頁）

と記されている。

執筆に際しては、吉水会の会員全体に依頼し、一六名の尼僧が執筆。尼僧史編纂委員会の編集によって作成された。本書の意義を、「従来の尼僧の行実や理想や信念を本書によって知ること」ができることと、「将来の尼僧がそのあり方を探るために用いることができること」と記している。

全体の構成は、まず、インド、東南アジア、チベット、中国、朝鮮、日本の尼僧史の概説があり、続いて、日本の代表的な尼僧二〇名の伝記が書かれている。次に七カ所の尼僧寺院の歴史、吉水会の活動が克明に記され、巻末に善光寺を主軸とする浄土宗尼僧史年表が掲載されている。

二〇名の尼僧の伝記の九番目が「輪島聞声尼」で、弟子の平松誠厚が記録した「聞声の経歴」と「思い出」が収録されている。

「聞声の経歴」は本籍、父母、得度、学業、住職、事業、宗学、入滅など、聞声の生涯が詳細に箇条書きで記載されている。愛弟子の記述ならではの内容で、それゆえに先行研究で多く用いられてきた。

「思い出」は、五歳の時からの弟子である平松誠厚が「師匠」と呼びかけながら、聞声の活躍と人柄を浮き彫りにするエピソードを記している。

特に、尼衆学校と淑徳女学校の創設と発展が柱となっている。二校のそれぞれの学びの場で、「生者を引導し救う」ことと、「静淑の徳を養成する」ことが開校の動機であったと指摘。二校の設立を成し遂げたことに敬意を表しながら紹介している。

聞声は、淑徳女学校に寝起きし、学校を自分の家と同様に考えて行動した。掃除に勤行、生徒の教育、学校の管理と小使い、僧侶と校長の役割をひとりで果たしていた。こうした行動を支える聞声の生き方を、「女らしく」あるために「信仰の力に依って何事にも動じない心を養わなければならない」と、皆に教えながら、自身も実行に努めていたのだと記している。そして誠厚は、聞声に大きな感化を受けたと伝えている。

最後に聞声は、教えを受けた福田行誡を模範とし、尊敬していたとしている。これは、行誡と聞声の関係と、聞声と誠厚の関係が同じであるということを言い表しているように読み取れる。

（米村美奈）

参考：浄土宗尼僧史編纂委員会編集『浄土宗尼僧史』吉水学園高等学校、一九六一。

女子《じょし》清韓《せいかん》語《ご》学講習所《がくこうしゅうじょ》

淑徳婦人会の附帯事業　第二期淑徳婦人会が附帯事業として、一九〇五年（明治三八）に淑徳女学校内

に設立した講習所。『浄土教報』第六三四号（明治三八年三月一三日）に開所の予告が、

清韓語学講習所を淑徳女学校内に設置し、同校来学年授業開始と共に開所せらるる由、時代的進歩に伴いて此種の語学講習所も亦必要なることと云うべし。

と掲載され、『浄土教報』第六三六号（明治三八年三月二七日）に、長文の「女子清韓語学講習所設立趣意書」や、一四条の「女子清韓語学講習所学則」と入学願書が大きく掲載された。学則第一条に開所目的を、清国・韓国に渡航し教育に従事する教員の養成と明記している。

第一条　本校は帝国の女子にして、清韓に渡航し彼《かの》女子を啓沃《けいよく》するの任に従事せんと欲する志望者に対し、其《その》教師たるに必要なる学科を授《さず》くるを以《もっ》て、目的とす。

東京市に提出した許可願には、設立者は淑徳女学校校長の黒田真洞《しんとう》で、女学校の校舎を使用し、

本校ノ経費ハ淑徳婦人会ノ寄付及生徒ノ授業料ヲ以テ之ニ充ツ（略）不足ヲ生シタルトキハ淑徳婦人会ニ於テ特ニ之ヲ負担ス

と記されている。あくまでも淑徳婦人会の付帯事業であった。

時代の要請に応えての設立　淑徳婦人会の「女子清韓語学講習所」をモデルに、翌一九〇六年（明治三九）に、下田歌子を中心とする東洋婦人会の「清国派遣女教員養成所」が設立された。

前後して二つの清国と韓国に向けての「女性教員養成所」が開設された背景に、日清戦争（一八九四～一八九五、明治二七～二八）と日露戦争（一九〇四～一九〇五、明治三七～三八）の勝利にともなう大陸進出の視点が考えられがちであるが、加藤恭子は論文「明治末の日本女子教員中国派遣における淑徳婦人会」で、教育の近代化を図る世界的な女性運動の一環という視点から、二つの「女性教員養成所」の担った役割を深く掘り下げ論究している。

本論稿の課題は、明治末における中国への日本人教員派遣を、教育の近代化を図る世界的な女

性運動の一環という視点で、教員養成機関の発展過程を明らかにすることである（「同論文一頁）

加藤は、日清戦争後の中国の近代化、特に、教育面で日本をモデルにした公教育制度が導入された点を指摘し、伝統的に女子教育が軽視されてきた中国で、日本人女子教員が果たした役割に注目。淑徳婦人会の「女子清韓語学講習所」と、東洋婦人会の「清国派遣女教員養成所」を比較論究している。

「女子清韓語学講習所」の授業と担当教師　女子清韓語学講習所の校長に淑徳婦人会の会長・岩倉梭子が就任し、顧問には、台湾で台湾人に通訳養成の日本語教育を行う芝山巌学堂《しざんがんがくどう》を設立するなど、台湾総督府民政局学務部長として活躍した伊沢修二が就任。担当講師は、

修身　棚橋詢子《たなはしあやこ》（東京高等女学校長）
漢文　馬場東海（慶應義塾大学教授）
清国語　岡本正文（東京外国語大学教授）
同　宇佐美右之（東京高等商業学校教授）
韓国語　本多　存（東京外国語大学教授）
音楽　渡辺森蔵（音楽学校教授）
手芸　島田友春（女子高等美術学校教授）
書法　田口光太郎
簿記　島田庸太郎

である。講師陣を見ると女子清韓語学講習所が淑徳女学校の枠を超えた陣容であり、岩倉梭子や伊沢修二などの全面協力によるものと考えられる。修業年限は一年四ヵ月であった。

第一回卒業式、第二回卒業式　第一回卒業式は一九〇六年（明治三九）七月一九日に行われた。卒業生は六名。岩倉梭子校長より山口だい子、片根清子、野村寿恵子、安藤貞子、大塚春子、加藤みよ子に卒業証書が授与された。卒業式の様子を『読売新聞』は翌日（七月二〇日）朝刊で「卒業証書授与式挙行」と取り上げている。

三日後発行の『浄土教報』七〇五号（同年七月二三日）でも、卒業式の模様を取り上げ、卒業生代表の中国語の答辞と通訳、伊沢修二・岡本正文・棚橋詢子等の講師や、淑徳婦人会の西村節子・岩佐徳子等

の幹部が列席したことを報じている。

また、翌一九〇七年（明治四〇）七月二〇日付『読売新聞』では、

本日午前九時から第二回卒業証書授与式挙行し、来賓に伊沢修二氏の演説がある。

と報じている。女子清韓語学講習所は淑徳婦人会の活動にとって象徴的なものであり、それゆえに注目され、新聞に取り上げられたともいえる。

名称変更と活動の意義　女子清韓語学講習所は一九〇九年（明治四二）に韓国語の授業を廃止して「私立女子清語専修学校」に改称した。その理由を「私立清韓語学講習所規則更生願」では、韓国語を教授する必要がなくなったからとしている。

加藤は論考の「おわり」で、淑徳女学校を会場とした「女子清韓語学講習所・私立女子清語専修学校」の果たした先駆的役割を以下のように評価している。

淑徳婦人会が母体である女子教員養成の講習所は、中国女性に向けた教育協力であると共に日本女性の社会進出を支援する活動であった。これは、女学校教育の目的が良妻賢母の養成と定義されていくのと同じ時期の、それとは一線を画す動きである。（略）淑徳婦人会の先駆的な試みは女子教員派遣の流れを変え、国際的女性運動を日本で連鎖させた一因に位置づけられる。

（「同論文」一三～一四頁）

加藤の論究と評価を、聞声が生涯を通して教えの場で生徒たちに教授していた、「進みゆく世におくれるな、有意《ゆうい》な人間になれよ」という言葉と重ね合わせるとき、「女子清韓語学講習所」と淑徳女学校との関りを再検討する必要性を感じる。

参考：加藤恭子「明治末の日本女子教員中国派遣における淑徳婦人会」『お茶の水史学』二〇一七―三、二〇一七。

（米村美奈）

私立学校令《しりつがっこうれい》に基《もと》づく「私立淑徳女学校《しりつしゅくとくじょがっこう》」

一八九九年（明治三二）八月三日、私立学校を対象とする最初の法令「私立学校令（勅令第三五九号）」

が公布、八月四日に施行された。

当初、一七ヵ条、附則三ヵ条の合計二〇ヵ条からなり、同令によって私学の基盤が整備され、日本の近代教育に私学の存在が正当に位置付けられた。同時に私学も直接・間接的に国家の教育政策の統制を受け、地方長官の監督に属するため、設置・廃止や設立者の変更を監督庁への申し出や、校長・教職員の欠格条項の規定なども定められた。

淑徳女学校も同令に基づき、「私立淑徳女学校」となり、人事交代が行われた。施行二ヵ月後の一〇月に黒田真洞が淑徳女学校の第四代名誉校長に就任。黒田は聞声が浄土宗総本山宗学校に学んだときの師であり、聞声と旧知の間柄である。さらに当時の黒田は浄土宗を代表する学者で、同令施行二年前の一八九七年（明治三〇）に浄土宗最高の役職・執綱に就任していた。服部英淳はこの間のいきさつを、

明治三二年八月、私立学校令が発布されたので、淑徳も之に応ずる必要から、京都以来の因縁によって黒田執綱を名誉校長にお願し、宗門の援助を期待されたようです。（「謝恩録」一一頁）

と解説している。まさに寄宿舎の新築などの体制整備や、黒田の名誉校長就任も、私立学校令に対応してのものであった。

また私立学校令と同時に、キリスト教系学校の排除を念頭に、明治三二年文部省訓令第一二号（「宗教教育禁止令」）が公布された。各種学校を除く官公私立学校での宗教教育・活動を学科課程・課程外を問わず禁じるもので、宗教教育の継続が不可能となったキリスト教系学校は深刻な問題に直面した。具体的には、制限や干渉を受けながらも、私立学校令および訓令に基づく正規の中学校・高等女学校となるか、または徴兵猶予や上級学校進学権などの特典を返上して宗教教育を続けるかの選択を迫られた。宗教教育の継続を選んだキリスト教系学校は生徒の中退や転学が相次いだとされる。『浄土教報』第三五七号（明治三二年四月一五日）に、

本年は新入学の女生非常に多く、既に本月上旬まで七十名に近き入学者あり、（略）本年入学者

の中には明治学園（基教主義女学校）より転校せしもの頗る多きに居るよしなり。

と記された記事の「明治学園（基《き》教主義女学校）より転校せしもの頗る多き」というのは、この訓令施行の影響を示しているといえる。

参考：服部英淳「謝恩録」（創立六十五周年記念号編集委員会『淑徳　創立六十五周年記念号』、「淑徳」九号所収）一九五七。

（割田剛雄）

『随想《ずいそう》　輪島《わじま》聞声《もんじょう》尼《に》』（米村《よねむら》美奈《みな》著《ちょ》）

読みやすい平易な文章の好著　本書は、淑徳女学校（現・淑徳高等学校）の創立一二〇年を記念した出版である。発行者の同校校長・里見達人《たつと》は「はじめに」において、

明治二〇年代（一八八七〜）は、明治維新以来の上層階級の欧米への傾斜にあわせるかのように、キリスト教が女子教育に力をいれたことと相まって、まさに、キリスト教の祈りとともに日本中に広まっておりました。（略）このようなときに「生者《しょうじゃ》の善知識《ぜんちしき》たれ」と叫ぶ福田行誡師をはじめとして、新仏教の恢復《かいふく》を指導した先覚の僧侶たちがあらわれました。

この福田行誡師を生涯の師とし、「仏教による新時代の女性の向上」をめざした尼僧・輪島聞声先生を忘れることはできません。聞声先生は、女性の学識と教養の必要を力説し、仏教による普通女子教育の途がひらきました。（『同書』三〜四頁）

と聞声とその師・行誡の歴史的立場を示し、続けて、

『随想　輪島聞声尼』

　いまの在校生にも、たくさんの卒業生たちにも、さらには現在の父母にも、教職員たちにも読んでいただけるような平易な文章による本を考えました。（『同書』四頁）

と出版の意図を明確に示している。

米村美奈への執筆依頼の背景　著者・米村美奈にとって、本書は「聞声」の生涯とその教育目標や理念をまとめた最初の著書である。本書に先立ち、二〇一二年（平成二四）に『長谷川よし子の生涯』を、二〇一七年（平成二九）五月に『長谷川りつ子・長谷川よし子』を上梓《じょうし》している。

　米村自身は「私の専門分野は歴史研究や人物評伝ではなく、社会福祉学（ソーシャルワーク）である」（『長谷川よし子の生涯』二頁）と述べながらも、

　このたび「長谷川よし子」の評伝をまとめるにあたり、多くの関係者を訪ねてインタビューし、ゆかりの地を訪問して生前のよし子の胸中に映じたであろう心象風景を思い描き、関係資料を読み進めた。いずれの取材も先入観を持たず、熱をこめて語ることばの底にこめられた思いに注目し、数十年も前に記録された文言の背後に秘められた、はじけるような喜びや心の痛みに思いをめぐらし、よし子の人生の一齣一齣《ひとこまひとこま》を丹念にファイルし続けた。（『長谷川よし子の生涯』二～三頁）

と、専門のソーシャルワークの手法で取り組んだことを吐露《とろ》している。恐らくこの二冊を読んで、里見達人は、米村に読みやすい平易な文章による「聞声」紹介本の執筆を依頼したものと考えられる。

　執筆依頼の、もう一つの背景は里見達人自身が一九八一年（昭和五六）に聞声の評伝『生者《しょうじゃ》の善知識《ぜんちしき》　輪島聞声尼』を出版しているので、その後の「聞声」研究の成果を盛り込んでもらいたいとの希望もあったと推測できる。なにより里見達人は、自著に聞声が生涯の指針とした師・行誡のことば「生者《しょうじゃ》の善知識《ぜんちしき》たれ」を用いているほど、聞声への尊敬の念、敬慕の思いがあふれている人物である。

　筆者の米村は、「おわりに」において、聞声に対

し、はじめに抱いた興味を以下のように触れ、本書完成までの過程を記している。

　聞声尼はつねに時代の先を見つめ、「尼衆《にしゅう》教場」や「女学校」の教え子たちに、

　「進みゆく世におくれるな、有為《ゆうい》な人間になれよ」

と説き続け、新しい時代にふさわしい女子教育に尽力しました。私が聞声尼に対してはじめに抱いた興味は、「進みゆく世におくれるな……」という人を励まし勇気づける進歩的なことばが、どのような背景から生み出されたのだろうか、さらにこのことばを紡《つむ》ぎ出した聞声尼の素養《そよう》はどのようなかたちで学ばれ、導かれたのであろうか、ということでした。

　その問いは聞声尼のゆかりの地を訪ね、聞声尼の足跡をたどり、関係資料を読み解き、行間に息づく関係者たちの思いに心を傾けるうちに、次第に氷解《ひょうかい》していきました。（『同書』一三七〜一三八頁）

　こうして、コンパクトなサイズで文字も大きめで、頁の下段に脚注《きゃくちゅう》が付けられ、一般的になじみが少ないことばには本文中に解説が付けられ、ルビも多く使用され、読みやすく工夫された本に仕上がっている。

本書の構成　本書は一〇節で構成され、冒頭の（一）聞声尼愛用の硯で、著者米村が京都の西寿寺を訪れたときに目にした聞声愛用の硯の写真と、聞声も眺めたであろう西寿寺境内から京都市内を見下ろす眺望の写真が収録されている。

　以下の節は、（二）聞声の幼少時代、（三）尼僧となる決意、（四）得度し、名を「聞声」と改める、（五）生者の善知識たれ、（六）京都での修行、（七）尼衆教育への取り組み、（八）淑徳女学校の創設、（九）淑徳女学校の名声、（一〇）聞声尼「信」と「忍」の教え、おわりに、主要参考文献という構成となっている。

　米村は、「おわり」の末尾に、

　　本書をお読みいただいた皆様が「偉人としての

聞声尼」の一面だけでなく、幕末~明治~大正という激動の時代を、進取の気質と類《たぐ》い希《まれ》な先見性で生きた人間味あふれるお人柄の一端を、実感していただける一助となれば、執筆者としてこれに勝る幸せはありません。

と綴っている。これは、本書を書く前に著者が素朴に抱いた聞声への興味に対し、著者自身が一つの解答を見出だしたように読み取れる。

参考：里見達人『生者の善知識　輪島聞声尼』淑徳高等学校、一九八一。米村美奈『随想　輪島聞声尼』淑徳中学・高等学校、二〇一七。

（割田剛雄）

『図解《ずかい》　輪島聞声尼《わじまもんじょうに》の生涯《しょうがい》』（米村美奈編《よねむらみなへん》）

本書は二〇一七年度淑徳大学研究推進事業の助成を受け、二〇一八年（平成三〇）三月に淑徳大学輪島聞声研究会より発行された。非売品。B5判、総三八頁。「輪島聞声関連年表」を大判のB3判・カラー印刷・折り込み一枚に収録。

撮影写真師・撮影日時や時期が判明　本書の「まえがき」に発行の目的が、

前著『随想　輪島聞声尼』で得たさまざまな資料、写真などを活用し、さらにその後に判明した研究成果を盛り込み、聞声尼の人間らしい側面に光を当てながら、その生涯の事歴や時代背景を総覧できるように工夫し、コンパクトにまとめたものです。

と示されている。

その出版意図を反映し、多くの素晴らしい写真が収録され、新たな検討が行われている。特に口絵写

『図解　輪島聞声尼の生涯』

真の五〇歳代の聞声は、撮影当時の印画紙から直接複写したもので、歳月を感じさせないほど鮮明である。経年劣化による印画紙上の小さな滲《し》みも無修正なので、明治を代表する写真家・成田常吉の高い撮影技量が細部に至るまで再現されていて、聞声の表情に在りし日の面影を見ることができる。

加えて、この聞声の代表的な写真が写真帳（筆者注：聞声所持の写真帳と推定される）から剥《は》がされた貴重な撮影当時の印画紙をもとに作成されたため、写真裏面の記録から江木写真館の支店で、成田常吉が撮影したことを確定できた意味は大きい。

同じく一三頁に収載された、三二歳の聞声の法衣姿の写真と、一四頁の恩師・福田行誡の脇に立つ集合写真も、撮影当時の印画紙からの複写であるため、これまでに見たことがないほど鮮明である。

しかもこの二枚の写真が、一八八三年（明治一六）一月に丸木写真館の丸木利陽によって撮影されたことを示すために、写真の表裏を掲載している工夫は見事で説得力がある。写真解説で丸木利陽が明治天皇の「御真影」を撮影した写真師であることを補足説明しているのも興味深い。

さらに一七頁の、一八九六年（明治二九）一月二九日に亡くなった聞声の実母・カネ子の亡くなる四ヵ月前の写真も、撮影当時の印画紙の裏面から、北海道箱館の写真師・田本研造の撮影と判明し、撮影日を一八九五年（明治二八）九月二三日と確認している。田本研造は洋装姿の土方歳三を撮影し、北海道の開拓事業を克明に撮影するなどの実績を残し、幕末から明治の北海道を代表する写真家である。

以上の四枚の写真は、谷紀三郎編『聞声尼』を始めとして、これまで聞声関係書籍で多用されて来たものであるが、本書への収録と解説によって、初めて撮影写真館・撮影写真師・撮影日や時期が判明したわけで、その意義は大きなものがある。

「折り込み大年表」とインタビュー記事　本書五頁には「輪島聞声関連年表」がB３判のカラー印刷で折り込間れている。見開くと区分（①幼少期、②勉学、③尼僧・京都遊学、④淑徳女学校、⑤念仏三昧）、西暦、元号、数え歳、満年齢、重要事項、社会背景が時系列を追って、一目で確認できるように組み付けられている。分かりやすい大年表の右欄に、
(1)「北前船」で栄えた松前に生まれる
(2)二人の恩師に導かれて
(3)明治の女子教育の先駆者としての活躍
という三つのコラムが関連地図や写真をもとに簡潔に記されている。

本文は、(一)写真で綴る聞声尼の面影、(二)聞声の教えと遺墨《いぼく》、(三)生前の二つの聞き書き、(四)聞声尼の写真と写真家たち、(五)聞声尼の「先見性と不屈の精神」、(六)和田瑳門《さもん》に仏教を学ぶ、(七)生涯の師・福田行誡《ぎょうかい》上人の教え、(八)「聞声」の名前の由来、(九)淑徳女学校の名声が高まる、(一〇)鎌倉聞声庵での念仏三昧、で構成されている。

なかには、聞声が淑徳高等女学校の監督職を退任したときにインタビューを受けた『二六新報』の連載記事や、『婦女新聞』の記事の一部が掲載され、死亡記事も取り入れている。

没後一〇〇年以上経過している聞声であるが、本書収録の鮮明な写真を見て、インタビュー記事を読むことで、時空を超えて実存していたことを実感することができるように工夫された、コンパクトな一冊である。

参考：米村美奈編『図解　輪島聞声尼の生涯』淑徳大学輪島聞声研究会、二〇一八。

（米村美奈）

杉浦重剛《すぎうらしげたけ》

開校式に出席した来賓の一人　明治・大正時代の教育者・思想家・政治家（一八五五〜一九二四）。淑徳女学校の開校式に出席した来賓の一人。聞声たちは開校までの諸準備をして、一八九二年（明治二五）九月七日に開校始業の祝いを開いた。淑徳女学校の歴史を記録した校史で、最も古い一九四二年（昭和一七）発行の『淑徳五十年史』では、

評議員を学校に招待し、今後の後援を委嘱された。当日来会の諸氏は桑田衡平、河瀬秀治、三浦省軒、杉浦重剛、渡辺辰五郎、野沢俊冏、茅

根学順の諸氏であった。（『同書』六頁）

と来会者中に杉浦重剛の名前を記録している。さらに教育者・杉浦重剛については、

創立以来より本校の教育方針に就いて常に相談をなし、その意見を聴取せられていた杉浦重剛氏が開校式当日に「生徒数の多少を眼中におかず、女子教育の粋を以て精神とせられたい」と訓《さと》されている。（『同書』一二頁）

と記しているように、聞声は徳育の重要性を主張し続けた杉浦重剛に大きな信頼を寄せていた。入学生徒五名という少人数での開校について、「生徒数の多少を眼中におかず、女子教育の粋を以て精神とせられたい」と述べたところに、杉浦重剛の真骨頂がある。

高潔・清貧の教育者　杉浦重剛《しげたけ》は江戸時代末期の一八五五年（安政二）に近江国膳所《ぜぜ》藩（現在の滋賀県大津市内）に藩儒杉浦重文《しげふみ》の次男に生まれ、幼名は譲次郎。藩校「遵義堂《じゅんぎどう》」で手習、四書五経の漢学を学び神童と呼ばれた。渡辺一雄著『明治の教育者杉浦重剛』によると、一二歳の時から碩学黒田麹蘆《きくろ》について洋学を学んだとされる。

麹蘆《きくろ》の門を父に連れられてくぐったのは、譲次郎が一二歳のときだった。（略）黒田麹蘆《きくろ》が江戸から帰ってきたのでその弟子になったのである。黒田麹蘆《きくろ》は、漢学だけでなくフランス語、英語、オランダ語からサンスクリット（梵語）にまで通じた幕末から明治初期にかけての屈指の碩学《せきがく》だった。（『同書』一七頁）

黒田麹蘆《きくろ》門下でも頭角を表した。一八七〇年（明治三）、明治新政府は各藩に石高に応じ一名から三名の優秀人材を大学南校に貢進することを命じた。大学南校は新たな時代を担う人材育成を目的に、政府が洋学を教授するために設置した教育機関で、開成学校を経て東京大学（旧制）に発展した。膳所《ぜぜ》藩から二名が選ばれ、その一人が杉浦重剛である。

そののち杉浦重剛は、一八七六年（明治九）に第二回文部省派遣留学生に選ばれて、イギリスの王立農学校などで勉強するが、病気にかかり一八八〇年（明

治一三）に帰国。伝通院境内の貞照院に寄宿。元気を回復すると一八八二年（明治一五）に天下の秀才が殺到する東京大学予備門の校長に就任し教育者の道を進む。ちょうど聞声が京都で八宗兼学に邁進していたころである。

杉浦重剛は東京大学予備門の校長職にありながら、同志と私立の東京英語学校を創設。自宅（伝通院境内の貞照院）に称好塾《しょうこうじゅく》を開き有志学生と起居を共にして訓育。一八八九年（明治二二）三月に文部省を非職《ひしょく》。同年に日本倶楽部をつくり、小石川区議員を経て、翌一八九〇年（明治二三）第一回衆議院議員総選挙に出馬して当選。翌年に辞職している。

聞声が淑徳女学校を開校した同年に、東京英語学校を「日本中学校」（現在の日本学園高校）と改称。亡くなるまで校長を務め、

生徒に対してつねに、言い聞かせていた。「なくてはならない人物になるのだ。その人がいなくては物事が停滞して困るといわれるような人物になれ」（渡辺『同書』一五七頁）

といい、徳育重視の高潔・清貧の教育者と称された。杉浦の倫理教育は称好塾でも、日本中学校でも、塾生や生徒に大きな感化を与え、門下には巖谷小波《いわやさざなみ》（児童文学者）、江見水蔭《えみすいいん》（小説家）、大町桂月《おおまちけいげつ》（詩人、評論家）、岩波茂雄（岩波書店創業者）、横山大観（日本画家）、吉田茂（内閣総理大臣）など有意な人材を数多く輩出し、世評を高めていた。

淑徳女学校に「坤道貞淑《こんどうていしゅく》」の扁額《へんがく》を

荻原雲来が淑徳高等女学校の第三代学長に在任中、一九一九年（大正八）に二階建ての中館を増設。杉浦重剛揮毫《きごう》の「坤道貞淑《こんどうていしゅく》」を扁額にして会議室に掲げた。講堂には二年前の一九一七年（大正六）に、創立二五周年を記念して山下現有（浄土宗管長）が揮毫した「淑徳《しゅくとく》　漲《ちょう》美《び》」の扁額が掲げられていたという（『淑徳教育七〇年』四五頁）。

杉浦重剛揮毫の「坤道貞淑《こんどうていしゅく》」の坤道の意を、漢和辞典では「①大地の原理、②婦人の守るべき従順の道」としている。「乾坤《けんこん》」の乾を「高く明るくて強い天。また、転じて、強い、剛健なさま」とし、坤を

「地や母や順（従順さ）」としている。「淑徳漲美《しゅくとくちょうび》」と対《つい》をなす扁額であったが、いずれも一九四五年（昭和二〇）三月の空襲で焼失してしまった。

杉浦重剛は、これに先立つ一九一四年（大正三）に「東宮御学問所御用掛《とうぐうおがくもんじょごようかかり》」に任命され、皇太子裕仁《ひろひと》親王（のちの昭和天皇）への七年間にわたる倫理の講義に、心血を注いでいた時期である。

「東宮御学問所」の倫理担当　東郷平八郎を総裁（校長）とする東宮御学問所は、学習院の初等科（六年間）を終えた若き皇太子の特別教育のため、高輪の東宮御所に設立された。皇太子は満一三歳から七年間、五名の学友と特別講義を受けた。

高名な歴史学者で東京帝大教授の白鳥倉吉《しらとりくらきち》を教務主任に、歴史、地理、国漢文、数学などの各教科担当者はすぐに人選が終わり、東京帝大か学習院の教授がほとんどであった。人間形成の中核となる「倫理」のみ、担当者がなかなか決まらなかった。渡辺一雄はその点について、

> それもそのはずである。倫理は、いかに巧妙に理論を説いてもそれでよしというわけにはいかなかった。人物が崇高な人物でなければならなかった。世の中広いようでも学徳兼備の人物はなかなかいなかった。そんなわけで人選に手間どったのである。（渡辺『同書』一九五頁）

としている。そして白羽の矢が立ったのが杉浦重剛であった。

聞声の設立趣意書と軌《き》を一《いつ》にする人選　杉浦重剛が民間からただ一人、「倫理」の担当に選ばれた理由について考えると、聞声の「淑徳設立趣意書A」の、

> 凡《およ》そ徳性の薫陶《くんとう》は躬自《みずか》ら行ふて而《しこう》して後《の》ち、人を導くにあらずんば得て望むべからず、（略）因《より》て本校に於ては専《もっぱ》ら徳行《とくこう》の教員を招聘《しょうへい》し…。

【現代語訳】

> およそ（女子生徒の）、徳性（道徳心）を育てるには、自分で率先して模範を示し、そののちに導くのでなければ、良い成果を得られない（道理である）。（略）このような理由から本校では（女子生徒の模範となる）徳を身につけた教員を招き

……の趣旨と、軌《き》を一《いつ》にするものがあることに気づく。

聞声と杉浦重剛の交流についての記録は少なく、淑徳女学校開校日の来賓の一人であり、「創立以来より本校の教育方針に就いて常に相談をなし、その意見を聴取せられていた杉浦重剛氏が…」（『淑徳五十年史』二二頁）などであるが、東宮御学問所での講義に全力を注ぐなかで揮毫した「坤道貞淑《こんどうていしゅく》」の扁額《へんがく》といい、聞声の女子教育に傾注する真意を深く理解し、相通じるものを持っていたものと考えられる。

渡辺一雄著『明治の教育者　杉浦重剛の生涯』

また、聞声没後の一九二三年（大正一二）一一月三〇日に発行された、雑誌『淑徳』一四二号（創立三〇周年記念号）に、「日本刀を磨《と》き上《あ》ぐる心で」の一文を掲載している記録が残されている。残念ながら同文の内容は未見である。

参考：渡辺一雄『明治の教育者杉浦重剛の生涯』毎日新聞社、二〇〇三。→淑徳女学校設立趣意書、→淑徳女学校設立趣意書Aの原文と現代語訳。

（割田剛雄）

石龍子《せきりゅうし》

石龍子の持論「心と形は一致する」　五代目石龍子（一八六二～一九二七）は日本における性相《せいそう》占い、性相学の始祖であり観相学の泰斗。中山茂春「石龍子と相学提要」によれば、

石家は江戸時代、正徳四年（一七一四）に初代石龍子が江戸芝三島町（明治時代の町名で芝区三島町一一番地、現在の東京都港区芝大門一丁目）に居を構え、江戸で医業の傍ら観相学を始めている。第二代石龍子は長崎で蘭医を学び東都（江

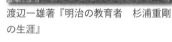

石龍子（『性相講話』より）

戸）で一番の観相家と評されている。（同論文三七一頁）

と石家の歴史を明記。五代目石龍子は筑後久留米藩医中山家の分家・儒学者中山泰橘の次男中山時三郎が第四代石龍子の次女貞の婿養子になった。その中山時三郎は一八六二年（文久二）生まれで、一八八一年（明治一四）に慶応義塾に入塾している。

このように五代目石龍子（中山時三郎）は、幼少にして家学を修め、のちに慶応義塾で洋学を学び、初代石龍子が大成した観相術と、西洋の性相学を照合比較して、性相占いを体系化したとされる。

石龍子はその著『性相講話』の第一講で、

性相学とは私が名付けた学問で、西洋の「フレノロジー」という学問を訳して性相学と付けたのでございます。（『同書』一頁）

と述べ、「フレノロジー」（骨相学、相性学、phrenology）を学び、独自の性相学を確立したことを表記している。さらに本論の「第一、心形は一致す」で、

人間の心と形とは一致する。心の通りに顔形があり、顔形の通りに心がある。心のエライ人は顔形がエラク出来て居る。狡猾ソウナ顔を持って居る人は必ず心が狡猾である。下らぬ思想を以て居る人は下らぬ顔をして居る。（略）外形は必ず内状と一致して居る。私は之を名けて形体は心性の物質化と申す。誰でも顔の通りの心を持って居るから面白い」（『同書』一二頁）

と持論を展開。石家伝来の東京市芝区三島町に性相学会を設立。各種の性相関連書籍を出版し、占いも行い、高い世評を得ていた。

聞声、東京芝の性相学会を訪問　聞声が一八九一

年（明治二四）九月に、浄土宗宗務所に提出した「普通女学校の設立願（淑徳女学校設立趣意書A）」に対し、一二月に浄土宗から許可が下りた。しかし、許可を出しても浄土宗宗務所が資金援助などの手助けをしてくれるわけではない。あくまでも、従来の尼衆教育ではなく、女子教育のための普通女学校の開校を認めたのである。

この頃の聞声の立場は感応寺の第一五世住職であった。そのために、宗務所から学校設立の許可が必要と考えての願い書の提出であった。

許可が下りた翌年、東京芝の性相学会の石龍子を訪ね、女学校設立の事業が成功するかどうかを占ってもらった。いかに意志が強く、前向きに考えを実行していく聞声であっても、頼りにしてきた父・太左衛門を二年間に亡くし、師・行誡上人も三年前に入寂しているので、親身になって相談する相手も見当たらず、不安を抱いたのである。

それほど普通女子教育の学校を興すのが、当時にあってはいかに難しい事業であったかといえよう。

石龍子は、聞声の面相と手相を見て、

「学校事業はあなたの宿願です。今、急に思いついた願いではありませんね」

と切り出し、

「普通女子の学校を建てるなら、必ず成功するでしょう。あなたには末広の相があります。来春になれば、必ず校舎建築の気運が実ります」

と女学校設立が成功すると占い、場所についても、

「女子学校の場所は、小石川がいいでしょう。芝は、始めは吉と出ていますが、のちに凶と出ています。小石川は、初めはやや凶ですが、末は必ず吉となるでしょう」

と明解に占った。これを聞いた聞声は非常に喜び、背中を押され、近い将来に普通女子教育を実現させなければならないと強く決意した（谷紀三郎編『聞声尼』八九～九〇頁参照）。結果は、聞声と聞声の志を支援してくれる人々の助けによって、石龍子の占い通りになった。

学校の身売りの苦境時に再訪問　その後、聞声は

淑徳女学校の開校五年目の一八九七年（明治三〇）の年末に、資金繰りに困り学校を身売りする瀬戸際の苦境に陥った。黒田真洞校長の斡旋により、

「ある婦人が、負債額のすべて肩代わりして、なおかつ一〇〇〇円を提供するという条件で、学校を譲り渡して欲しい」

という学校の身売り交渉が出た。さすがの聞声も切羽詰まって途方にくれた。そのとき東京芝の石龍子を思い出し性相学会を訪ねた。石龍子の占いは、

「学校には幸運の兆しがある。今、他人に譲るのは凶。しばらく持ち続けているうちに、必ず助けてくれる人が出てくる」

というものであった。この占いに聞声はとても喜び、石にかじりついても学校は手放すまいと決心した。占いを信じたというよりは、石龍子のきっぱりした宣託に、背中を押されるように感じた。結果は、ほどなく感応寺の信徒総代・水島忠兵衛の義侠心が発揮され、無事に難局を乗り切ることができた。

参考：石龍子著『性相講話』（第五版）、性相学会、一九七〇。中山茂春「石龍子と相学提要」『日本医史学雑誌』第五五巻第二号、二〇〇九。（割田剛雄）

泉涌寺《せんにゅうじ》

黒田真洞と師・行誡に受講をすすめられ、聞声は泉涌寺で名僧・佐伯旭雅《さえききょくが》の講義を受けた。泉涌寺は京都市東山区泉涌寺山内町にあり、真言宗泉涌寺派の総本山。本尊は釈迦如来、阿弥陀如来、弥勒如来の三世仏。江戸時代に皇室との関係が密接となり、後水尾天皇から孝明天皇に至る歴代天皇・皇后の葬儀を執り行い、陵墓も全て境内にある。皇室の菩提寺（皇

現代の泉涌寺

室香華院）なので御寺《みてら》と呼ばれている。

平安時代に草創したと伝わるが、実質的な開山は鎌倉時代の月輪大師《がちりんだいし》俊芿《しゅんじょう》（一一六六～一二二七）で、天台、東密（真言宗）、禅宗、浄土の四宗兼学の道場として再興。俊芿は肥後国出身の学僧で、一一九九年（正治元）宋に渡り、一三年滞在して天台と律を学び、一二一一年（建暦元）帰国。宋から多くの文物を請来《しょうらい》し、泉涌寺の伽藍《がらん》は全て宋風《そうふう》に造られた。俊芿は真言宗泉涌寺派の宗祖とされる

泉涌寺は江戸時代を通じて独自の宗風を保ち、密教（天台・真言）、禅、律、浄土の四宗兼学（または律を含めて五宗兼学とも）の道場として栄えた。

聞声が寄宿していた知恩院の塔頭《たっちゅう》・入信院からは約一里（四キロメートル）の距離に位置する。谷紀三郎編『聞声尼』では、

聞声尼は日々入信院から通学して、和上《わじょう》（筆者注：佐伯旭雅《さえききょくが》）の講座に出席して居た。尼僧で和上の講義を聴くものは実に聞声尼一人であった。（『同書』四二頁）

とあり、毎日休みなく通ったとされる。（米村美奈）

「それならば男《おとこ》になれ」

聞声は一八七九年（明治一二）八月に京都遊学し、浄土宗総本山宗学校に入学して、次第に京都での新生活に慣れ、宗学校での勉学に打ち込んでいた。ある日、講師の黒田真洞《しんとう》が聞声に、

「ここへ何を学びに来たのだ？」

と質問した。聞声が、

「浄土宗の学問を学びに来ました」

と答えた。すると黒田真洞は、

「そうか、わかった。しかし、お前の望む学問を究めるためには、倶舎《くしゃ》や唯識《ゆいしき》の性相学《しょうぞうがく》を学ばなければならない。それには泉涌寺《せんにゅうじ》へ行くのがよい」

と教えた。聞声が、

「ありがとうございます。しかし、女なので入ることができません」

と答えると、

「それならば男になれ」

と言う。これを聞いた聞声は、

「そうか法門に男女の区別はないはずだ。女だから無理だと思っているのは自分の狭い考えであった。本当に男になるつもりで勉強しなければならない」と黒田真洞の励ましに背中を押され、泉涌寺に学びにいく決心を固め、休暇を利用して東京へ帰り、師・行誡に相談した（谷紀三郎編『聞声尼』三八～三九頁参照）。


黒田真洞の「それならば男になれ」の言葉は現代であれば男女差別的表現であるが、当時にあっては「強い覚悟で勉強しなさい」の意と理解できる。このエピソードは当時、男僧が学ぶ浄土宗総本山宗学校で、ただ一人尼僧として学んでいた聞声の京都遊学時代を象徴する逸話である。当時の女性の学びの場が限られているなかで、ひたすら勉学に励もうとする聞声の真摯な姿勢を示すものである。

行誡は、

「真洞の言うことは、もっともなことだ。仏界には、男女の区別はない」

と賛成の意を示し、

「泉涌寺に行き、倶舎や唯識や律など、幅広く兼学するのはとてもよい。今の世の学問は全て名声を求めるものばかりで、真の学問をする人がいない」

と現状を嘆き、

「本気で学問をする覚悟ならば、食べ物がなければ食べずに、着るものがなければ木の葉を着ても、住む所がなければ樹の下に寝ても、よくよく精進して修行を怠ってはならない」

と訓戒を与え、仏典などの学問習得の心得として、

「たとえば、阿弥陀経の一巻の七分は、自分のために学び、残りの三分は、仏に対する功徳であることを理解するように」

と激励した。聞声は師の言葉に励まされ、京都に戻るとすぐに泉涌寺《せんにゅうじ》を訪ねた。

参考：谷紀三郎編『聞声尼』私家版、一九二〇。

（米村美奈）

た

谷紀三郎《たにきさぶろう》

文筆家（生没年不詳）。聞声の伝記『聞声尼』の著者。生前の聞声から直接聞き書きして、一九二〇年（大正九）三月三一日に、完成した原稿を感応寺で病臥する聞声の枕元に提出。三日後に聞声入滅。二ヵ月後の六月一〇日、谷紀三郎が編集兼発行者となり、私家版で『聞声尼』を発行した。

聞声の姪・松田すての伝記執筆依頼　谷紀三郎が執筆に至った契機は、谷の妹が淑徳女学校の卒業生で、聞声の姪の松田すてが谷の妹を通して、伝記執筆の依頼をしてきたという。そうしたいきさつを同書「はしがき」で、谷は次のように記している。

私が聞声尼を知ったのは、もう二〇年も前のことであった。それは師の経営に係《かか》る淑徳女学校に妹を入学させた縁故をもってであった。爾来《じらい》妹は師の懇到《こんとう》なる薫陶《くんとう》の下に、ともかくも一人前の女となり得たので、私は妹と同じように師に対して感謝を表して居たのであった。のみならず、妹を通して常に師の言動を聴き、その奮闘的な生活に対して窃《ひそ》かに深甚の敬意を払って居たのであった。

最近、師の令姪松田すて子夫人が、師の重患《じゅうかん》にかかれること、そしてそれが全治の見込のないことを妹に告げられ、且《か》つこの際師の伝記を私に編纂されたき希望を洩《も》らされた。私は妹からその事を伝えられて、師の再起しがたきを悲しんだと同時に、松田夫人の希望を諒《りょう》し、直《ただち》に師の伝記に筆を執《と》ることを快諾したのであった。

（『同書』一～二頁。ルビは筆者）

病床の聞声からの聞き書き　谷紀三郎は何度も感応寺を訪問して、病床の聞声から聞き書きを繰り返し、聞声の愛弟子・平松誠厚や松田すて子が収集した関係資料や、「参考となるべき諸種の書類手簡《しゅかん》等を悉《ことごと》く閲読した」という。そして聞声の入寂三日前に原稿が完成した。

谷は「はしがき」の最後に、聞声が亡くなる前に脱稿し、一度でも良いから聞声の校閲をしていただきたかった、と慨嘆している。

> 終《おわ》りに、私の最も遺憾《いかん》とすることは、本書の成《な》るに先《さきだ》って師の入寂せられたことである。まだ印刷に附し得なかった原稿を、辛《かろ》うじて入寂前両三日、その枕もとに呈することが出来ただけに止《とど》まったのは、かえすがえす私の遺憾とする所で、望《のぞ》むらくは一度師の校閲を経《へ》たかったと思ったのであったが、今は何をいうても及ばぬことである。
>
> なお本書の編纂について松田すて子夫人及び平松誠厚師の熱心なる助力と、神林周道師の懇切なる示教とを得たことを、特にここに記して謝意を表する次第である。（『同書』三頁。ルビは筆者）

奥付に「非売品」と明記してあるので、ほとんど流布しなかったと考えられる。聞声入滅後に感応寺が関東大震災で全焼し、淑徳高等女学校が空襲で被災するなど、極端に資料の少ない聞声関連資料のなかで、谷紀三郎編『聞声尼』は貴重な資料である。

谷紀三郎の文筆活動の一端　『聞声尼』の奥付に編著者・谷紀三郎の略歴は記載されていない。生没年も、出身地も、学歴・職歴も不明である。ただ、このたびの本事典の編纂に際して、諸資料を閲読するなかで文筆活動の一端を知ることが出来た。

『聞声尼』の執筆に先立つものとしては、左記の二点がある。

（1）博文館発売『少女世界』第七巻第一三号に「雑誌を読む少女……谷紀三郎」とある。肩書は「女子美術学校教務主任」。同雑誌の発行は一九一二年（大正元）一〇月。なお、谷の肩書「女子美術学校教務主任」に関しては、山田直子の論文「私立女子美術学校・女子美術学校（一九〇〇—一九二九）における西洋画科教育」に、

> 大正五年（一九一六）、学内教員の間で意見の相違から十数名の教員が同時に学校を去るという

事件が起こる。この事件の発端は磯野（筆者注：吉雄）と教務主任・谷紀三郎の対立にあった。当時の校長・佐藤志津は両者ともを辞めさせるという決断を下す。（「同論文」九頁。圏点は筆者）

と記されている。

谷紀三郎の文筆活動に関連するので、引用文にある女子美術学校の校長・佐藤志津について補足する。志津の父・佐藤尚中は第二代順天堂主で、夫・佐藤進は名医として知られ、日露戦争の際の功績で男爵となり、第三代順天堂主を継承している。

（2）谷紀三郎編『佐藤男爵』私家版、一九一四。

右記の佐藤進、すなわち「佐藤男爵」の伝記である。小川鼎三の論文「順天堂史　佐藤進伝」では、谷紀三郎の号が江風であり、『佐藤男爵』等を執筆した経緯を次のように詳述している。

（筆者注：佐藤）進が古稀年令に達したことを祝う盛大な宴会が、大正三年一一月二五日（彼の誕生日）に上野精養軒で開かれた。そのとき参会者一同に進の自伝といえる『佐藤男爵』と、進がいろいろの機会に書いた（一部は門人が進の仕事について書いた）記録集である『餐霞録《さんかろく》』が配布された。どちらも編集兼発行者は谷紀三郎（号は江風）であり、共に非売品で同年一一月二三日の発行とある。谷江風は進の夫人志津子が校長をしていた女子美術学校の職員であったが、たびたび進夫妻をたずねて直話をきき、また古い記録を見せてもらい、この両書を作ったと思われる。いずれも力作であり『餐霞録』は本文六〇六ページ、『佐藤男爵』は本文三九四ページで、合わせてちょうど一千ページに及ぶ大冊である。（「同論文」五四七頁）

小川鼎三はさらに谷紀三郎編『佐藤男爵』の執筆や、佐藤進（男爵）本人の校閲についても、左記のように言及している。

『佐藤男爵』はやはり谷紀三郎が進および志津子夫人から聞いた直話を綴り、それを更に進が校閲したものという。また明治三二年に博文館が発行した坪谷善四郎編の『医学博士佐藤進先生

自伝』を大いに参考したとある。（「同論文」五四八頁）

小川鼎三の論文に書かれた『佐藤男爵』の執筆経緯を読むと、松田すてが谷の妹を通して、聞声の伝記執筆を依頼した理由が判然とする。そして谷紀三郎は『佐藤男爵』とほぼ同じ手順で、聞声から聞き書きし、関係資料を蒐集・熟読して『聞声尼』を書き上げたことが分かる。

それゆえに『聞声尼』の「はしがき」で、生前に脱稿して聞声に校閲して欲しかった無念さを、

> 望《のぞ》むらくは一度師の校閲を経《へ》たかったと思ったのであったが、今は何をいうても及ばぬことである。（『聞声尼』三頁）

と記した心情が理解できる。谷紀三郎のその後の文筆活動の一つに、次の編著がある。

（3）谷紀三郎編輯『成女学園の教育』。成女高等女学校が一九三四年（昭和九）に発行したもので、副題に「創立三五年記念録」と記されている。

また、歌人・国文学者の窪田空穂《くぼたうつぼ》（一八七七～一九六七）が、北アルプスに登るため友人の谷紀三郎と徳本峠を越えて上高地に入った、と紀行文に綴っている。谷紀三郎の一面を伝えるものといえよう。

参考：山田直子「私立女子美術学校・女子美術学校（一九〇〇―一九二九）における西洋画科教育」『女子美術大学研究紀要』第四一号、二〇一一。小川鼎三「順天堂史　佐藤進伝（四）」順天堂医学二〇巻四号。谷紀三郎編輯『成女学園の教育』成女高等女学校、一九三四。

（割田剛雄）

竹生島《ちくぶじま》（宝厳寺《ほうごんじ》と竹生島神社《ちくぶじまじんじゃ》）

竹生島は琵琶湖に浮かぶ風光明媚な島で、都久夫《つくぶ》須麻神社《すまじんじゃ》（竹生島神社《ちくぶじまじんじゃ》）と真言宗豊山派の寺院・宝厳《ほうごん》寺《じ》があり、渡り廊下で直接連絡しており、もともと不可分の関係にあることがわかる。

竹生島宝厳寺は、七二四年（神亀元）聖武《しょうむ》天皇が、夢枕に立った天照皇大神《あまてらすおおみかみ》より「江州《ごうしゅう》の湖中に小島がある。その島は弁才天の聖地であるから、寺院を建立せよ。すれば、国家泰平、五穀豊穣《ごこくほうじょう》、万民豊楽《ばんみんほうらく》と

竹生島宝厳寺の弁財天
（小山優一撮影）

なるであろう」とのお告げを受け、堂塔を開基させたのが始まりとされる。日本三大弁財天の一つ。

聞声の父・太左衛門は竹生島の本尊大弁財天を松前に勧請《かんじょう》し、聞声の弟専二は竹生島に入門したとされ、聞声は血書《けっしょ》した法華経を納経したとされる。
→血書と菩薩戒
（米村美奈）

茅根学順《ちねがくじゅん》

淑徳女学校の構想を相談　聞声は一八九一年（明治二四）九月一七日、「凡《およ》そ徳性の薫陶《くんとう》は躬自《みずか》ら行ふて而《しこう》して後《の》ち、人を導くにあらずんば得て望むべからず…」で始まる「普通女学校の設立願《ねがい》」（淑徳女学校設立趣意書A）を、浄土宗宗務所学監宛に提出した。同年一二月に浄土宗宗務所から許可が下りたのち、翌一八九二年（明治二五）二月、所用で小石川に行き、ついでに顔見知りの茅根学順を伝通院近くの真珠院に訪ねた。折よく、慈眼院の野沢俊冏《のざわしゅんげい》も居合わせていた。聞声が普通女学校の設立構想について語ると、二人は即座に、

「実行するという決意ならば、できるだけの協力を惜しまない」

と快諾した。聞声が「普通女学校の設立願《ねがい》」を提出したころ、浄土宗門でも女子教育の論議が高まり、すでに浄土真宗や臨済宗などで開始されている女子

茅根学順

教育を、浄土宗でも開始する必要性が声高に主張されはじめ、硬骨の茅根・野沢の二人は、かねてから賛

成の意を表していた。

それにしても、いかに聞声を信頼し、評価していたかがわかる即答である。さらに茅根学順は日蓮宗の信徒たちが建てた江戸川にある学校「有得館（英語・ドイツ語の専門学校）」が廃校になっている情報をもとに、

「江戸川に売りに出ている学校がある。それを買ってはどうか」

と提案。聞声は真珠院を辞して感応寺に帰る道すがら、強い味方を得て、これで学校は必ず成功するだろうという高揚感に満たされた。

『浄土教報』の援護　二月一五日発行の『浄土教報』第九九号は第一面の社説「女子教育の急要を論ず」で、西洋的教育に変わる、真に婦人の淑徳を養成する教育が求められている、と力説した。

西洋的女子教育の結果たる、女子のため多少の智育の開達を促《うな》がしたるものあるべけれど、其《その》婦徳を養成する一点に至りては、案外の悪結果を生《しょう》じ、（略）

今や此《この》反動の大勢は、女子教育の旨義《しぎ》を一変し真に婦人の淑徳を養成するに足るの教育を求むるに至れり…

女学校の設立と細目を決議　『浄土教報』第九九号の二日後、二月一七日に茅根学順住職の真珠院に、聞声、茅根、野沢俊冏、三星善応、竹川弁中、金子常全、竹田典栄、広安信随、蓮池恒次、和久正辰などの有志が集合。女学校設立と左記の細目が決議された。（谷紀三郎編『聞声尼』九〇〜九二頁参照）

（1）敷地は、伝通院境内の三〇〇坪を借用
（2）校舎は、「有得館」を買い取って移設
（3）内藤恥叟《ちそう》校長、和久正辰教頭、聞声主任
（4）聞声、茅根、野沢は創立者として責任を
（5）会合出席者を評議員に推薦
（6）大工・鈴木藤蔵に校舎の移転工事を委託
（7）遅くとも四月初旬までに竣工

こうして聞声発案の淑徳女学校の構想は、茅根学順と野沢俊冏の尽力によって、一気に具体化し動き始めた。茅根と野沢の二人は、淑徳女学校にとって

大きな功労者であった。

聞声の一歳年長、幼少期に天狗党の乱　茅根学順は一八五一年（嘉永四）三月一五日、松平大炊頭源頼徳の家臣、茨城県の士族・茅根寅三郎の次男として、小石川区関口台町の旧藩主本邸で生まれた。聞声の一歳年長である。のちに宍戸町の旧城内に移る。幼名は舗次郎。

一八六四年（元治元）に水戸藩内外の尊王攘夷派によって、元治甲子の乱《げんじかっしらん》（天狗党の乱）が勃発。藩主松平頼徳は殉死。随従した家臣もまた戦死や自害、投獄され、茅根家一族も囚《とら》われの身となつた。

このとき舗次郎は一四歳。主君の冥福を祈り、かつは機を窺《うかが》つて報復を図るために、身を法衣《ほうい》にくるんで敵の眼を逃れるため、小石川関口台の養国寺で清水学明につき得度。僧名・学順となる。

仏教界に転向、毅然《きぜん》たる快僧に　星移り世相も変わり、固く報復を誓った同志も、一八六六年（慶応二）の主君の三周忌に参集したのは学順ただ一人であった。やがて一八七〇年（明治三）には故藩主に対する朝敵の汚名も雪《そそ》がれ、招魂社に祀られた。

さらに邸宅を飯田町に用意されたので、人々は藩邸に復帰を慫慂《しょうよう》されたが、学順は、

「今や世情は事件直後のそれと一変し、義挙もかえって世を紊《みだ》すことになる」

と推察して、それならば、むしろ霊界に全生涯を捧げようと決心し、仏教界に転向した。ここが一般の僧侶と異なるところで、常に俗衆と伍《ご》せず、毅然《きぜん》として極言痛論《きょくげんつうろん》の快僧となった。

一八七六年（明治九）六月に真珠院住職となり、一生涯を通して名聞《みょうもん》（名誉や世間の評判）を遠ざけ、ただひたすらに宗門の護法に挺身した。また聞声の発願に共鳴し淑徳の創設と経営のために、伝通院の野沢俊冏と共に協力を惜しまず、淑徳の発展に尽力した。その功は不滅である。

さらに茅根学順は、一生涯を社会公共事業に捧げ、また伝通院の再建、日清戦争、日露戦争、北清事変の慰問などに尽瘁《じんすい》した。一九三三年（昭和八）一二月二九日、享年八三歳で天寿を全うした。

参考：広瀬了義編『淑徳五十年史』淑徳高等女学校、一九四二。

（割田剛雄）

剃髪詩《ていはつし》

剃髪詩の自筆短冊と誠厚からの寄贈　聞声は得度式の際に「剃髪詩」を作っている。聞声直筆の短冊が残されていた。平松誠厚が大事に所蔵していたのを、徳武真有が受け取ったという。徳武は『淑徳』復刊第三〇号で次のように記している。

　平松誠厚先生は校祖輪島先生の御遺弟である。私が親しく先生の謦咳《けいがい》に接するようになったのは「淑徳時報」創刊の年、即ち昭和二十七年頃からである。その後、世田谷の感応寺に先生をお訪ねしたり、週一回御出校の先生をお待ちしてお教えを願ったのは、いうまでもなく校祖輪島先生についてであった。

　数年前、先生はわざわざ私のもとにおいでになり、一葉の短冊をくださった。それはまぎれもなく輪島先生の御真筆である。校祖が行誡上人について出家された時の決意をのべられた七言《しちごん》絶句《ぜっく》である。思えばこれは、先生がお別れの記念に私にくださったものである。というのは、その後、間もなく先生は御退職になったからである。（『同書』四頁）

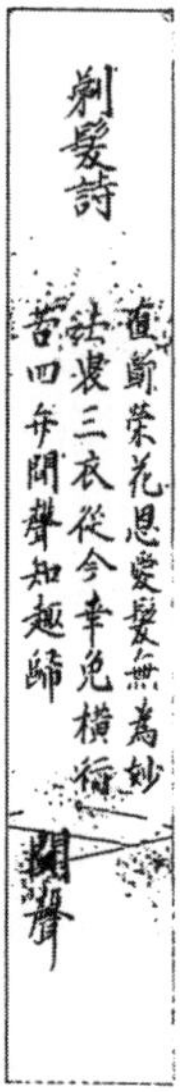

輪島聞声　剃髪詩

原文と訓読と意訳　短冊に揮毫《きごう》された原文と訓読と意訳は次の通りである。

直断栄花恩愛髪
無為妙法畏三衣
従今幸免横行苦
四弁聞声知趣帰

〔訓読〕

直《ただ》ちに断《だん》ず　栄花恩愛《えいがおんあい》の髪《かみ》
無為《むい》妙法《みょうほう》にして　三衣《さんね》に畏《かしこ》む

今《いま》より幸《さいわ》い　横行苦《おうぎょうく》を免《まぬが》れ
四弁《しべん》の声《こえ》を聞《き》き　趣帰《しゅき》を知《し》らん

〔意訳〕
世俗の栄華《えいが》や、（父母の）恩愛の象徴とも言えるこの黒髪を切り、無為妙法《むいみょうほう》（釈尊や法然上人の教え）や尼僧が着る三種の衣《ころも》を畏《かしこ》くも授《さず》けられた。今からは、幸いにも横行苦《おうぎょうく》（ままならぬ世俗の苦悩）を免《まぬが》れ、四弁《しべん》（釈尊や法然上人の教えの声）を聞き、趣帰《しゅき》（煩悩を脱却すること）を知ることに努力しよう。

念願の出家を果たし、尼僧となった心境と、聞声の覚悟が示された漢詩である。

参考：金子保「大乗淑徳学園校祖・輪島聞声の生涯と教育思想の原点」『長谷川仏教文化研究所年報』第三二号上、二〇〇七。米村美奈『輪島聞声の生涯―日本女子教育の先駆者』淑徳選書6、淑徳大学長谷川仏教文化研究所、二〇一九。徳武真有「平松誠厚先生を敬慕して」『淑徳』復刊第三〇号、淑徳学園、一九七七。（米村美奈）

東京《とうきょう》への旅《たび》

聞声は出家を決めると、

「尼になったとて、修行をしなくてはなるまい。修行をして立派な尼にならねばならぬ。自分の行くべき道が定まった以上には、できるだけその道の奥へ分け入らねばならぬ」（谷紀三郎編『聞声尼』一二三頁）

と考えた。師の和田瑳門に相談した結果、仏道の修行のために松前を離れ、東京へ行くことを勧められた。

娘の出家を承諾した父・輪島太左衛門は、松前侯の家臣・齋藤帯刀《たてわき》の母親で、尼僧となり東京に住む貞仁に相談した。貞仁は尼僧になる前の俗人であったころ、輪島家で開かれる和田瑳門の説法の席に、かならず聞法に来ていた。太左衛門は齋藤帯刀とも面識があり、両家は昵懇《じっこん》の間柄であった。太左衛門は貞仁の伝手《つて》を頼り、東京両国の回向院《えこういん》住職・福田行誡《ぎょうかい》に弟子入りできるように手配した。

聞声は二五歳（満二四歳）の一八七六年（明治九）三月、両親と和田瑳門の姪《めい》の渋田みき子と四人で松前を出発し、松前から函館まで徒歩で移動した。七年前の箱館戦争の際に、土方歳三が旧幕府軍を率いて箱館五稜郭《ごりょうかく》を出発して松前に攻め込んだ際も、四日間を要した道のりである。

函館から横浜までは船に乗り、五日間の長旅で横浜港に着き、その後、四日間を要して江戸の回向院に着いた。回向院は、一六五七年（明暦三）に発生した江戸史上最悪の惨事といわれる明暦《めいれき》大火の犠牲者を弔い供養するために建立された寺院である。

参考：谷紀三郎編『聞声尼』私家版、一九二〇。米村美奈『輪島聞声の生涯―日本女子教育の先駆者』淑徳選書6、淑徳大学長谷川仏教文化研究所、二〇一九。

（米村美奈）

得度式《とくどしき》

回向院の福田行誡のもとに　松前出身の尼僧・貞仁を通して弟子入りの内諾を得ていたため、東京両国の回向院を訪れた聞声（この時点では輪島こと子）を、福田行誡は快く迎え入れた。このとき行誡は七二歳。初対面の席で、九日間かけての上京を労《ねぎら》いながら、改めて出家の動機と決意を質問し、聞声の覚悟を聞くと、

「覚悟のほどはよくわかった。けれども、尼僧の生活は厳しいものだ。くれぐれも努力を惜しまぬように」

と戒めたうえで、

「そなたは俗世を厭《いと》い、俗世を逃れて清浄な世界を求め、尼僧になって仏法に生きたい、そうすれば、一生を気楽に暮ら

回向院（東京両国）の山門

せると考えているようだが、仏教の戒律、特に一般僧よりもはるかに多い尼僧の戒律を正しく守り、保つのは難しいことだ。命懸《いのちが》けでなければ、とても求《ぐ》道《どう》などかなうものではない」

と厳しく教えた。

導師・行誠による得度式　聞声の得度式は、行誡に対面した翌月、一八七六年（明治九）四月二八日に、回向院で厳かに行われた。父・太左衛門が見守る中で、導師・行誡によって輪島こと子の黒髪が剃られて、聞声の名が授けられ、尼僧「聞声」が誕生した。その様子を谷紀三郎編『聞声尼』では、

明治九年四月二八日　東京回向院において立誉行誡上人によって剃髪得度、名を聞声と改む。次いで本所荒井町感応寺に入り、住職森本玄浄尼に就いて朝夕の勤行および法式の教導を受く。（『同書』一八〇頁）

と記している。こうして聞声は尼僧生活の第一歩を踏み出したのである。

得度式の年月日の諸説　聞声の得度式の年月日について、先行研究では三月説、四月一九日説、四月二九日説、翌年（一八七七）二月二八日説等の諸説がある。これら諸説を検討し、米村美奈は『輪島聞声の生涯』の中で、一八七六年（明治九）の暦を調べ、「四月二八日が友引、四月二九日が先負」であることに注目した。弁財天への篤《あつ》い信仰を持ち、商人としても成功し、世事《せじ》に通じた父・太左衛門も出席しての得度式であるので、導師・行誡と相談の上、嘉日である友引の二八日が選ばれたであろうと考察し、谷紀三郎の聞声からの聞き書きとも合致する「一八七六年（明治九）四月二八日」を、聞声の得度式の年月日と推定している。

参考：谷紀三郎編『聞声尼』私家版、一九二〇。米村美奈『輪島聞声の生涯―日本女子教育の先駆者』淑徳選書6、淑徳大学長谷川仏教文化研究所、二〇一九。→感応寺、→輪島太左衛門

（米村美奈）

な

永地待枝《ながちまちえ》

永地待枝

雑誌『淑徳』第二二九号は「永地待枝《ながちまちえ》哀悼号」であり、浄土宗管長・郁芳随円など多数の弔辞や追慕文を収載。第六代校長・中島真孝の弔辞には、永地待枝（?〜一九四二）の人物像や来歴が詳細に記されている。山口市の素封家永地三郎の長女に生まれ、山口県立高等女学校を首席で卒業後、お茶の水女子高等師範学校に学び、一九〇四年（明治三七）一月に淑徳女学校に奉職し、聞声の片腕となり、聞声入滅後は「輪島先生の再来とまで仰がるるに至る」と述べ（「同号」五二頁）、別の哀悼文中に「淑徳精神そのもの」とまで称賛している。

また、卒業生代表・宮田多賀は、

私共卒業生はその御恵《おめぐみ》に潤い育って「学校のお母様」とお呼び申し上げて慕い仰いで参ったので御座います。（「同号」五四頁）

と綴っている。学校内で作法の先生と呼ばれ、『早稲田高等女学講義』（第三回第一一号）に「作法講義」を執筆している。「淑徳と云えばしとやかさ、しとやかさと云えば永地先生」と称された。夫の洋画家・永地秀太は雑誌『淑徳』の表紙絵を描き、野生司香《のうすこう》雪《せっ》とも親交があった。

（割田剛雄）

尼衆教場《にしゅうきょうじょう》

浄土宗の尼僧、聞声が当時の尼僧に対し、仏道への修行を強化するだけではなく、基盤となる教育が必要であり、仏教の修行や戒律を自らが進んで守り、実行することができる主体的な力を教育で身につけさせたいと尼僧が学ぶ学校の設立を熱望した。

一八八六年（明治一九）一〇月、京都の泉涌寺で学んでいた聞声が上京して東京芝の浄土宗宗務所学監宛に尼僧学校の建議書を提出した。そこでは、尼僧教育の必然性を訴え、尼僧だけで学べる場の開校と、尼僧が尼僧を教授する尼僧教育を提案。

浄土宗内の宗門の議員たちの反応は厳しいものであった。しかし、師、福田行誡上人の後押しもあり、一八八七年（明治二〇）三月一一日、入信院を仮校舎として尼衆教場の開校式が執り行われるに至る。浄土宗尼僧史には、生徒は、大阪より二、三人参り、十人余りを相手に始業と記されている。次第に学則や制度が整えられ、一八八八年（明治二一）二月一五日、「浄土宗学京都支校附属尼衆教場」が知恩院山内の入信院に設置された。

吉水学園の正門（2012年筆者撮影）

吉水学園史には、当時の修業年限は三ヶ年で、その学科内容は中学程度であり、各学年通じて、宗乗、余乗、国語、漢籍、作文、習字の六教科とあって、宗余乗のほかに普通学科をも教授していた。とされている。

尼衆教場は、浄土宗学京都支校附属尼衆教場、次いで、浄土宗第五教区宗学教校の附属尼衆教場として計二五年間にわたり尼僧教育を行い、次に四七年間は独立した尼衆のための学校として役割を果たした。

学制改革後の一九五九年（昭和三四）度に吉水学園高等学校となり、一九六一年（昭和三六）に尼衆のための学校は廃止され、その後は、尼衆道場として二年間の全寮制のもとに修行し仏教を学ぶ場として形を変えながら続いたが、二〇〇七年（平成一九）三月末をもって惜しむ声を背に閉じられた。

参考：浄土宗尼僧史編纂委員会『浄土宗尼僧史』浄土宗吉水会、一九六一年。吉水学園高等学校『吉水学園史』吉水学園高等学校、一九六九年。

（米村美奈）

入寂《にゅうじゃく》と墓《はか》（知恩院《ちおんいん》・五輪塔《ごりんとう》）

聞声は一九一九年（大正八）四月、食事が喉を通らなくなり、医師は食道狭窄と診断した。同年九月には普通の食事が取れなくなり、大学病院での検査で食道がんと診断され、全治の見込みがないと言い渡された。この診断結果を聞いた聞声は、

「食道がん、結構、少しも悲しむことはない」

と取り乱だすこともなく落ち着いて受けとめ、念仏を唱え続けた。日に日に衰えが進行したが流動食を一〇〇日ほど続け、一九二〇年（大正九）四月三日午前九時、感応寺で親しい人に見守られ、六九歳（満六八歳）の生涯を閉じた。

當山前住職輪島聞聲三日午前九時命終仕候間此段謹告仕候
追而葬儀は途中葬列を廢し六日午後正一時小石川傳通院に於て執行仕候尚供物等の儀は御辭退申上候
大正九年四月三日 感應寺住職
平松誠厚
親戚總代 岩田榮藏
信徒總代 水島忠兵衛
大軒寅藏

死亡告知（『東京朝日新聞』1920年4月5日）

四月五日の『東京朝日新聞』朝刊に死亡告知が出ている。四月六日午後一時から小石川伝通院で葬儀を行い、供物等はご辞退申し上げる旨が記され、弟子・平松誠厚、親戚総代・岩田栄蔵、信徒総代・水島忠兵衛と大軒寅蔵の名前が記されている。葬儀の翌月の五月七日午後一時から、伝通院にて同窓会の大会を兼ねた聞声の追悼式が催された。

五月二五日、聞声の希望通りに京都の知恩院の勢《せい》至堂《しどう》裏の墓地に葬られた。聞声は生前に知恩院の許可を得て、師・行誡の墓近くに場所を定め、行誡の五輪塔の一〇分の一の寸法で五輪塔を建てていた。

京都知恩院の聞声尼の墓

法名は「寂蓮社静誉念阿弥陀仏聞声法尼」である。

参考：『淑徳SC中等部・高等部一二〇年史』淑徳SC中等部・高等部一二〇周年実行委員会、二〇一二。→水島忠兵衛、→福田行誡

（米村美奈）

入信院《にゅうしんいん》

聞声が一八七九年（明治一二）八月、京都遊学したとき止宿した、総本山知恩院の塔頭寺院。聞声は浄土宗総本山宗学校の第三課を卒業し、入信院から泉涌寺の佐伯旭雅のもとに通学。さらに、一八八六年（明治一九）に「尼衆教場設立建議書」を浄土宗宗議会に提出。翌年三月一一日に入信院を仮校舎として「尼衆教場開校式」を行い、一八八八年（明治二一）二月一五日に「浄土宗学京都支校附属尼衆教場」を開校した。

入信院は京都市東山区林下町にあり、もと智相院と称した。開創は、寺伝には一五九三年（文禄二）、知恩院二九世尊照が開祖とあるが、『華頂誌要』には寛永年間（一六二四〜一六四四）、松平越中守定綱が母の菩提を弔うために霊巌を祖として建立したとある。江戸時代の学僧で宗学・宗史の研究に尽力した義山が元禄、宝永の頃（一六八八〜一七一一）に入信院の住持となり、『法然上人行状画図翼賛』（『翼賛』と略称）六〇巻を完成したとされ、また一八七五年（明治八）には勧学本場（後の仏教大学）が設けられた。

参考：WEB版新纂浄土宗大辞典。

（米村美奈）

「忍《にん》の徳《とく》」の遺墨《いぼく》

忍の徳たるや一切の事業を成就す　聞声は病気療養中の一九二〇年（大正九）二月、静養中の感応寺において、

「信と忍とは万善万業《ばんぜんばんぎょう》の基礎なり」

「忍の徳たるや一切の事業を成就す」

という遺墨を残している。いずれも「信と忍」「忍の徳」を生涯の信条とした聞声の真面目《しんめんもく》が示されている。このうち、「忍の徳たるや一切の事業を成就す」の揮毫に落款《らっかん》や引首印《いんしゅいん》が押印したものと、落款等の無い習作と見られる遺墨が残されている。

遺墨①（1920年（大正９）２月筆）
（『淑徳SC中等部・高等部120年史』）

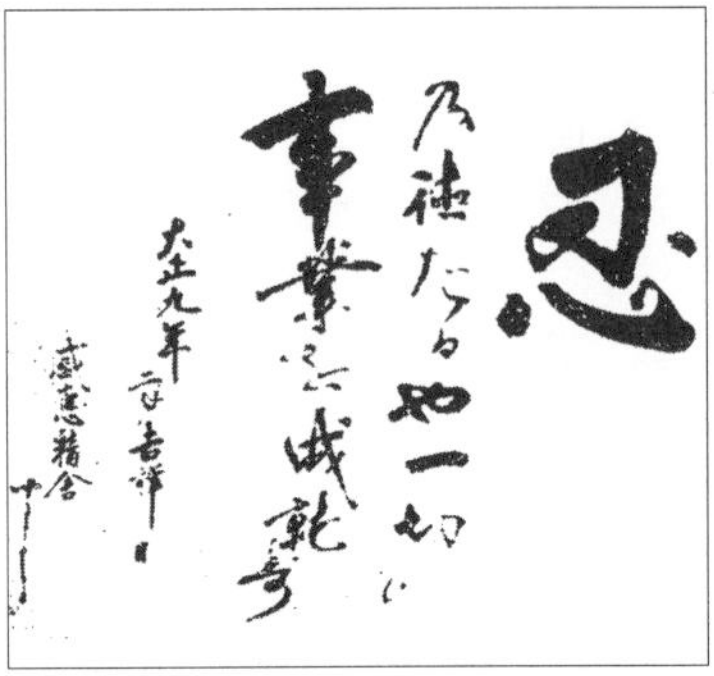

遺墨②（1920年（大正９）２月筆）
（『淑徳　創立六十五周年記念号』）

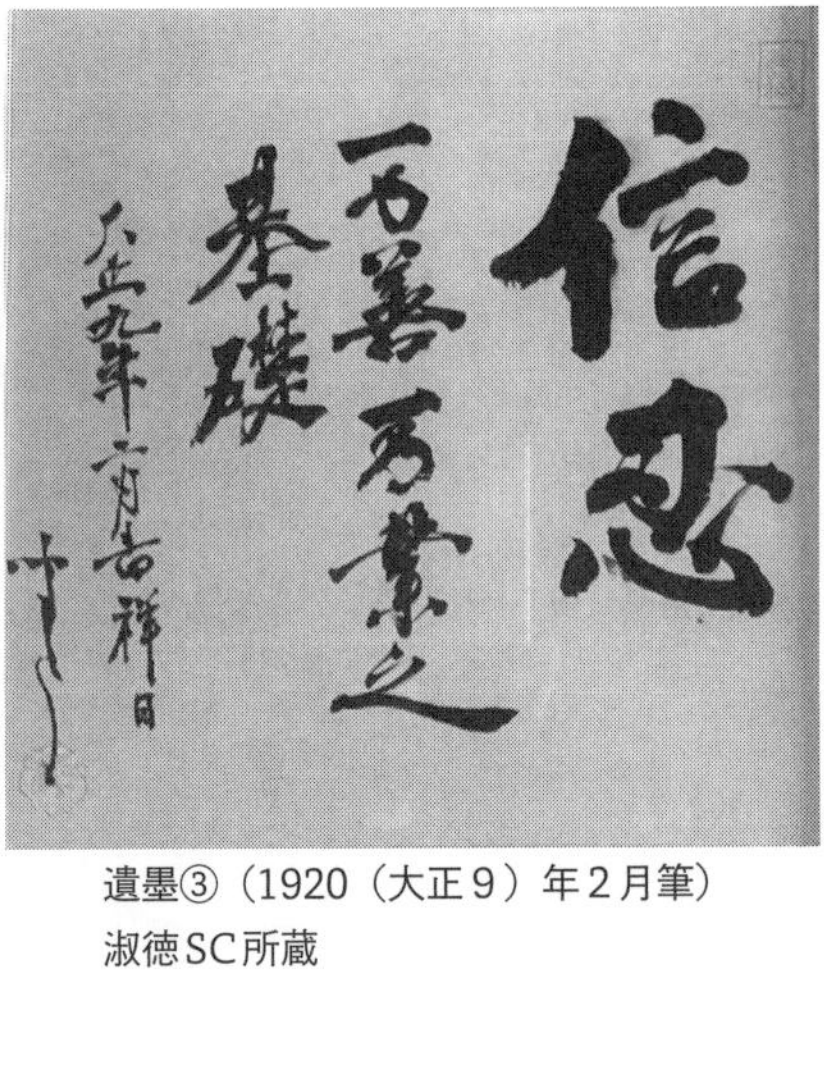

遺墨③（1920（大正９）年２月筆）
淑徳SC所蔵

日付等は二点ともに「大正九年二月吉祥日　感応精舎　聞声」と揮毫している。

信と忍とは万善万業《ばんぜんばんぎょう》の基礎なり　本事典の編集のため「淑徳ＳＣ中等部・高等部」所蔵の聞声関係資料を取材するなかで、同校関係者の協力により「信忍万善万業之基礎（信と忍とは万善万業《ばんぜんばんぎょう》の基礎なり）」の遺墨を確認することができた。これまで聞声関係の資料や先行研究で二つの遺墨の存在が記されながら、この「信と忍とは万善万業の基礎なり」の遺墨を目にすることが出来なかった。

今回、実物を間近に見ると、とても一〇〇年も前に揮毫されたとは思えぬ迫力で、筆太の墨痕は聞声の人柄を如実に示すかのように、驚くほど鮮やかである。

「忍の徳」の出典は『遺教経《ゆいきょうぎょう》』

なお、聞声の「忍の徳」を中心とする遺墨については、般若心経と並んで、仏教界で広く常用されてきた遺教経の「忍の徳たるや持戒《じかい》苦行《くぎょう》も及ぶ能《あた》わず、能《よ》く忍を行ずる者を有力《うりき》の大人《たいじん》となす」が出典と推察されよう。この経文と遺墨を重ね合わせるとき、一段と深い意味が込められていることに気づく。

経文の意味は「忍の徳は、戒律を守り一生懸命に修行するよりも大事である。どんな苦労や腹の立つことにも耐え忍ぶことのできる人こそ、有力《うりき》の大人《たいじん》(修行を積んだ立派な菩薩)といえるのである」というものである。誰よりも厳しく戒律を守ってきた聞声なればこそ、その持戒よりもなお「忍の徳」が大事であることを自覚し、常日頃から大切にしてきた教えである。

周知のように、遺教経《ゆいきょうぎょう》は略称で正式には「仏垂般《ぶっしはつ》涅槃略説教誡経《ねはんりゃくせっきょうかいきょう》」といい、「仏遺教経」や「遺経」とも通称され、釈尊が仏道布教の八〇年の生涯を終えられるにあたって、最後に示された遺言とされる経典である。聞声の遺墨の忍の徳もまた、女子教育の先駆者としての矜持を貫き通してきた聞声の信念そのものであり、まさに生涯最後の教え(遺言《ゆいごん》・遺《ゆい》戒《かい》)と言える。

参考：米村美奈『輪島聞声の生涯—日本女子教育の先駆者』淑徳選書6、淑徳大学長谷川仏教文化研究所、二〇一九。『淑徳SC中等部・高等部一二〇年史』淑徳SC中等部・高等部一二〇周年実行委員会、二〇一二。創立六十五周年記念号編集委員会『淑徳創立六十五周年記念号』(『淑徳』九号)淑徳学園、一九五七。(割田剛雄)

野沢俊冏《のざわしゅんげい》

聞声と同年の生まれ、九歳で仏門に

野沢俊冏(一

野沢俊冏

八五二～一九三三）は、聞声と同年の一八五二年（嘉永五）一一月八日、越中国西礪波郡林村（富山県砺波市林）の農家、野沢五右衛門の長男として生まれた。九歳のときに祖母の死に遭い、無常を感じ、同郡石動町の大念寺瑞誉徳冏につき、一八六二年（文久二）一月二二日出家得度し、俊冏《しゅんげい》の僧名を受けた。

一八六九年（明治二）に東都檀林・伝通院に掛錫《かしゃく》（僧堂に籍を置いて修行すること）し、宗乗《しゅうじょう》（自宗の宗義を学ぶこと。ここでは浄土宗の教学）を修めた。浄土宗には一宗の根本義を伝える宗脈《しゅうみゃく》と、戒を伝える戒脈《かいみゃく》の二つの伝法がある。いずれも師匠から弟子へ伝法の系譜（譜脈《ふみゃく》）を立てて相伝される。浄土宗教師になるためには宗戒両脈を相承《そうじょう》する必要がある。俊冏は、一八七〇年（明治三）伝通院住職・漆間《うるま》俊光《しゅんこう》大教正（天蓮社随誉順阿斉祥。一八〇八～一八七四）に随い、宗戒両脈を相承した。

茅根学順との親密な間柄　こののち、神仏合併大教院附属学校に入学し、さらに宗学二号弘教館に学ぶ。一八七六年（明治九）に伝通院の学寮・指月苑の寮主となり、次いで下谷の泰寿院、小石川の浄台院、慈眼院などの住職を歴任した。

ちょうど慈眼院住職をしていた一八九二年（明治二五）二月、真珠院の茅根学順《ちねがくじゅん》を訪ね座談していたとき、聞声が来訪して普通女学校の設立構想の話を聞き、即座に二人して賛成した。

雑誌『淑徳』第一八八号「渡辺海旭追悼号・野沢俊冏追悼号」によれば、真珠院の茅根学順《ちねがくじゅん》と慈眼院の野沢俊冏の二人は居住の寺院も近く、「刎頸《ふんけい》の交《まじ》わり（その友のためなら、首を斬られても後悔しないほどの真実の交友のこと）」とも言うべき、終生変わらぬ親密な間柄であったという。

茅根学順師と野沢俊冏師とは刎頸《ふんけい》の契《ちぎり》を結ばれていて、俗に小石川の両大師として壮年時代の覇気横溢《はきおういつ》せられている頃からの交《まじわ》りである。そ

こには外部に知られぬ美しくも床《ゆか》しい法師《ほっし》としての交りには感動せしめられずには居られぬものがある。（翠雫生『同誌』一四頁）

聞声と茅根は同年生まれで、このとき数え年の四一歳。野沢は一歳年長の四二歳である。聞声が「顔見知りの茅根学順を真珠院に訪ねた」とされている。同じ浄土宗の僧侶と尼僧なので、さまざまなつながりがあったものと思われるが、茅根と野沢の両名に同時に出会って、賛同を得られたことは幸運であったといえる。

七ヵ月後の開校に向けて尽力　聞声と茅根と野沢の三人は、すぐさま行動を起こし、七ヵ月後の一八九二年（明治二五）九月に淑徳女学校の開校にこぎつけた。

その間には、敷地予定の伝通院境内三〇〇坪の借用や、感応寺信徒総代・水島忠兵衛が用立ててくれた五〇〇円で購入した「有得館」の移転工事、浄土宗内外からの賛助者を募る「静淑女学校創立並びに建築諸言」（淑徳女学校設立趣意書B）の作成や配布、授業科目の整備、新規設立の「学校名」など、解決しなければならない難問が山積していた。

校舎移転は野沢が大工・鈴木藤蔵に移転工事を委託し、督励したものである。そのほか現存する公文書や『浄土教報』『婦人会雑誌』『読売新聞』などの資料をみると、度重なる会合が開かれ、創意工夫と大胆な決断が聞声・茅根・野沢の三人を中心に行われていったことが分かる。

『浄土教報』第一〇一号（明治二五年三月六日）では「輪島聞声尼の計画」と題し、校地を東京小石川伝通院内に確保し、地鎮祭をした旨を報じている。『淑徳五十年史』では、

四月五日移転工事に着工し、同八日に棟上をなし、三ヶ月を経て七月六日に工事を竣功した。そして直ちに芝山内学頭寮内の尼衆教場を先づここに移して、同九月二日（後、都合により開校日を十一月十一となす）始めて自ら淑徳女学校と命名せられ、ここに本校の開校の運びとなった。（『同書』六頁）

と記している。九月七日の開校始業の祝いについては、次のように記している。

評議員を学校に招待し、今後の後援を委嘱された。当日来会の諸氏は桑田衡平、河瀬秀治、三浦省軒、杉浦重剛、渡辺辰五郎、野沢俊冏、茅根学順の諸氏であった。（『同書』六頁）

宿願を果たした聞声はもちろん、淑徳女学校の構想段階から賛同し、一心に努力してきた茅根学順、そして野沢俊冏の喜びと達成感は格別のものがあったと想像される。

伝通院七〇世に就任　野沢俊冏はこののち、光雲寺などの住織を経て一九一三年（大正二）一〇月二九日、伝通院七〇世住職としての晋山式を行う。この間、宗会議員、豊島教務支所長、東京教区教務所長、緑山興隆会役員、浄土宗顧問、御遠忌大法会の唱導師を勤めている。また、伝通院本堂の再建に際しては、茅根学順と協議して、内陣は従来の荘厳な殿堂作りとし、その他は土間とし、洋風の椅子席を用いるという新工夫をした。現代の生活様式を予想してのこの設備は近代寺院建築型式の一典型ともなった。その先見の鋭さは群を抜くものであった。

『浄土宗全集』の発行　野沢俊冏は聞声在世中はもちろん、聞声が監督職を退任した後も、聞声が入寂した後も、肝胆相照《かんたんあいて》らす仲の茅根学順とともに、常に淑徳女学校および淑徳高等女学校の発展を陰となり日向となって援助し続けた。淑徳高等女学校の増新築に尽したのみならず、浄土宗大学図書館、浄土宗学本校宗教大学、芝中などの建築委員としても尽力した。

一方で、一九〇七年（明治四〇）の宗祖七〇〇年遠忌の際には『浄土宗全書』全二四巻（浄土宗宗典刊行会）の出版を企画。発行人の重責を担い、増上寺における唱導師も務めた。大正大学や巣鴨家政女学校、浄土宗大学図書館、伝通院会館の設立などにも尽力した。

晩年の師は玲瓏玉《れいろうたま》の如く活仏《かつぶつ》の温容があつたという。毎日早朝から伝通院本堂に座し、内仏前に木魚の音とともに念仏三昧に余念なく、また、老体をものともせずに西国巡礼に出て、御詠歌の異本を校訂して印刷し弘く頒布している。

押出しの堂々たる法体姿《ほったいすがた》で、威儀を正した霊容はまさに天下一品であったと語り継がれている。

渡辺海旭と野沢俊冏の相次いでの入寂　淑徳高等女学校の同じく評議員をしていた渡辺海旭が一九三三年（昭和八）一月二六日に大往生した。そのわずか一週間後の二月二日未明、野沢俊冏は享年八二歳で入寂。大蓮社方誉広阿。字は仏華厳、または無量山人、六華道人。

雑誌『淑徳』第一八八号「渡辺海旭追悼号・野沢俊冏追悼号」では、伝通院の顧問格の大河内隆弘（後に淑徳女学校第七代校長に就任）が悲報に駆け付け、渡辺海旭と野沢俊冏にまつわる追懐談《ついかいだん》を立ちながら話したのを、翠雫生《すいだせい》（広瀬了義の雅号）が以下のように記録している。

御前《ごぜん》（筆者註：野沢俊冏）は全く専修念仏《せんじゅねんぶつ》の権化《ごんげ》でしたねえ。あれで要慎《ようじん》深い仁でしたから、かつて渡辺海旭先生に向かって、貴殿は身体をそまつにしてはなりませんよ。十分の摂制《せっせい》をして法門のために自重して頂きたいものです。若死することは生みの親に対しても不幸ともなるのですから、御如才《ごじょさい》もないが呉々も身体を大切にして下さい。と有仰《おっしゃ》っておられたようです。それが前後して遷化されたのは遺憾です。野沢僧正は、又旅行好きで西国八十八ヶ所を始め青森の恐山《おそれざん》、羽前の鳥海山などにも登攀されていただけに、山に就いての造詣は素人離れがしていました。（翠雫生『同書』一三頁）

野沢俊冏の人柄を彷彿《ほうふつ》とさせる回顧談《かいこだん》である。渡辺海旭の本葬が前日の二月一日に増上寺で営まれたため、大河内隆弘を始めとする淑徳高等女学校・伝通院・浄土宗の要職にある関係者などの衝撃は大きいものであった。さらに、野沢俊冏の盟友・茅根学順もまた、後を追うかのように同年一二月二九日、享年八三歳で入寂した。

参考：雑誌『淑徳』第一八八号、淑徳高等女学校、一九三三。WEB版新纂浄土宗大辞典。

（割田剛雄）

は

八宗兼学《はっしゅうけんがく》

幅広く仏法を学ぶことである。八宗の原意は八つの宗派のことで、奈良時代の倶舎宗《くしゃ》、成実宗《じょうじつ》、律宗、法相宗《ほっそう》、三論宗、華厳宗の「南都六宗《なんとろくしゅう》」と、平安時代に開宗した天台宗、真言宗の「平安二宗」を合わせたもので、この八宗の教学がすなわち仏法の教え全体を意味していた。

その後、平安時代末期から鎌倉時代にかけて、浄土宗、臨済宗、曹洞宗、浄土真宗、時宗、日蓮宗、融通念仏宗などの宗派が成立し、江戸時代には黄檗《おうばく》宗も開宗した。そのため八宗兼学《はっしゅうけんがく》は、「八つの宗派の教えを学ぶ」という原意から、いつしか「宗派の教えに限定せず、幅広く仏法を学ぶ」意味に変化して用いられるようになった。

江戸末期から明治時代に活躍した聞声の師・行誡が言う八宗兼学も、後者の意である。聞声に京都遊学させ、泉涌寺《せんにゅうじ》の佐伯旭雅のもとで性相学《しょうぞうがく》を学ばせ、天台宗の比叡山延暦寺や、真言宗の智積院学林で学ばせたのも、すべて八宗兼学の考えからである。

仏教を理解する上で、仏教教理の基本構造を把握することが重要であり、基本構造を理解するためには仏教各宗の教理用語の理解が必須である。

「南都六宗」と「平安二宗」の八宗の教学の基本構造を概説したのが凝然《ぎょうねん》（一二四〇～一三二一）の『八宗綱要』（二巻）であり、巻末に付録としてごく僅かな紙数で、新興の禅宗と浄土宗を加えている。

また、聞声が佐伯旭雅から「聞声尼の数年、法の道を聞けるを感じて」と題して、その熱心な勉学ぶりを称賛する和歌を受けたころ、一八八六年（明治一九）に黒田真洞は『八宗綱要』の注釈書『標註八宗綱要』を出版している。黒田もまた八宗兼学の徒であった。

参考：鎌田茂雄全訳注『八宗綱要―仏教を真によく知るための本』講談社学術文庫、一九八一。（割田剛雄）

花《はな》の好《す》きな聞声《もんじょう》の「花《はな》の下《もと》の詩吟《しぎん》」

聞声は花が好きで、特に桜の花が好きだったという。伝通院は桜の名所でもあったので、昼間は花見客が多いので、まだ人が起き出さない早朝に逍遥《しょうよう》していた。谷紀三郎編『聞声尼』では「花の下で詩吟」と題して、

　聞声は花が好きだった。ことに桜の花が好きだった。桜の多い伝通院の境内はどんなに聞声尼の風流心を満足させたか知れぬ。昼間は花を見に来る俗衆が多いので、見にも出なかったが、朝まだ人が眠《ねむり》からさめぬ頃、よく境内の桜のもとを逍遥《しょうよう》して居たものであった。（『同書』一七一〜一七二頁）

と記している。

　また、聞声は美声の持ち主で、桜の花が咲く頃の夕刻、三、四人の寄宿生を連れて唐詩選や『琵琶行《びわこう》』を好んで吟誦《ぎんじゅ》したとされる。きっと、唐の詩人・白《はく》居易《きょい》（白楽天《はくらくてん》）の、

潯陽江頭《じんようこうとう》　夜《よる》　客《かく》を送《おく》る
楓葉荻花《ふうようてきか》　秋《あき》　瑟瑟《しつしつ》たり
主人《しゅじん》は馬《うま》より下《お》り　客《かく》は船《ふね》に在《あ》り
酒《さけ》を挙《あ》げて飲《の》まんと欲《ほっ》するに管絃《かんげん》無《な》し

で始まる漢詩『琵琶行《びわこう》』を美しい声で朗々《ろうろう》と詠《うた》いだし、詩の末尾の、

曲終《きょくおわ》り撥《ばち》を収《おさ》めて心《むね》に当《あた》りて画《えが》く
四絃《しげん》の一声《いっせい》　裂帛《れっぱく》の如《ごと》し
東船西舫《とうせんせいほう》　悄《しょう》として言無《ことばな》く
唯《た》だ見《み》る　江心《こうしん》に秋月《しゅうげつ》の白《しろ》きを

までを気持ちよく吟唱《ぎんしょう》したものと想像される。

　聞声が最も愛唱したのはこの『琵琶行《びわこう》』と、同じく白居易（白楽天）の長編叙事詩『長恨歌《ちょうごんか》』であったという。才色すぐれ歌舞音曲に通じ、唐の玄宗《げんそう》皇帝の寵愛《ちょうあい》を受けた楊貴妃《ようきひ》の在《あ》りし日の栄華と、安禄山《あんろくさん》の乱（安史《あんし》の乱）で殺された悲哀に満ちた死を悼《いた》む詩句を、美声を放って詠吟《えいぎん》したとされる。

参考：谷紀三郎編『聞声尼』一九二〇。　（割田剛雄）

病気入院《びょうきにゅういん》

聞声、五〇歳（満四九歳）で入院　聞声は、五〇歳（満四九歳）を迎えた一九〇一年（明治三四）、重病にかかり明治病院に入院した。

松前での若き日も、上京して得度し、慣れぬ尼僧生活に入っても、京都での厳しい学問修行や血書に励んだ時期も、一大決心して淑徳女学校を開校し、慣れぬ学校経営に努力している間も、入院するほどの大病を患《わずら》うことはなく健康であった。しかしそれまでの無理がたたったのか、淑徳女学校が安定期を迎えるとともに発病した。以下に聞声の入院前後の状況を列記してみる。

第二の危難を乗り越えて事態好転　入院の四年前の一八九七年（明治三〇）一二月三一日、「学校身売り」という淑徳女学校にとって第二の危機が襲った。万策尽きる直前、感応寺信徒総代の水島忠兵衛の義侠心に助けられて乗り切れた。すると事態は好転し、一八九九年（明治三二）四月には、

本年は新入学の女生非常に多く、既に本月上旬まで七十名に近き入学者あり、（略）本年入学者の中には明治学園（基教《ききょう》主義女学校）より転校せしもの頗《すこぶ》る多きに居るよしなり（『浄土教報』第三五七号、明治三二年四月一五日）

というまでに発展した。キリスト教（基教《ききょう》主義）に基づく明治学園から転校する生徒がすこぶる多いというのも興味深い。そして生徒増と全国各地からの入学者のため寄宿舎が必要となり、同じく水島忠兵衛の援助で新寄宿舎も一八九九年（明治三二）七月に新設された。

「浄土教報」第三六三号（明治三二年六月一五日）ではその様子を、

淑徳女学校は成績佳良《かりょう》なるが為《ため》に、地方の豪族良家の女子にして、寄宿入学を希望するもの多く、到底従来の寄宿舎にては狭隘《きょうあい》を訴えるより、今回同校裏手の空地に一棟の寄宿舎を設立することになりたり。

と紹介している。

私立学校令と第二期淑徳婦人会結成　七月の新寄宿舎完成の直後、八月三日に「私立学校令（勅令第三五九号）」が公布され、八月四日に施行。淑徳女学校も同令に基づく「私立淑徳女学校」となり、一〇月に黒田真洞が第四代名誉校長に就任。こうした新たな気運の盛り上がりのもとに、一二月に河野関子（河野広中夫人）、伊沢千世子（伊沢修二夫人）などを中心とする第二期淑徳婦人会が発足。

河野・伊沢両婦人のほかに、岩佐徳子、原礼子、西村節子、西尾良子、細川糸子、堀江貞子、河瀬てる子、亀岡幸子、永井文子、井上捨子、家寿多貞子、小埼常子、丸山勝子、児玉周子、城所高子、三宅藤子、三浦留子、守田市子、鈴木代子、須田静子など、計二二名の名流夫人が発起人に参加し、毎月の例会や講演が大きな評判となっていった。

さらに、一九〇一年（明治三四）に岩倉梭子《いわくらさやこ》が第二期淑徳婦人会会長に就任すると、世評も一気に集まり、淑徳女学校の名声も高まっていった。

病気治療に専念　こうした状況下で、聞声は入院した。谷紀三郎は『聞声尼』で病気入院や、入院中の淑徳女学校が混乱もなく順調に校務を進めていた様子を、次のように記している。

その年（筆者注：一九〇一年）聞声尼は大患《たいかん》（筆者注：重い病気。大病）に罹《かか》って明治病院に入院することになり、同院にあって専ら治療に手を尽《つく》して居た。その間学校は黒田校長がすべて聞声尼に代《かわ》って直接に校務を監督し、西弌氏、臼井政子女史、比留間あや子女史等の諸講師を始め、その他の教職員が熱心に授業に当《あた》られたので、聞声尼が留守でも学校の校務には一切事欠かず、校内は極めて静穏無事であった。（『同書』一二五〜一二六頁）

さらに寄宿や出納についても、岩田成功が担当して少しの心配もなかったという。

殊《こと》に寄宿の監督、及び金銭の出納については、聞声尼が多年の教え子である岩田成功尼が専らそれを当《あた》られたので、これ亦《また》少しの心配もなく、ただ学校の内外を挙げて、聞声尼の快癒の一日

も早からんことを祈るもののみであった。(『同書』一二六頁)

谷も、その他の資料でも、このときの聞声の病名は明記されていない。聞声は専ら病気の治療に専念したとされている。

(米村美奈)

病気入院中《びょうきにゅういんちゅう》に難問発生《なんもんはっせい》

淑徳女学校をめぐって難問発生 ある日、弟子の岩田成功が水島忠兵衛と病院に連れだって来て、聞声と面会した。

淑徳女学校をめぐって、聞声が病気入院の留守に乗じて、良からぬたくらみが持ち上がっていた。弟子の岩田成功は、病身の師・聞声の病勢を募《つの》らせてはならないと心配し、先ず感応寺の信徒総代の水島忠兵衛に事の次第を告げて、意見を聞いた。水島忠兵衛は即座に、

「事態は重大なことだから、たとえ、聞声尼の病《やまい》に変化を来《きた》そうとも、一刻も早く知らせた方が良い。とうてい、この事態を聞かせずに、われわれのみで処置すべき事柄ではない。自分も一緒に行き、善後策を相談しよう」

と言う。そこで岩田成功と水島忠兵衛が病院に来たのである。

留守を守る成功の訴え 成功は聞声に向かい、思い切って話し始めた。

「今日、〇〇さんが学校に来られて、――学校には不都合なことがあって、それを新聞に書き立てるという者がいる。取りあえず、それを防ぐために、手付金として金一〇〇円出して貰いたい。ことによると、この際、もう少し金《かね》が要《い》るかもしれないが、学校には代えられないから、そのときは相当の金《かね》を出して貰わねばならぬ。――こう言われましたから、私は学校の大事と思って、言われるままに、とにかく一〇〇円を差し上げました。

一体、どんなことが学校にあるのか、何を新聞に書こうというのか、一向に分かりませんが、困ったものでございます。明日もきっと、やって来るように思いますが、どうしたら良いでしょうか」

これを聞いた聞声は怒りに顔色を変え、直ちに先方の意のあるところを読んだ。聞声は入院前に、○○の行動をひそかに怪しいと見て、注意もし、警戒もしていたので、直ぐにその腹の内が読めた。

聞声はじっとしていられない。

「よろしい。私はすぐに学校へ帰る」

と言い出した。けれども、到底《とうてい》それを許す病状ではない。成功や水島忠兵衛、病院関係者が強《し》いて聞声を止めた。

聞声の信念が解決に導く　すると聞声は、

「成功、お前は直ぐに帰って、○○の所に行きな。そして、――学校には新聞に書かれるような弱い尻は少しもありません。書くなら、何とでも書かせなさい。聞声尼と警察に行って理非曲直《りひきょくちょく》を明らかにしましょう――と言っておくれ。あの人たちにびた一文だってやることはありはしない。成功、早い方がいい、直ぐにお行き」

と、興奮した語気で言った。聞声としては自分が飛んで行きたくてならなかった。

「愚図愚図《ぐずぐず》していると、学校をめちゃくちゃにしてしまう。事によったら、釣台《うりだい》（筆者注：病人などを運ぶ台）に乗ってでも学校に帰らねばならぬ。今度こそは命がけだ」

決死の覚悟が聞声の顔に出た。成功は聞声に言われた通りに、○○のもとに行って、聞声の伝言を伝えた。すると、

「警察に行って、理非曲直を明らかにしましょう」

と断言したことで、○○は遂にその朝受け取った金一〇円を成功の前に出して詫びた。こうして、事なきを得ることができた。ひとえに聞声の信念を貫く姿勢が難問を解決したのである。（谷紀三郎編『聞声尼』一二七～一三二頁参照）

（米村美奈）

病気療養中《びょうきりょうようちゅう》に学校《がっこう》の寄付《きふ》を決断《けつだん》

病気療養中に、先の、その先を思案　聞上は幸いにも病いが全快し、再び校務へ復帰することができ、全ての仕事に戻ることになった。しかし聞声は病気療養中に、先の、その先のことを思案し、

「学校をいつまでも自分の手に持っているような運営方法は、学校の永遠の安泰に結びつかないのではないか」

と考え、さらに、

「学校を自分の手から放し、浄土宗に寄付してしまう方がよいのではないか。それが学校の永遠の未来を考える策として、最善の道ではないか」

と考えた。このときの淑徳女学校は財政的に余裕ができ、これまでの借金はすべて返済が終わって、貯金をしていた。

もっともこうした考えは、この病気入院中に初めて考えたことではない。一八九三年（明治二五）四月一五日作成の「静淑女学校創立並に建築緒言」（淑徳女学校設立趣意書B）の文末に、

「女学校の設立が成功したならば、浄土宗の公有の校舎とする考えである」

と決意を記していた。そこで聞声は熟慮し、黒田真洞校長や茅根学順などに提案した。はじめは多少の異議が出たものの、最後には聞声の提案が通り、黒田真洞校長の尽力を得て、一九〇三年（明治三六）三月の浄土宗会に寄付を願い出た。

淑徳女学校を寄付し浄土宗宗立校に　浄土宗宗会では満場一致で承認され、翌月一九〇三年（明治三六）四月二五日をもって淑徳女学校は浄土宗の宗立校となった。そのとき淑徳女学校が有していた、貯金二〇〇〇円余を付して浄土宗へ寄付した。

これに対し山下現有管長は賞状を贈り聞声の功績をたたえた。また宗立校になっても、宗務所から学校の監督に任命され、聞声はこれまでと変わらず校務に従事した。

筆者は聞声のあまりに潔い決断に驚くとともに、決断を促した要因に淑徳女学校の名声の高まりと生徒数の増加に伴う経済的余力の増加と、その背景に第二期淑徳婦人会の再編成、特に岩倉梭子の会長就任が大きな意味をもっていたと考える。

その上でさらなる学校の発展と安定を願い、当初の申し出通りに宗立校としての存立を願っての決断であった。

（米村美奈）

平松誠厚《ひらまつかいこう》

聞声の弟子（一八九三〜一九七六）。淑徳高等女学校卒。一九三四（昭和九）から一九四四年（昭和一九）まで淑徳高等女学校講師（茶道を教授）。岩田成功らとともに聞声を看取《みと》る。感応寺第一七世。関東大震災で本所感応寺が全焼したとき、弟子とともに本尊阿弥陀如来、秘仏延命将軍地蔵尊像などを背負って生き延び、世田谷上馬に感応寺を再建。一九七六年（昭和五一）一一月一六日入寂。秀蓮社導誉貞阿雅心誠厚。

聞声に育てられる　谷紀三郎編『聞声尼』第九章では、平松誠厚の出生について子爵平松時厚《ときあつ》の四女とし、五歳の時から聞声のもとに来て、聞声を母とも師とも思い、聞声から感化を受け、その天与《てんよ》の人柄は高いものがあると評し、次のように記している。

　誠厚尼は五歳の時から聞声尼の許に来て、爾来聞声尼の手一つに育てられて来た人である。子爵平松時厚氏の四女と生まれ——明治二六年二月——幼い時から品位高く徳長《とくた》けて、見るから人に敬愛の念を抱かせる素質を持って居た。それが母として聞声尼を得、師として聞声尼を得、二〇余年来その教養感化を受けたのであるから、一宗の法尼としては勿論、一個の婦人としても、優に人々の推服に値する学識と徳望とを備え、現に多くの信徒から異常な思慕敬仰を払われている。（『同書』一五八頁）

さらに、聞声の仏弟子には平松誠厚以外に岩田成功と木原円隆の二人の尼僧がおり、感応院で病臥《びょうが》する聞声の看護を共にした岩田成功に対する平松誠厚の敬愛の深さを、次のように紹介している。

　聞声尼には誠厚尼の外に、附弟《ふてい》（筆者注：法統を受け継ぐ弟子）として養い導いた人に岩田成功尼と木原円隆尼との二人がある。成功尼は七歳の時から尼になった人で、聞声尼が京都から感応寺に来る時に、伴れて来た人である。（略）若い誠厚尼は成功尼を聞声尼に次いでの恩故深き人として尊敬し、且つ唯一の力として何事も頼み

にして居られる。その間の両尼の情誼《じょうぎ》は実に美しいものである。（『同書』一五八頁）

谷の『聞声尼』は感応寺で最晩年の聞声から聞き書きしたもので、このとき誠厚は二八歳。谷は松田すてや岩田成功、誠厚たちと執筆内容や出版について相談したものと想像される。そのため誠厚についての記述も間違いないと推察されてきた。

こうした事情のためか、聞声に関する多くの先行研究で、弟子の誠厚に言及するとき、必ずと言ってよいほど谷の聞き書き内容が用いられている。

聞声の三人の仏弟子　しかし谷の『聞声尼』では誠厚の得度前の名前、得度時期、導師の名、聞声の入滅時の対応など、不明な部分が多い。

ちなみに聞声の仏弟子とされる岩田成功、木原円隆、平松誠厚のうち、岩田成功は「七歳で尼になり、聞声が京都から感応寺に来る時に伴れて来た」とあるだけで出身、生年、本名、導師等は不明。木原円隆は『浄土宗尼僧史』の記述で三重県鈴鹿郡出身、木原利右衛門の三女、一八六八年（明治元）生まれ、一八八五年（明治一八）に賀幡円鏡について出家得度、名を円隆と改めた（『同書』二〇〇頁）と判明。誠厚についてはこれまで明解な資料が見当たらない状態であった。

平松《ひらまつ》誠厚《かいこう》の新《しん》資料《しりょう》（一）

新たな資料『読売新聞』の記事　このたび誠厚に関する、二つの新資料を見出すことができた。一つは一九〇三年（明治三六）七月二〇日の『読売新聞』で、「当世百人娘（六十七）平松誠厚」と題する記事である。左記のように、子爵平松時厚（一八四五～一九一二）の七女で、七歳で剃髪し、増上寺の山下現有大僧正の徒弟となり、今年で一二歳。淑徳女学校の寄宿舎にいて、監督聞声のもとで、礫川小学校に通学している、としている。

赤坂区青山南町六丁目百二十七番地。金鶏間祇《きんけいのまぎ》侯《こう》貴族院議員子爵平松時厚氏の七女で、今年十二歳。性質怜悧《れいり》で而《しか》も温順。七歳の折から剃髪して芝増上寺大僧正山下現有氏の徒弟となり、

●當世百人娘（六十七）　平松誠厚
赤坂區青山南町六丁目百二十七番地錦鷄間祗候貴族院議員子爵平松時厚氏の七女で、今年十二歳。性質怜悧で而も温順。七歳の折から剃髪して芝増上寺大僧正山下現有氏の徒弟となり、小石川傳通院内淑徳女學校の寄宿舎に在って、同校幹事和島聞聲尼の監督の下に、礫川小學校へ通學して成績頗る好く、且つ佛學の研究に勉めて居るとの事

小石川伝通院内淑徳女学校の寄宿舎に在《あ》って、同校幹事輪島聞声尼の監督の下《もと》に、礫川《こいしかわ》小学校へ通学して成績頗《すこぶ》る好く、且《か》つ仏学の研究に勉《つと》めて居《い》るとの事。

谷の『聞声尼』との大きな違いは、谷が平松時厚子爵の四女としているのに対し、『読売新聞』が七女としている点である。平松家は江戸時代初期から続く公家の名家。平松時厚は一三代当主であり、戊辰《ぼしん》戦争では新政府軍の仁和寺宮嘉彰親王に随行して活躍。明治初期から官僚・検察官・新潟県令・元老院議官を歴任し、一八八四年（明治一七）に子爵に叙され、『読売新聞』の記事の掲載当時は貴族院子爵議員であった人物である。

平松時厚の養女　そこで平松家関連の家係を確認すると、時厚には時陽・時冬・時賢の男児三人と、達子・周禅・尊覚・速子・花子・祐厚・誠厚の七人の女児がおり、『読売新聞』の七女の記事が正しいことが判明する。しかし注意すべきは、一八九一年（明治二四）一月生まれの六女・祐厚と、一八九二年（明治二五）五月生まれの七女・誠厚の二人は、養女と記されている点である。平松時厚は養父で、実父は小松行正男爵、実母はその妻小松八十子である。

小松家も奈良華族の名門であり、小松行正・八十子夫婦には長男・行一と、二人の娘がいる。小松家での名前は祐厚が直子で、誠厚は貞子である。ここ

で二人の本名と生年は確認できたわけであるが、誠厚（貞子）の生年が谷紀三郎編『聞声尼』の明治二六年二月に対し、平松家の記録では明治二五年五月である。

また、二人が平松家の養子となった理由や時期は不明である。理由の一つに考えられるのは、実父の小松行正が小松家への入り婿《むこ》で、本名が平松時韶。平松時厚の実弟である。兄の時厚に二人の娘を養子に出した形になる。

さらに小松行正・八十子夫婦は一八九九年（明治三二）に協議離婚し、小松行正は生家の平松家に復籍している。実の両親が離婚したとき、直子は数え年九歳、貞子は八歳。長男・行一は六歳で小松家に残っていて、のちに男爵、侍従、鎌倉宮宮司となり、名門小松家の当主として活躍している。

平松家の三人の尼僧　直子と貞子がいつ仏門に入ったのか不明である。平松家の養女となると同時に仏門に入ったとも考えられる。また、時厚の次女周禅は尼門跡寺院として有名な宝鏡寺（京都市上京区）の第二六世となったと平松家関連資料に記録され、宝鏡寺の歴代住職の資料にも掲載されている。平松家では三人の娘が尼僧になっているわけで、少なくとも養女の直子（祐厚）と貞子（誠厚）が尼僧になる前に、一八七六年（明治九）生まれの次女周禅が出家していたと考えられる。

平松家にあっては尼僧になることへの抵抗・不自然さはさほどなかったのかも知れない。姉の直子は尼僧・祐厚となり、のちに青山善光寺の住職となっている。

誠厚の導師と剃髪の時期の疑問　『読売新聞』の記事からは、前述したように、妹の貞子が七歳で剃髪して「誠厚」と改名し、芝増上寺の山下現有大僧正の徒弟となり、淑徳女学校の寄宿舎に居住して、聞声の監督のもとに、礫川《こいしかわ》小学校に通学していることまでは、確かに読み取れる。

しかし貞子の頭髪を剃髪し、誠厚の名を授けたのが山下現有なのか、聞声なのか判然としない。関係年表によれば、山下現有が増上寺に居住したのは一八九七年（明治三〇）から三年間で、一九〇〇年（明治三三）には浄土宗管長・知恩院住職となり、増上寺を離れて京都に移り、以後三三年間知恩院に在住したと伝えられている。

では、三年間の増上寺在職中に、山下現有が剃髪・得度し誠厚の名を授けたのであろうか。それとも聞声が導師となったのであろうか。

平松誠厚《ひらまつかいこう》の新資料《しんしりょう》（二）

誠厚からの聞き取り資料　新たに見出した資料の第二は、誠厚本人からの聞き取り記事である。

本事典の執筆に際して各項目に関連する資料を再読・確認していくなかに、松前を代表する郷土史家・松本隆の論稿「松前が生んだ女傑　輪島聞声尼」があった。『松前史談会報』第六六号（一九六三、昭和三八年一二月発行）に所収された小論である。

同論稿の冒頭に、松本宅を大乗淑徳学園理事長・長谷川良信が来訪し、それを機縁に松本が上京した折に、板橋の大乗淑徳学園本部に招かれ、広瀬了義と面会して交誼《こうぎ》を結び、その後は郵便等で資料の交換をしていることを綴り、

その後広瀬師が聞声尼の嗣子平松誠厚尼上馬の感応寺に訪問された記事の掲載紙「マハヤナ淑《マ》徳《マ》タイムス」の寄稿を受け啓発されるところ多かった。

としている。さらに同論稿の末尾に、

広瀬了義師が去る昭和三七年一月末日、東京都世田谷区上馬町にある感応寺を訪問された際、（略）寺の住職である嗣子平松誠厚尼と会談しているが、次に平松師の談話の中から聞声尼を偲ぶに足る点を抜粋して参考に供する。

として、会談内容のうち、鎌倉・聞声庵および京都・西寿寺に関する説明などを抜粋して綴っている。

そこで、広瀬が誠厚から聞き書きした内容を確認するため、松本隆に送ったと思われる「マハヤナ淑《マ》徳《マ》タイムス」を探した。

「マハヤナシュクトクタイムス」第二二号　すると、誠厚から聞き書きした広瀬了義の「平松誠厚尼

を訪《おとの》う」記事は、「マハヤナシュクトクタイムス」第二二号（昭和三七年二月二八日）に掲載されていた。松本隆が抜粋したのはごく一部分であることが確認できた。その他に誠厚に関する重要な内容が聞き書きされている。

まず、生年、聞声との出会い、剃髪、通学について、以下のように語っている。

私（筆者注：誠厚）は不思議にも淑徳の創立の明治二五年五月生れです。五歳（四歳とも聞かされたが）の時、師匠聞声老に迎えられ、感応寺にて育てられたが、淑徳の学内で大部分教育された。

二年間幼稚園に行き、剃髪して、小学校は本所の明徳小学校、高小は小石川の礫川小学校に通っていたが、三年になって小石川林町に村上専精先生の東洋女学校で生徒の新募集があったのでそこで学んだ。（「同紙」三面）

誠厚が語るところから、生年は平松家関連の資料のとおり、一八九二年（明治二五）五月生まれで、聞声との出会いは五歳。数え年で逆算すると一八九六（明治二九）となる。同年は一月に「母カネ子重病」の報が舞い込み、聞声は松前に帰郷し、一月二九日に母カネ子が逝去すると葬儀を済ませて東京に戻った年である。前年に淑徳女学校の第一期生の卒業式を行っている。

剃髪は、二年間幼稚園に通園してからとすれば七歳となる。誠厚の聞き書きを読むと、導師は聞声で、亡き師・行誠の一字「誠」と、養父・平松時厚の

平松誠厚

「厚」を用いて誠厚としたとするのが、至当と考えられる。

通学についても、本所の感応寺から小石川までは相当の距離がある。小学生の足ではとても無理と思われるので、感応寺の地元の本所・明徳小学校に通学し、高等小学校に進んでから、聞声が寝泊りしている淑徳女学校の寄宿舎に起居し、礫川小学校に通ったというのも頷ける。

一九〇三年（明治三六）発行の『読売新聞』の記事中に、平松時厚の七女、今年十二歳、七歳の折に剃髪、礫川小学校に通学、とあるのとも符合している。新聞記事で符合しないのは「芝増上寺大僧正山下現有氏の徒弟となり」という点である。なにゆえにこのような記事になったのか、不明である。

鎌倉の聞声庵、京都の西寿寺、肺炎など　誠厚からの聞き書きはさらに続き、聞声の女子教育の使命の自覚、淑徳女学校を退任してから聞声が住んだ鎌倉の聞声庵の様子、京都の西寿寺への思いと荷物の発送、肺炎を併発しての入滅などを、次のように語っている。

師匠には側近していただけに、学校の運営の至難さ、女子教育の本来の使命などはつぶさに拝察されました。

淑徳も次第に発展し、歴代校長の御尽力で都人士にも知られるようになってから、鎌倉の扇ヶ谷の別荘（付近に一寸した温泉があり、米屋の傍の小高い幽邃《ゆうすい》な構えで校友の方々も来訪された）を、感ずるところがあり松平《ママ》（筆者注：松田）ステ女史の立会いで人手に渡されました。

京都の泉ヶ谷に半年ばかり居られたが、すぐ帰京せられ、師は京都は修学の地だけに執着をもたれ、洛中の西住寺（筆者注：西寿寺）内の地蔵堂に幽邃の予定で荷物の一部を送り込んであったが持病が出て大正七年頃から発病し、一年間は全く病褥について居られたが、肺炎を併発し、私も感染しました。

遂に大正九年四月三日、六九歳で入寂、同六日に校葬、同廿五日に知恩院の宗祖の廟の傍に、

異例の盛大な納骨式が行われました。ささやかな五輪塔の中に尼は永遠に眠られています。（「同紙」三面）

感応寺の焼失後と世田谷に移転したいきさつ　次に誠厚は、関東大震災で焼失した本所の感応寺のその後の様子や、世田谷上馬に感応寺を移転したいきさつ、養父の屋敷の移転等について、次のように語っている。

本所のもとの感応寺のあとは復興局の所有に属し、寺のあとに警察署が建てられたが、警官の柔剣道の稽古の時に負傷者が続出するのは寺の亡者のたたりかも知れぬから払い清めて欲しいとの申し込みで、私も御回向にまいってから何事もなかったとのことです。

師匠は深川、本所は天災の多いところだから他に移転を望まれていたこともあり、私の生家の高木子爵（筆者注：実家の小松男爵のことか？）の別れの者が三軒茶屋に住んで居て、「誠厚、こちらに来い、土地を探してやるから」との勧めで移転してきました。

本所の境内は千坪許《ばか》りあったので、こちらも六五〇坪の替地を獲手しました。本所の方は炎上して寺や学校関係の書類等も烏有《うゆう》に帰して残念です。

私の父（筆者注：養父の平松時厚）は京都の今出川に屋敷があったのを金鶏間祗侯《きんけいのまぎこう》にな っ て青山高樹町に移住したのです。

私は一七歳で女学校を卒業してから学校のお手伝いをしながら、その頃、現覚寺に尼衆教場があって、そこで仏教学科の専修をして試験に合格して尼僧の資格を得ました。（「同紙」三面）

この誠厚の話から、本所の感応寺が焼失後に復興局の所有になり、警察署になった顛末や、生家（小松家）の縁を頼りに、世田谷上馬に移転した経過を始めて知ることができた。

聞声の筆記本を全焼却　さらに、誠厚の聞き書きの最後に、生前の聞声自身が自伝ともいうべき筆記本を企画し、口述筆記を終えて完成し、頒布寸前まで作業が進行していたこと、そしてその口述筆記本を全て焼却処分したため、関連資料を喪失したのが残念です、という内容が語られている。

師匠はお自分のことを世に遺《のこ》さんとの素志があり、磯矢一氏が師から口伝したのを筆記したのを一本にまとめたものを頒布することになっていたが、本文中に野沢俊冏師の関係事項についで法類の方から抗議があったので全部焼却せられたので、折角の資料を喪ったのは今も遺憾に存じて居ます。

最後に私の後継者は受付に出ましたあの尼僧で、あれも輪島の姓を名乗り遠縁の人です。（「同紙」三面）

広瀬了義が世田谷の感応寺で誠厚から聞き取ったのは一九六二年（昭和三七）一月三一日、誠厚七〇歳の時で、受付にいたという輪島誠念は同年一二月に死去している。

聞声が生前に自ら語り、一冊に纏めたという筆記本が全焼却されたということに改めて驚く。

それはいつ頃の出来事だったのであろうか。聞声が口述し、磯矢一が筆記して纏めた内容はどのようなものだったのだろうか。「自分のことを世に遺《のこ》さんとの素志」があっての口述ならば、自分の病気が重症化し、病臥中の身で谷紀三郎に語った内容とは、かなり異なるものではなかっただろうか。

たとえば、淑徳女学校設立に尽力した経緯を、当事者である聞声自身が語ったなら、伝えられていない諸事情があったのではないだろうか……。

こうした幾つもの疑問が残る。それでも、これらの新資料によってこれまで不明だった誠厚の諸経歴と、聞声と誠厚のかかわりが幾分明らかになった思いがする。

参考：広瀬了義述「淑徳人歴訪録（一）平松誠厚尼を訪う」（「マハヤナシュクトクタイムス」第二二号）一九六二。

（割田剛雄）

広瀬了義《ひろせりょうぎ》

国語教師・広瀬の「新聞学」の取り組み　広瀬了

義は元淑徳与野高等学校校長（生没年不詳）。

一九一九年（大正八）から伏見宮家の教育係を拝命中、淑徳高等女学校の当時の教頭・大村桂巌の招きにより入職。教職員名簿には「一九二〇年（大正九）四月就職、東洋大学卒、国語担当」と記載されている。奇しくも聞声が入寂した同時期に、淑徳高等女学校に就職したことになる。一九二四年（大正一三）九月二二日の『読売新聞』には、「女生徒の常識涵養《かんよう》に現代科を設けて」と題して、広瀬が主となり新聞学研究を進めていることが紹介されている。

女学校教育を卒《お》え、社会へ巣立ちせんとする女生徒の常識涵養《かんよう》として、小石川淑徳女学校では大分以前より広瀬教師が主となり、生徒に「現代科」と称する新聞学研究を主とした科目を授業中であるが、生徒達が非常の興味を以て研究し、成績良好なので評判よろしい。

広瀬は女学校の応接間で、取材の記者に向かって、毎週一回女生徒に家庭で購読している新聞の興味ある記事を切り抜かせ、記事内容についての批評や感想を書くことを指導して効果をあげている、と説明している。

第一学年以上に対し、毎週一回宛之《ずつこれ》を実行致して居りますが、特に卒業生に対してはやります。今年は夏期中に行いました。イヤなかなか得る処が多いので喜んで居ります。その方法は生徒の家庭に於ける購読新聞中最もインスピレーションの強い新聞記事を切り抜かしめて、それに批評や観察眼を書かしめて居ります。

資料の整理が至上の慰安で道楽　生徒に興味ある新聞記事を切り抜き、批評や感想を書くというスタイルは、広瀬の得意の方法である。後年、広瀬自身が『マハヤナシュクトクタイムス』（一九六〇年一二月五日）に、

私には道楽がある。毎日の日誌も認《したた》めているが別に「絵日記」を書き続けている。（略）各部門別のスクラップ、芳信録、等二十数種のコレクションブックを整理するのが至上の慰安であり道楽である。

と記しているように、大変な資料蒐集家であった。それゆえに淑徳高等女学校の教員として勤続しながら、中国や南洋諸島などを訪問し、雑誌『淑徳』に本名以外に「翠雫、翠雫生、翠、みどり、みどり生」などの雅号・略名を用いて、多種多様な文章を掲載している。

広瀬は雑誌『淑徳』への寄稿のほかに、さらに種々の新聞や雑誌に投稿し、あるいは欧米に周遊して「外人の観たる日本文化と日本語の普及について」の研究に没頭し、東京府、外務省、文部省などの奨励金を交付され、文部省および府の科学委員に任命され、東京府の視聴教育、公、私中学校図書館研究のために尽瘁《じんすい》し、そのほか一九二三年（大正一二）の関東大地震のときの罹災者《りさいしゃ》救援、近江神宮、明治神宮御造営に際して青少年の奉仕にあたるなどの協力をしている。

『淑徳五十年史』を編集　淑徳高等女学校は一九四二年（昭和一七）に、創立五〇年を迎えた。その記念出版として『淑徳五十年史』と雑誌『淑徳』第二三〇号（淑徳五十周年記念号）が企画された。広瀬は『淑徳五十年史』の編集担当となり、関係資料を蒐集し短期間での編集に没頭した。その様子を次のように記している。

一、本校五十年史編纂に着手したのは本年（筆者註：一九四二年）の七月頃からで、それから僅か数ヶ月で完結を急いだのであるが、資料蒐集やその整理に日夜没頭しても思う通りに纏められなかったのは遺憾であった。

一、最初に前校長中島先生に意図をおききし、次に編輯に関係の諸先生の御意見も斟酌《しんしゃく》して、先ず資料蒐集に奔走したが、資料の入手が頗る《すこぶ》困難で、既刊の淑徳雑誌を始め私蔵の切抜《きりぬき》その他手当り次第の記録を探し索《もと》め、又は旧師や古い出身の方などを歴訪して教《おしえ》を請うたりしてやっと若干の資料を基礎にして年史に関係のものを彙類《いるい》し（筆者註：分類すること）、統計などの形式で一目瞭然に塩梅《あんばい》して漸《よう》く見通しがついた……（『同書』凡例）

しかし、予算の都合で大幅な減頁となり、解説の不十分なところも生じたので、読者各位の御寛恕《ごかんじょ》を乞《こ》う、としている。このとき資料の提供を受けた人々として、

一、本書の編輯に際し太田美寿先生、藤瀬匡子、荻原かづ、磯矢みやの諸姉、聞声尼の姪にあたられる松田すて様などから資料の御提出なり有効なお話など承《うけたまわ》った事に対して深甚の謝意を捧げたい。(『同書』凡例)

としている。こうして広瀬了義編『淑徳五十年史』は一九四二年(昭和一七)一一月一一日に発行された。

一方で広瀬は同時企画の、雑誌『淑徳』第二三〇号に、広瀬翠雫の名前で「輪島聞声尼の一代略記」を掲載している。内容は、聞声が北海道松前に生まれてから、福田行誡についての出家、京都遊学、尼衆教場の開校、淑徳女学校の開校までを略記し、

開校後のことは本校五十年史に詳述しておいたのでその方を閲《けみ》されたい。(「同号」八一頁)

としている。記述はほぼ谷紀三郎編『聞声尼』を踏襲している。広瀬の「輪島聞声尼の一代略記」を読むと、非売品での発行でありながらも、谷紀三郎編『聞声尼』が当時の淑徳高等女学校、ないしは女学校関係者の手元に残されていたと推察される。後年、広瀬は『マハヤナシュクトクタイムス』に「学祖輪島聞声法尼伝」を一一回にわたり連載している。

ところで、この一連の編集段階でどれほどの資料が蒐集できたのか定かではないが、『淑徳五十年史』に開校以来の多くの資料を収録していたことの貴重さは計り知れない。なぜなら、二年半後の一九四五年(昭和二〇)五月二五日の東京大空襲で、淑徳高等女学校の校舎もろともに、数多《あまた》の資料が灰燼《かいじん》に帰《き》してしまったからである。

以上の理由で、戦後の「聞声」および「淑徳女学校・淑徳高等女学校」関連の研究にとって、『淑徳五十年史』は貴重な資料となった。

戦後に『淑徳七十年史』を編集　広瀬は戦後に礫《れき》川台《せんだい》と志村の二校併立経営承認の協定書が成立した

後、一九六二年（昭和三七）に『淑徳七十年史』（学校法人大乗淑徳学園発行）を編集している。同書のなかで、戦前の資料が『淑徳五十年史』に収録しておいたことで助かったのは天祐《てんゆう》（天の助け、天助）であった、と述べている。

一、「淑徳五十年史」を編んでいるとのことで、再び私に委嘱をうけて本年（筆者注：一九六二年）五月頃から資料の蒐集整理に着手したが、戦災で五十数年来育まれた貴い文献が校舎と共に焼失、私も多年のコレクションのものが一部を除いて壊滅。それに創立以来の古老も年々物故、然《しか》し戦前の資料は五十年史に収録で助かったのは天祐。（『同書』の「凡例」）

広瀬は、この大乗淑徳学園発行の『淑徳七十年史』の編纂時には、淑徳与野高等学校の校長であった。なお、『淑徳七十年史』の発行と同時期に、徳武真有編『淑徳教育七十年史』が学校法人淑徳学園から発行されている。広瀬了義編『淑徳七十年史』と、徳武真有編『淑徳教育七十年』はそれぞれ特長があり、両書を比較対照しながら読み解くとき、「聞声および淑徳の歴史」を総合化して理解できる。

参考：広瀬了義編『淑徳五十年史』淑徳高等女学校、一九六二。広瀬了義編『淑徳七十年史』淑徳高等女学校、一九六二。徳武真有編『淑徳教育七十年』学校法人淑徳学園、一九四二。

（割田剛雄）

福《ふく》田《だ》行誠《ぎょうかい》

生年についての諸説　幕末から明治前期にかけて活躍した仏教界を代表する傑僧（一八〇九ごろ～一八八八）。聞声の生涯の師である。一八〇九年（文化六）ごろに武蔵野国豊《と》島郡山谷《しまぐんさんや》（現在の東京浅草あたり）に生まれたとされる。行誠の生年については諸説がある。斎藤昭俊・成瀬良徳編著『日本仏教人名辞典』では「一八〇九（文化六）？」説を示

福田行誠上人

し、大橋俊雄『浄土宗人名事典』では「一八〇六（文化三）」と明記している。福田行慈は高祖父に当たる行誡上人の生年および俗姓岡田や福田の姓の由来を「行誡上人小伝」で次のように記している。

行誡は文化三年（一八〇六）に、武蔵国豊島郡山谷（今の浅草あたり）で生まれました（一説では文化二年・六年）。行誡は生前中、両親や出身などについて詳しく話しておりませんが、俗姓は岡田でした。ちなみに福田（ふくだ）は、明治五年（一八七二）の太政官布告によって僧侶も名字を名乗るように指示され、「福田（ふくでん）」という仏教語から付けられた姓で、「福徳を生み出す田」という意味です。（『同書』一五頁）

しかし福田行慈執筆の最新の『WEB版新纂浄土宗辞典』では、「文化六年（一説に同三年）」と改め、二〇一九年（令和元）五月に回向院で開催された「行誡と弁栄展」での記念講演「行誡上人の生涯」でも、文化六年説を「間違いないだろう」と述べている。さらに「行誡と弁栄展」の「図録」の凡例では、福田行誡上人の生年ついては、文化六年説と文化三年説があり、現在では文化六年説が有力である。（筆者注：図録収録の）「福田行誡上人略伝」では、できるかぎり実年齢を知っていただきたくことで、行誡上人の行実をより身近に感じていただきたいと考え、文化六年説に基づいた満年齢を表記している。一方、作品（筆者注：展示の作品）にある行誡上人ご自身が記している年齢は、文化三年生まれの数え年表記であり、作品解説もそれに準じている。

と明記している。本事典では以上のような諸説の考察を検討比較し、行誡の生年を「一八〇九年（文化六）ごろ」とする。

伝通院学寮で学び京都へ遊学　一八一四年（文化一一）五歳で小石川伝通院《でんづういん》の寛淳《かんじゅん》を導師として受戒・得度し、大道《だいどう》の名を授かる。一二歳で伝通院の学寮に入り、学寮寮主の慧戒から唯識学の手ほどきを受け、念仏行者・徳本行者の説法を聞き、学寮で浄土宗学をはじめ四書五経などの漢学や和歌、梵語等を学ぶ。

一八二五年（文政八）に京都に行き、嵯峨《さが》正定院の立道《りゅうどう》和尚や、比叡山世尊寺の慧澄《えちょう》について天台学や律《りつ》（仏教の戒律）、倶舎論《くしゃろん》を学んだ。

一八二八年（文政一一）の冬に伝通院に戻ると、伝通院の学頭鸞洲《らんしゅう》のもとで宗乗学《しゅうじょうがく》（浄土宗の教学）や唯識学《ゆいしきがく》を究め、一八二九年（文政一二）に伝通院山内の学寮四久庵《しきゅうあん》の庵主になった。加えて比叡山から上野寛永寺に移った慧澄について、天台学や倶舎論（仏教の基礎的教学書）を学び続けた。

「八宗《はっしゅう》の泰斗《たいと》」と称される　このように、行誠は浄土宗学にとどまらず仏教全般にわたって兼学し、学識を深めており、のちに「八宗《はっしゅう》の泰斗《たいと》」と称された。ちなみに八宗とは奈良時代に成立した六つの宗派（三《さん》論《ろん》、法相《ほっそう》、華厳、律、成実《じょうじつ》、倶舎）に、平安時代に成立した天台宗と真言宗を加えた八宗をさす言葉であるが、鎌倉新仏教（浄土宗、臨済宗、曹洞宗、時宗《じしゅう》、日蓮宗など）が成立してからは仏教全宗を意味するようになった。泰斗は権威者のことであり、八宗の泰斗とは「仏教全般に通じた権威者」の意味になる。

『十善法語』の解説講演　行誠はさらに慈雲《じうん》尊者の教えにも傾倒していた。慈雲尊者は鑑真和上《がんじんわじょう》が日本に戒律を招来して以来、一定していなかった授戒の作法に規律を定め、正法律《しょうぼうりつ》を提唱した江戸中期の真言宗の名僧。『十善法語《じゅうぜんほうご》』（一二巻）を著し、仏者が守るべき「十善戒」をたくさんのお経から引用して解説した。悉曇《しったん》（梵語《ぼんご》、サンスクリット）の研究でも有名である。

行誠は慈雲尊者の教えを深め、なかでも当時の仏教界の戒律が乱れていることを憂い、正法律の立場に立ってたびたび『十善法語』を解説する講演をした。行誠の深い学識と高潔な人柄にひかれ、講演のたびに多くの聴衆が集まり、次第に、浄土宗のみならず仏教界に広く知られるようになった。

回向院住職に就任　一八五二年（嘉永五）、四三歳のときに推挙されて伝通院学頭を務め、そののち一八五四年（安政元）に学頭を辞し山内の清浄心院の住職を歴任した。五八歳を迎えた一八六六年（慶応二）、

東京両国の回向院の檀信徒から、「住職就任」の要望が熱心に寄せられた。行誡は常日頃から、

「わしは生涯、檀家のある寺院には住むべきではない、と思い定めてきたのだ」

と述べている。その理由は、町寺《まちでら》すなわち檀家のある寺院に住むよりも、学僧としての生活を理想ととらえ、葬式などに関わることは、僧侶の本道ではないと考えたからである。

「しかし今、回向院に住職がおらず、檀信徒の懇請《こんせい》を受けるに及んだ。これもまた、わしの業報《ごっぽう》(前世の因縁、運命)であろう」

と述べて回向院の住職に就任した。たしかにそれまで住職をしてきた処静律院も小石川清浄心院も、檀家のない寺院であった。


聞声、「持戒《じかい》第一の行誡」に弟子入り　行誡は回向院の住職を約一〇年ほど務めた。幕末から明治初期は仏教界が例をみない危機に直面した時期である。一八六八年(明治元)に神仏分離令が布告され、廃仏《はいぶつ》毀釈《きしゃく》の嵐が吹き荒れた。このとき、行誡は仏教各宗派の高僧たちと相談して「東京諸宗同徳会盟」を結成。盟主となって仏教界の危機に対応し、仏法護持の運動を展開した。

さらに一八七二年(明治五)には明治政府より、「自今《じこん》(これより)、僧侶の肉食妻帯蓄髪《にくじきさいたいちくはつ》は勝手たるべし」との布告が出されて、僧侶を俗人として扱うようになった。自ら戒律を厳しく守り、仏教内外から「持戒《じかい》第一の行誡」と称賛された行誡上人は、すぐに反対の立場を表明し、僧侶の自律持戒《じりつじかい》を促し、戒律と学問によって仏教復興に努め、その名声は一段と高まった。こうしたなかで、聞声は尼僧として弟子入りしたのである。


亡者の導師たらんより生者の善知識たれ　仏教内外から「持戒《じかい》第一の行誡」と尊崇された行誡の教えは厳しいものであった。あるとき聞声に、

「今の世の中に、僧尼の数は少なくない。けれども僧尼たちは、すべて亡者《もうじゃ》の導師であって、生者《しょうじゃ》の善知識(仏道へ導く指導者)ではない」

と語り始め、続いて、

「仏《ほとけ》（お釈迦さま）が一代で行った説法は、お経にして六千巻以上になるが、そのことごとくは生者を導くためで、死者のための説法は一つもない。これを思えば、天下の一人《いちにん》の僧尼も、仏（お釈迦さま）の本意を実現していないことになる」

と言い切り、語気を強めて、

「そなたは、せっかく尼僧になったのだから、決して亡者の導師などの仲間に入らず、独り、生者の善知識となって、仏（お釈迦さま）の遺命《いめい》（死後にのこした本意）に相応《ふさわ》しい尼僧となるように努めよ」

と訓戒した。（谷紀三郎編『聞声尼』三三～三四頁参照）

行誠は次第に修行が進む聞声の様相を見て、「葬儀などに関わることは、僧侶の本道ではない」との識見を表明し、将来への指針を与えた。信仰や教化に対する、聞声の生涯を貫く一筋の道がここに示されたのである。聞声が師の教えを守り通して「生者の善知識」となり、浄土宗での尼衆教場の設置や淑徳女学校の設立など、女子教育に全身全霊を傾けた原点は、まさに行誠のこの教えであった。

のちに淑徳女学校を退任した折りに、聞声は『二六新報』の記者に対し、「行誠上人の一言《いちごん》を護刀《まもりがたな》」としてきたと語っている（『二六新報』一九一二年（明治四五）五月一五日）。

知恩院門主と浄土宗初代管長に就任　そののち、宗制をめぐって浄土宗東西が混乱するなか、一八八七年（明治二〇）四月六日、行誠は推挙され、内務大臣より知恩院門主（第七六世）に任命され、同五月に「浄土宗制」が制定されて、一宗の代表である浄土宗初代管長に就任した。しかし一〇月巡教先の大阪で病になり、体調を崩しがちとなった。

それでも行誠は聞声の悲願を聞き、一八八八年（明治二一）二月一五日、「浄土宗学京都支校附属尼衆教場」を知恩院山内の入信院に設置する支援を惜しまなかった。開校にあたり、行誠は臨席して「尼衆学校開業式垂示」を示し、女人出家の故事を引用して、これからの尼僧の心構えを説いた。聞声も、

「新時代の尼僧たるものは、文明開化を時の流れとして受け止め、旧来の惰性から奮起して、学行（学

知恩院

問と修行)をともに修め、生者を導く仏道の本道に戻ろう」

と挨拶して、師・行誡の教えを守りぬく覚悟を示した。そして尼衆教場の開校を喜びながら、聞声は行誡の病状を気遣い、病床に付き添い、看護を続けた。けれども四月二五日昼、宗祖法然上人の年忌を修する法会・御忌の当日に明治仏教を代表する一代の傑僧・行誡は、知恩院山内の信重院で、眠るように持戒第一の生涯を閉じ入寂した。

参考:「行誡と弁栄展図録」同展実行委員会、二〇一九。

福田行誡の墓(五輪塔)

福田行慈「行誡上人小伝『八宗の泰斗福田行誡』」一五頁(大正大学・福田行誡上人全集刊行会編『平成新修福田行誡上人全集』第一巻所収)二〇〇九。大橋俊雄『浄土宗人名事典』。米村美奈『輪島聞声の生涯—日本女子教育の先駆者』淑徳選書6、淑徳大学長谷川仏教文化研究所、二〇一九。

(割田剛雄)

藤《ふじ》田《た》龍興《たつおき》

松前の漢学者。通称松四郎(生没年不詳)。聞声は一一歳のときに藤田龍興の漢学塾で書道と儒学《じゅがく》を学んだとされる。松前には松前藩が設立した藩校（「徽典館」「威遠館」「済衆館」「武芸道場」）と、庶民の子弟が学ぶ寺子屋・私塾があった。聞声が龍興の漢学塾に通《かよ》ったのは、幕末の一八六四年（文久三）から一八六七（慶応三）の頃である。時代背景としては、松前藩主松前崇広が江戸幕府の寺社奉行、そして老中に就任していた時期である。

儒学の経書《きょうしょ》のなかで特に重要視されたのが『大学』『中庸』『論語』『孟子』の「四書《ししょ》」と、『易経』『書経』『詩経』『春秋』『礼記』の五経《ごきょう》である。なかでも「四書」は「五経」を学ぶ前の入門書とされ、藩校や漢学塾、寺子屋で盛んに用いられた。「四書」を代表する『孟子』には、「父子《ふし》の親《しん》、君臣の義《ぎ》、夫婦の別《べつ》、長幼の序《じょ》、朋友《ほうゆう》の信《しん》」など、人の守るべき五つの道徳（五倫《ごりん》）が説かれている。子どもたちは『孟子』など漢籍の素読《そどく》により素養を高めた。また江戸時代を通して強調された「仁《じん》・義《ぎ》・礼《れい》・智《ち》・信《しん》」の五つの徳目《とくもく》（五常《ごじょう》）も教えられた。

聞声はのちに、随想「避暑中の女学生」の冒頭で、自らの幼少期に受けた教育について、

私は御覧の通りの昔もので、どちらかといえば四書五経仕込《しこ》みの、女大学流の教育を受けて大きくなったものでございますが。（『ムラサキ』三巻九号、一八九一年八月一日）

と自己紹介している。聞声のいう「女大学《おんなだいがく》」とは寺子屋などで広く用いられた女子の修身の心得をまとめた書である。聞声は両親の堅実な養育方針のもと、龍興から漢学や女大学、書道などの教育を受け、淑徳女学校で自ら書道の授業を行うほど、書道を得意とした。

参考：ふるさと学習推進委員会『ふるさと読本松前』松前町教育委員会、二〇一六。米村美奈『輪島聞声の生涯―日本女子教育の先駆者』淑徳選書6、淑徳大学長谷川仏教文化研究所、二〇一九。

（米村美奈）

伏見稲荷《ふしみいなり》

聞声は伏見稲荷（現・伏見稲荷大社）に日参して、『法華経』を血書したという。伏見稲荷は、京都盆地

東山三十六峰最南端の霊峰稲荷山の西麓に鎮座し、全国に約三万社あるといわれる稲荷神社の総本社。祈願が成就したあと、結願《けちがん》のお礼《れい》として赤い鳥居を奉納する習慣が広まり、膨大な千本鳥居が形成された。

　聞声は京都遊学中に八宗兼学の勉学をすると同時に、祈願や祈願に伴う苦行とも言える実践を行っている。谷紀三郎編『聞声尼』では、聞声から聞き書きした伏見稲荷への日参と血書《けっしょ》の様子が、次のように記されている。

> （筆者注：京都遊学中の聞声の）苦学力行の如何《いか》に熾烈《しれつ》なものであったかを証するのは、今日残って居る血書の経文数巻である。伏見の稲荷へ日参した法華経二八巻は、今竹生島《ちくぶじま》の弁財天に収めてある。指の先へ針を通して滴《したた》る血を盃にしぼっては書き、しぼっては書き、法華経全巻を書くに三月から一一月まで要《かか》ったという。（『同書四六～四七頁）

日本で一般に用いられている鳩摩羅什《くまらじゅう》訳『法華経』（『妙法蓮華経』八巻二八品）の総文字数は六万九三八四文字。三月から一一月まで、丸九ヵ月かかっての血書である。いかに長期間の根気の持続を要したかが想像される。こうしたところにも、聞声の一度決心したら何事も貫徹せずにおかない、意志の強さと強靭な精神力が感じ取れる。

　なお、聞声は竹生島《ちくぶじま》の弁財天に収めたという『法華経』のほかに、『梵網経《ぼんもうきょう》』（『梵網菩薩戒経』）、『般若心経』、『阿弥陀経』、『普賢行願品《ふげんぎょうがんぼん》』などを血書している。→血書と菩薩戒（米村美奈）

二《ふた》つの淑徳女学校設立趣意書《しゅくとくじょがっこうせつりつしゅいしょ》の比較《ひかく》

二つの設立趣意書の異なる背景の検討　米村美奈は論文「淑徳女学校設立趣意書の『淑徳』についての考察」で、「淑徳女学校設立趣意書A」すなわち「普通女学校の設立願」（『浄土教報』一三一号記載の「同校の規則要領」）と、「淑徳女学校設立趣意書B」すなわち「静淑女学校創立並びに建築諸言」を比較検討し、提出時期や順序と、それぞれの背景を掘り

下げて重要な指摘をしている。まず、

> 「普通女学校の設立願」という原点に立つと、「静淑女学校創立並びに建築諸言」の持つ役割を再検討する必要性が増してくる。なぜなら「静淑女学校創立並びに建築諸言」こそ、浄土宗から公式の許可を得たのちに、茅根学順や野沢俊冏などの賛同者と相談の上で、女学校創立の決意表明の告知と、広く浄土宗内外からの浄財を勧募するために印刷し、配布した「設立趣意書」と考えられるからである。（同論文四五頁）

と、二つの淑徳設立趣意書の持つ役割の相違を鋭く指摘している。

二つの設立趣意書の相違点　さらに両者の具体的な相違点を挙げながら、聞声の並々ならぬ決意と覚悟がどのように示されているかを論評している。

> では、「淑徳女学校設立趣意書」と「静淑女学校創立並びに建築諸言」を比較すると、どのような違いがあるのだろうか。両者の書式上の違いは、前者に提出者の氏名がなく、後者に発起人の氏名が明記されている。内容面では徳育教育を強調するなど、論調に重なる部分が多いが、後者では女子教育の現状を鋭く分析して、徳育の緊急性を強調し、「窈窕《ようちょう》たる淑徳を養成すること」を目標に掲げるなど、前者よりも一歩踏み込んだ、設立趣意書らしい表現が多く見られる。その一つは付記の「女学校設立成功の上は浄土宗公有の校舎とす」という一文《いちぶん》である。そこには発起人・聞声の並々ならぬ決意と覚悟が示されている。女学校が成功した暁には浄土宗の校舎とするという文言には、設立に賛同し支援してくれる人々に対しての責務と、仏教者・聞声の女子教育に対する真摯《しんし》な姿勢が読み取れるからである。
>
> 同時期の仏教系女学校の設立趣意書と見比べるとき、筆者は、「淑徳女学校設立趣意書」と「静淑女学校創立並びに建築諸言」が相互補強する内容であることに気づく。そして二つを合わせることで、創立者聞声の建学の精神がより鮮明

に浮かび上がってくるように感じられる。（同論文四五〜四六頁）

として、淑徳女学校の創立者聞声の建学の精神を正確にくみ取るべき視点を提示している。

参考：『浄土教報』一三一一号。米村美奈「淑徳女学校設立趣意書の『淑徳』についての考察」（『淑徳大学研究紀要』第五五号、二〇二一）。

（割田剛雄）

『ふるさと読本《どくほん》　松前《まつまえ》』

松前町教育委員会が作成した副読本　本書は、北海道の松前町教育委員会が町内の小学校一年生から中学三年生まで、共通して学び続けられる学習の副読本として作成された。

幅広い学年で系統的に学べるように工夫が施され、松前町を多角的に深く理解できる内容となっている。二〇一二年（平成二四）三月に初版が発行されてから、町民を始め、町外各所からの意見を反映し、二〇一六年（平成二八）三月に「ふるさと学習推進委員会」により改定・再版されている。

松前町・松前町教育委員会が二〇一五年（平成二七）一二月に策定した「松前町教育大綱」の「教育基本施策」の五施策のうちの一つに、「歴史や伝統、文化を尊ぶとともに、書を愛する心を育てる」ことが掲げられている。

それは、「松前の教育資源を生かしたふるさと学習の推進」を柱とし、具体的事業として「ふるさと読本の活用による学校支援」を謳《うた》っている。そして「長い歴史の中で先人が築き受け継がれてきた、文化財や伝統行事などに理解を深め、大切に保存しながら

『ふるさと読本　松前』

継承していくことを支援し、日常から書に親しむ教育を目指します。」として、松前町の教育に『ふるさと読本　松前』が重要な役割を果たしていることがわかる。

同書は、松前の地形、歴史、産業、文化、現代の松前町など全般の幅広い分野を、教育的な資料として示している。特にカラー刷りで写真や絵図、イラストがふんだんに使われている点は、幅広い学年の学習者の学習促進が実現するものとなろう。視覚的にも学びが広がるようになっているだけではなく、文章も明解で短く、活字も大きく、ルビも振られ、読者に分かりやすい。

松前町生まれの聞声を大きく紹介　大項目の「もっと知ろうわたしたちのふるさと松前」に、「松前町生まれのすぐれた文化人」五人が写真入りで紹介されている。その中に「日本最初の女学校をつくった輪島聞声（一八五二～一九二〇）」と題し、一ページにわたり聞声を紹介している。

輪島聞声《わじまもんじょう》は、一八五二（嘉永《かえい》五）年、松前藩《まつまえはん》・福《ふく》山《やま》で生《う》まれ、本名《ほんみょう》を「こと」といいました。（『同書』一二三頁）

ということから始まり、子どものころから、法話を聞くなど、仏教に興味を持っていたことや、尼僧としての厳しい修行、淑徳女学校をつくったことの紹介が続く。結びは、

聞声《もんじょう》は、日本《にほん》の最初《さいしょ》の女子教育者《じょしきょういくしゃ》として、その後《ご》、二〇年《ねん》にわたり、社会《しゃかい》のため、人《ひと》のために生《い》きることの大切《たいせつ》さを教《おし》えました。（『同書』一二三頁）

と町の偉人として尊敬を込めた紹介をしている。

また、大項目の「松前の歴史を探検しよう」にある中項目の「『松前屏風』に描かれた町」に「松前屏風」の写真とその説明書きがある。一八世紀中ごろの松前の町の繁栄ぶりが描かれており、屏風の松前町の中心部に聞声の生家が営んでいた「輪島屋」も鮮明に描かれている。

本書の写真からは小さくて確認できないが「松前町郷土資料館」にあるレプリカの屏風からは人物の

動きから服装まで細かく記されている中で「輪島屋」の文字が読み取れ、その繁栄ぶりが伝わってくる。

参考：ふるさと学習推進委員会『ふるさと読本　松前　わたしたちのふるさと松前』松前町教育員会、二〇一六。

（米村美奈）

弁財天《べんざいてん》

弁財天はもともとはインドの河や農業の女神で音楽や弁舌、財福、智慧の徳があるとされ、吉祥天《きっしょうてん》とともに古くから信仰を集めてきた。仏教に取り入れられ、『金光明最勝王経《こんこうみょうさいしょうおうきょう》』で詳しく解説されている。日本での「弁才天（弁財天）信仰」は、平安時代中期に滋賀県の琵琶湖・竹生島に祀られたことに始まるとされる。室町時代に七福神信仰が盛んになると、「弁才天」が「弁財天」に改められたという。日本三大弁財天は、

「竹生島《ちくぶじま》神社の弁財天（滋賀県竹生島）」

「江島《えのしま》神社の弁財天（神奈川県江ノ島）」

「厳島《いつくしま》神社の弁財天（広島県厳島）」

である。聞声の師・行誡も深い弁財天信仰を持ち、紀行文「江島弁天参籠《さんろう》の記」がある。年月日が定かではないが、行誡が江島神社に参籠《さんろう》したとき、妙音弁財天を上之宮に移す儀式を目撃し、弁財天の姿を拝した感動を記し、さらに弁財天が仏道を修行する人々を守護し、信心すればご利益を与えることを記している。

この行誡と聞声の弁財天信仰が子弟の絆《きずな》をさらに深めていったと考えられる。↓竹生島

（米村美奈）

戊辰戦争《ぼしんせんそう》と松前藩《まつまえはん》

箱館戦争に巻き込まれた松前藩　聞声が一七歳（満一六歳）を迎えた一八六八年（慶応四・明治元）に、二六五年間続いた徳川幕府が倒れ、新政府軍（主に薩摩・長州・土佐・肥後藩）と旧幕府軍との間に戊辰《ぼしん》戦争が勃発《ぼっぱつ》した。一八六八年（慶応四）一月の「鳥羽伏見の戦い」を皮切りに、「江戸の無血開城と上野の戦い」「会津の戦い」「箱館の五稜郭《ごりょうかく》の戦い」と戦乱は一年半に及び、松前藩は最終段階の「箱館戦争」

に巻き込まれた。

時代背景を見ると、松前藩主・松前崇広《たかひろ》はイギリスの商船エゲレア号が松前藩大沢沖で難破した際の見事な処置で、ビクトリア女王から感謝の懐中時計を贈られるなど、外様《とざま》大名でありながらも解明派《かいめいは》として高い評価を得ていた。

そのため幕末期の一八六三年（文久三）、将軍徳川家茂から寺社奉行に任命され、二年後には外様大名としては異例の老中職を命じられ、その五年後に戊辰戦争が勃発したのである。

幕府側から新政府側へ　全国の多くの藩が「新政府側につくか（勤皇派《きんのうは》）、幕府側につくか（佐幕派《さばくは》）」の決断を迫られた。藩主松前崇広がかつて幕府の老中職を務めた松前藩では、当初は佐幕派が優勢であった。

しかし藩の若い家臣たちは、「朝廷につくべきである」と主張して正議隊《せいぎたい》を結成。松前勘解由など佐幕派の重臣を次々に殺害して松前藩の主導権を握った。この正議隊の活躍が評価されて、朝廷から「館の地（五稜郭と福山城の中間地点）に新しい城を築くことを許可する」との許しが出たので、藩の名前を松前藩から館藩に改称して、館の地に城の建設を開始した。

松前・福山城激戦の図（『ふるさと読本　松前』）

一方、会津戦争に敗れた旧幕府軍は一八六八年（明治元）一〇月二六日、総力を集結して新政府軍の拠点地・箱館五稜郭を占領。次の攻撃目標を幕府側から新政府軍側についた館藩（松前・福山城）に定めた。

旧幕府軍が松前に進撃　土方歳三《ひじかたとしぞう》の率いる旧幕府軍は一一月一日に五稜郭を出発。五日に松前に進撃。海上からも軍艦回天《かいてん》が松前福山城に向かって砲撃した。追いつめられた城兵は敵に利用されないように城下に火を放ち、藩主徳広や重臣たちは建築途中の館城に逃げた。
　このとき聞声をはじめとする輪島家一族など、住民のほとんどは近郊の山間地に避難。空家同然のため火は一気に広がり、城下の三分の二を焼き尽くす大火となった。「館城」も一〇日後の一一月一五日に攻め落とされた。

参考：ふるさと学習推進委員会『ふるさと読本松前』松前町教育委員会、二〇一六。米村美奈『輪島聞声の生涯―日本女子教育の先駆者』淑徳選書6、淑徳大学長谷川仏教文化研究所、二〇一九。

（米村美奈）

戊辰戦争《ぼしんせんそう》の戦火《せんか》を逃《のが》れ清部村《きよべむら》に避難《ひなん》

　城の攻防戦から逃れるため、聞声たち輪島家一族は一里ほど離れた清部村《きよべむら》に、取るものも取りあえず避難した。『ふるさと読本　松前』（松前町教育委員会）によれば、当時の清部村は家数五二軒ほどの寒村である。三日三晩食べ物もなく、避難地の近くに砲弾を打ち込まれ、恐怖に身を震わせる状況であった。一一月の寒さのなかでの避難生活は想像を絶するもので、生き抜く不安と飢餓に苦しむ絶望的な日々であった。のちに聞声は谷紀三郎の取材に対し、清部村での苦しかった避難生活を、

何が苦しいといって、人間はやっぱり食べるものの無いほど苦しいことはございません。清部村の山あいに逃げていた時のことを思いますと、もうどんな苦労でも耐えられないことはないと、しみじみそう思います。（谷紀三郎編『聞声尼』一〇頁）

と語っている。清部村に避難して四日目の朝、「戦いが止んだ」との知らせと迎えの馬が来た。生き返った思いで家に帰ると、松前城下は一面の焼け野原で、見る影もない状態であった。輪島家は店が全て焼失し、財産のほとんどを失ったが、かろうじて米倉と住居のみが残った。

参考：ふるさと学習推進委員会『ふるさと読本松前』松前町教育委員会、二〇一六。谷紀三郎編『聞声尼』私家版、一九二〇。

（米村美奈）

ま

松田《まつだ》すて

聞声の姪（聞声の弟・専二の娘。生没年不詳）。淑徳女学校卒業生。松田ステや、松田ステ子、松田すて子の表記も見られるが、本事典では輪島聞声の系図の表記にもとに「松田すて」とする。淑徳女学校の教職員名簿を見ると、一九〇二年（明治三五）一月から一九〇三年（明治三六）一二月まで「山田ステ子」の名前で在職し、刺繍を担当。退職事由の適応欄に「結婚」とあり、小さく「松田」と記録されている。

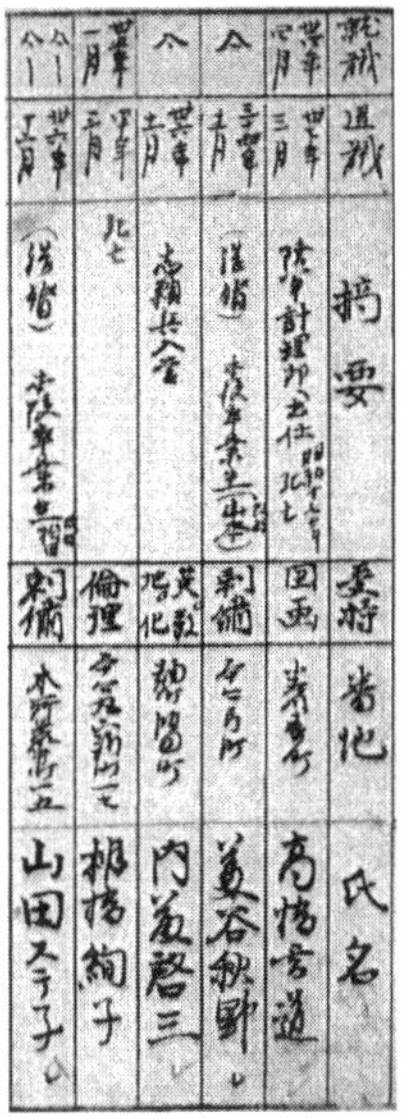

松田すて（山田ステ子）を記載する淑徳女学校教職員名簿（淑徳大学アーカイブズ提供）

鎌倉の聞声庵で殺人事件が起こり、犯人の大米龍雲が九州の福岡で逮捕され、裁判の結果、一九一六年（大正五）五月八日に東京地方裁判所で死刑の判決を受け、同年六月に死刑が執行されたあと、聞声庵を人手に渡すとき、立ち会ったのが松田すてであったとされる。

その後、叔母の聞声が東京本所の感応寺で病気療養をするうちに病状が重篤化すると、文筆家・谷紀三郎の妹に知らせて、谷紀三郎に聞声の伝記を執筆してくれるように依頼した。谷紀三郎の妹が淑徳女学校の卒業生であったためである。松田すては聞声の弟子平松誠厚とともに、保存していた関係資料を谷に提供している。

さらに、一九四二年（昭和一七）に広瀬了義が『淑徳五十年史』を編纂するときにも、

本書の編輯に際し太田美寿先生、藤瀬匡子、荻原かづ、磯谷みやの諸姉、聞声尼の姪にあたられる松田すて様などから資料の御提出なり有益

なお話など承ったことに対して深甚の謝意を捧げたい。（同書、凡例。圏点は筆者）

と記されているように、資料の提供と広瀬の取材に協力している。

（米村美奈）

松前屏風《まつまえびょうぶ》

聞声の生誕地である松前（現北海道松前市）は、江戸中期から北前船の寄港地として繁栄した。東北や北陸をはじめ、遠くは大坂、下関、長崎からも蝦夷地の特産物を求め、年間千数百隻もの船が来航したといわれる。交易を通して関西や北陸などの上方文化や、各地の多彩な文化が流入して都会の様相を示していた。

「松前屏風」は六枚の絵で出来ている屏風（六曲半双）で、一八世紀中ごろの松前の繁栄の様子を伝えるものである。近江商人の恵比寿屋《えびすや》岡田弥右衛門が繁昌している自分の店の様子を後世に残すため、松前出身の絵師「龍円斉児玉貞良《りゅうえんさいこだまていりょう》」に描かせたものとされる。神社や寺の位置、道路配置（地割）などが

松前屏風（1750年頃）

現在とほとんど同じであることがわかる。

筆者は二〇一七年（平成二九）に松前を訪れた折に、松前城資料館で「松前屏風《びょうぶ》」（レプリカ）を拝観することができた。屏風には往時の松前の賑《にぎ》わいぶりが克明に描かれ、細部をよく見ると聞声の生家「輪島屋」が記されている。

（米村美奈）

松本《まつもと》 隆《たかし》

松前出身の郷土史研究の第一人者　聞声の郷里・松前出身の教育家・郷土史家（?～一九六五）。松前藩の藩船「長者丸」（千石弁財船）を預かる名家に生まれ、松前の松城小学校で学び、一九〇三年（明治三六）に北海道師範学校を卒業。松前の福島小学校や小樽の稲穂女学校で教鞭をとる。これらについては野村公「松前地方に於ける音楽教育の歩み」（『北海道学芸大学紀要』第一三巻第一、第二号、一九六二）に詳述されている。

　松本隆は、のちに松前町長、北海道会議員、松前町教育委員長を歴任。北海道の郷土史研究の第一人者と称され、北海道の大半を占めた松前郡の初の通史とされる『松前郡史』を一九五六年（昭和三一）に著述。一九六三年（昭和三八）一二月発行の『松前史談会報』第六六号で、論稿「松前が生んだ女傑　輪島聞声尼」を著している。

長谷川良信や広瀬了義等との出会い　同論稿の冒頭部分に、大乗淑徳学園初代理事長・長谷川良信の来訪や、それを機縁にして上京した際に、大乗淑徳学園の本部に招かれ、広瀬了義と面会し交誼を結んだことなどが次のように書かれている。

　昨夏、聞声尼を学祖とする現在の大乗淑徳学園理事長、長谷川良信氏が札幌で開催する社会事業の大会出席の序を以て正行寺住職山本竜海師の案内で、わざわざ拙宅を訪ねられ、学苑創立七十周年記念計画や聞声尼について、いろいろ語りあったのが縁故となり、本年三月上京の際世田谷上馬宅に特に長谷川氏の来訪を受け、さらに招ぜられて板橋区志村前野町に在る淑徳学園本部に良信氏を訪い、学園の現況を巡覧し中食卓裡に与野（埼玉県与野市）淑徳高等女学校長で記念事業の一部である輪島聞声伝の執筆者である広瀬了義師を紹介され…。（同論稿三頁）

　論稿が執筆・発表されたのが一九六三年（昭和三八）なので、長谷川良信が松本隆宅を訪問した「昨夏」とは、一九六二年（昭和三七）の夏と推察され

る。さらに松本は同論稿で、

その後広瀬師が聞声尼の嗣子平松誠厚尼上馬の感応寺に訪問された記事の掲載紙「マハヤナ淑徳タイムス」の寄稿を受け啓発されるところ多かった。（同論稿三頁）

としている。

輪島家の人々の消息　松本隆は同論稿の中で、聞声や聞声の父・太左衛門を始めとする輪島家の消息や、聞声の姉妹・弟、姪・甥等の動静を、自らの実体験を交えて細かに記している。たとえば、聞声の長姉とくの息子・令蔵とは（松城）小学校時代の同級生であったことや、令蔵の弟・吉平のこと、聞声の妹くらと岩田栄蔵の結婚、くらが病没してからの岩田栄蔵の華道家元としての活躍、聞声の弟専二が滋賀県琵琶湖の竹生島《ちくぶじま》の寺へ入ったこと、かつて聞声尼も竹生島を訪れたこともあったと伝えられるなどの記述である。これらの証言は、聞声を取り巻く輪島家の人々のその後の消息を確認する上で貴重な資料である。

平松誠厚の重要証言の紹介　松本隆は同論稿の末尾で、

広瀬了義師が去る昭和三七年（筆者注：一九六二年）一月末日、東京都世田谷区上馬町にある感応寺を訪問された際、（略）寺の住職である嗣子平松誠厚尼と会談しているが、次に平松師の談話の中から聞声尼を偲ぶに足る点を抜粋して参考に供する。

として、広瀬了義が感応寺で平松誠厚と会談した内容を綴っている。そこには、鎌倉・聞声庵および京都・西寿寺に関する説明などが以下のように示されている。

私（筆者注：平松誠厚のこと）は不思議にも淑徳校創立の明治二五年五月の生れです。四・五歳のころ師匠聞声尼に迎えられ、感応寺で育てられたが淑徳校内で大部分教育された。（略）私は淑徳女学校以来、師匠に側近していただけに、学校経営の至難さ、女子教育の本来の使命などはつぶさに拝察されました。鎌倉の扇ヶ谷の別荘（聞声庵）は付近に一寸した温泉があり、米屋の傍の小高い幽邃な構えで校友の方々も来訪されたが、感ずるところがあり松平《ママ》（筆者注：松田）ステ女史の立会で人手に渡されました。……京都の泉ヶ谷に半年ばかり居られたが、すぐ帰京されました。

師は京都は修学の地だけに執着をもたれ、洛中の西住寺（筆者注：西寿寺）内の地蔵堂に幽邃の予定で荷物の一部を送り込んであったが持病が出て大正七年ごろから発病し、一年間は全く病褥について居られたが、肺炎を併発し、私も感染しました。（同論稿八頁）

鎌倉・聞声庵の周囲の説明や、聞声庵を人手に渡す際に松田すてが立ち会ったこと、そののち京都の泉ヶ谷、すなわち西寿寺に半年ほど滞在したこと、聞声が肺炎を併発し平松誠厚も感染したことなど、いずれも従来の先行研究でほとんど触れられていない内容である。

なお、広瀬了義はその後も松本と交流があり、一九六五年（昭和四〇）五月二二日に北海道松前に行き、松本隆宅を訪問している。しかし、「残念なことにすでに同氏は本年二月一七日に急逝されてしまっていた」と『大乗淑徳タイムス』第四八号に掲載している。

参考：松本隆「松前が生んだ女傑　輪島聞声尼」（『松前史談会報』第六六号）一九六三。

（割田剛雄）

水《みず》島《しま》忠《ちゅう》兵《べ》衛《え》

聞声・淑徳女学校の恩人の一人　感応寺の信徒総代（?～一九一三）。感応寺の門前で陶業を営む。聞声が淑徳女学校を開校するとき相談し、校舎購入代金五〇〇円を快く貸してくれた恩人。聞声はこの五〇〇円で、日蓮宗の信徒たちによって建てられ廃校になっていた江戸川の有得館を購入。小石川伝通院境内に移築した。

水島忠兵衛および水島家の来歴、営んでいた陶業の内容については未詳である。関東大震災で感応寺一帯が焼失し、感応寺にあったであろう水島家の墓地・墓石・墓誌、水島家を含む檀家の記録でもある寺の過去帳等もすべて灰塵と化し、復興作業の混乱の中で散逸したと考えられる。震災後に平松誠厚が世田谷上馬に再建した感応寺に水島家の墓地は見当たらず、現住の第一九世・成田淳教住職に尋ねても、その後の水島家の消息は不明である。

陶磁工組合で活躍した記録　しかし窯業《ようぎょう》関連の資料を調査するうちに、水島忠兵衛の窯業界での活躍の一端が判明した。瀧王子著『窯業協会四十年史』は、一八九一年（明治二四）一〇月に創立された窯工会と、それを継承発展させた大日本窯業協会の歴史をまとめたもので、『窯工会誌』・『窯業協会雑誌』各号の主要記事を詳細に記録している。

同著中に、一八九三年（明治二六）四月二三日開催の「大日本窯業協会」第一回総会の記録があり、「当日の出席者の重《おも》なるものは此の如くして窯業界の権威者を網羅」しているとして、会頭・品川弥次郎以下二五名の参加者名が記載され、その他五三名は氏名を略すとされている。

水島忠兵衛の名は当時の「窯業界の権威者を網羅」した二五名の記載者の中に明記されている（『同著』四一頁参照）。詳細は不明であるが、第一回総会の出席者に名を連ねているのは、水島忠兵衛の窯業界での活躍と水島家の業績の隆盛さを反映したものと考えて間違いないであろう。

注目すべきは、「大日本窯業協会」第一回総会が淑徳女学校開校の翌年である点である。聞声が校舎購入代金五〇〇〇円の相談をしたとき、水島忠兵衛が快諾した背景に、家業の隆盛があったと考えられるからである。

淑徳女学校の身売りの危機を救う　聞声が淑徳女学校を開校する際に、学校用地は伝通院境内を借用し、校舎は水島忠兵衛からの五〇〇〇円の借金で購入し、校舎の移転費用や開校当初の資金は実家・輪島家からの三〇〇〇円の援助で対処し、開校した年末は義弟岩田栄蔵の薬代二〇〇〇円で乗り切ったことは、それぞれ別項目に記したとおりである。

淑徳女学校は一八九五年（明治二八）に第一期生の

卒業を迎えたが、入学者数の少なさゆえに常に経済的な不安を抱えていた。創立五年目の一八九七年(明治三〇)三月、浄土宗からの年三〇〇円の援助が年四〇〇円に引き揚げられたけれども、年末に大きな危機を迎えた。一二月三一日の資金繰りが都合付かなかったのである。そのとき黒田真洞校長から、

「ある婦人が、負債額の肩代わりと一〇〇〇円の提供を条件に、学校を譲り渡して欲しい」

という学校の身売り交渉が斡旋された。さすがの聞声も切羽詰まって途方にくれ、東京芝の占い師・石龍子を訪ねた。石龍子の占いは、

「学校には幸運の兆しがある。今、他人に譲るのは凶。しばらく持ち続けているうちに、必ず助けてくれる人が出てくる」

であった。聞声は喜び、石にかじりついても学校は手放すまいと覚悟を決め、水島忠兵衛に相談した。水谷紀三郎編『聞声尼』では水島の返答を次のように記している。

今日まで、あなたがあれ程《ほど》の苦心なさったものを、今僅《わずか》ばかりの負債の為《た》めに、他人に学校を譲り渡すなどということは、あるべからぬことだ。そういう事ならば、もう一度私が心配して上げましょう。心配なさるな。安心して居らっしゃい。(『同書』一二二頁)

こうして水島忠兵衛の厚意によって、人手に渡ろうという最大の危機を救われ、淑徳女学校は聞声の手に残った。聞声は心から感謝した。

東京陶磁工組合の常務役員に　上記のように、水島忠兵衛の義侠心の発揮で、「学校の身売りの危機」を脱することができた。同時期の水島忠兵衛の活躍ぶりを示す記録が一八九八年(明治二九)発行の『大日本窯業協会雑誌』の「窯業彙報」に残されている。そこには、「東京陶磁工組合」の第一回総会の開催と役員人事が掲載され、常務役員兼会計主任として水島忠兵衛の名前が次のように示されている。

東京陶磁工組合　同組合は陶工磁工を以て組織し今回府庁(筆者注：東京府)の許可を得て第一回の総会を開き役員を選挙し各承諾せり

頭取河原徳立、副頭取竹本皋一、常務役員井上治兵衛　同兼会計主任水島忠兵衛、同加藤友太郎、同杉村作太郎（『同書』二四九頁）

この記事に続き、『読売新聞』（明治三〇年二月一九日）にも、浅草蔵前植木屋茶亭で（二月）一六日に東京陶磁工組合の定例総会が開かれ、役員改選の結果、水島忠兵衛は引き続き常務役員に選出されていることが報じられている。

新しい寄宿舎完成も水島忠兵衛の厚意　水島忠兵衛のその後の聞声・淑徳女学校との関りについて、米村美奈は『輪島聞声の生涯』で次のように取り上げている。

水島忠兵衛の支援によって危機を脱した淑徳女学校は次第に隆盛となり、一八九九年（明治三二）四月には「本年は新入学の女生非常に多く、既に本月上旬まで七十名に近き入学者あり」（「浄土教報」第三五七号、明治三二年四月一五日）というまでに発展した。そして寄宿舎が新設されたのである。「浄土教報」第三六三号（明治三二年六月一五日）ではその様子を、

「淑徳女学校は成績佳良なるが為に、地方の豪族良家の女子にして、寄宿入学を希望するもの多く、到底従来の寄宿舎にては狭隘を訴ふるより、今回全校裏手の空地に一棟の寄宿舎を設立することになりたり。」

と紹介している。（『同書』二二一〜二二二頁）

七月に完成した新しい寄宿舎も、水島忠兵衛の厚意によるものであった。寄宿舎の盛大な落成式と、聞声の水島忠兵衛に寄せる感謝の気持ちを聞き書きした谷紀三郎は、『聞声尼』で次のように綴っている。

淑徳女学校に寄宿舎が新築されて、落成式の当日、時の浄土宗管長山下現有師が臨場せられ、盛《さかん》なる祝賀の式が挙げられたのも、これ亦《また》水島氏の厚意に依ったのであった。聞声尼が学校の恩人として幾人かの人を挙げる時に、必ず常に水島氏に第一指を屈するのは、固《もと》より其の所である。（『同書』一二二〜一二三頁）

淑徳女学校の隠れたる恩人　さらに谷紀三郎は聞声の感謝の思いを代弁するかのように、水島氏の功績を「淑徳女学校の隠れたる恩人」と記している。

水島氏は大正二年に病を以て故人となられたが、家は嗣子《しし》忠兵衛氏が継いで、今日なお陶業家として益々繁栄を続けて居られる。聞声尼個人としても無論忘れてならぬ人であろうが、淑徳女学校としても、隠れたる恩人として其の名を永《なが》く記憶さるべき筈《はず》だと思う。（『同書』二二二頁）

水島忠兵衛が亡くなった一九一三年（大正二）は、聞声が淑徳女学校の監督職を完全に退任した直後である。米村『輪島聞声の生涯』では、聞声が水島忠兵衛の菩提を手厚く弔った様子などを、次のように取り上げている。

聞声は一九一二年（明治四五）五月一一日、旧来の同志である黒田真洞校長の辞任にともない淑徳女子高等学校の監督を退任した。そのとき浄土宗管長の要請を受け、監督を委嘱《いしょく》されたので、正式に淑徳高等女学校を勇退したのは一年後の一九一三年（大正二）である。淑徳の教育に携わって二一年、生徒とともに学校に住み込んでの寮生活を続けてきた。（略）

同年（一九一三、大正二）、感応寺の門前で陶業を営み信徒総代をつとめ、聞声ひいては淑徳女学校時代の経済的危機を何度も救ってくれた、恩義ある水野忠兵衛が亡くなった。まるで聞声の淑徳女学校での仕事を見届けた時期だったといえる。聞声は水島忠兵衛の菩提を手厚く弔った。淑徳女学校の歴史をひもとくとき、岩田栄蔵らとともに表面に出ることの少ない人物であるが、水野忠兵衛の経済的支援なくして、淑徳女学校は他者に経営を移して身売りせざるを得ないか、もしくは、存続できない事態が起こっていたといっても過言ではない。（『同書』二五九～二六〇頁）

聞声が入寂したとき、『東京朝日新聞』朝刊掲載の死亡告知に「信徒総代・水島忠兵衛と大軒寅蔵」とあるうちの水島忠兵衛は、二代目水島忠兵衛であり、亡くなった忠兵衛に引き続いて水島家が信徒総代をしていたことがわかる。

参考：谷紀三郎編『聞声尼』私家版、一九二〇。米村美奈『輪島聞声の生涯―日本女子教育の先駆者』淑徳選書6、淑徳大学長谷川仏教文化研究所、二〇一九。

（割田剛雄）

三《み》星《ほし》善応《ぜんのう》

淑徳女学校の設立時の評議員（一八四三～一八九八）。明治期の浄土宗の宗政家。字《あざな》は謙譲《けんじょう》。浄土教報社の設立者。淑徳女学校の開校前の一八九二年（明治二五）二月一七日、茅根学順が住職をしていた真珠院に集まり、聞声の「普通女学校設立」に向けての協議に賛同してくれた一人。

江戸末期の一八四三年（天保一四）二月一〇日、現在の島根県大田市久利町久利に三星儀七の二男として生まれる。一八六四年（元治元）に東京深川霊巌寺の選誉学心より、浄土宗の宗戒両脈を相承。一八七八（明治一一）に東京牛込の来迎寺に転住する。一八八九年（明治二二）に公会議員となり、宗制・寺法の制定に心血を注ぐ。一八九〇年（明治二三）浄土宗学本校校長となる。

また、一八八九年（明治二二）に設立した浄土教報社から『浄土教報』を創刊。浄土宗の教学の現代化と教線の伸張をすすめ、浄土宗内外の公私の動向を報道。同誌で聞声の普通女学校設立の趣旨を取り上げ、淑徳女学校関連の記事を多数掲載した。一八九八年（明治三一）七月八日入寂。恭蓮社立誉報阿。

参考：WEB版新纂浄土宗大辞典。

（割田剛雄）

森《もり》本《もと》玄《げん》浄《じょう》

浄土宗の尼僧（？～一八八九）。聞声の尼僧修行の師。感応寺第一四世住職。聞声は回向院で福田行誡を導師に出家・得度したあと、ただちに「牛島の尼寺」と呼ばれていた感応寺に入り、森本玄浄住職のもとで尼僧修行を始めた。一八八七年（明治二〇）に聞声が知恩院内の入信院で尼衆教場を開校した同年、宗務所から聞声に感応寺再興の命が下る。森本玄浄が病気のため、住職の交代を宗門に願い出たものと考えられる。聞声が感応寺に戻って二ヵ月後、一八八九年（明治二二）三月二〇日入寂。法蓮社遠誉玄浄沙弥尼。

（米村美奈）

聞声庵《もんじょうあん》と念仏庵《ねんぶつあん》

聞声が一九一三年（大正二）に淑徳高等女学校の監督を退任したあと、念仏三昧の生活をするため、鎌倉扇ヶ谷に建てた庵の名称。これまでの先行研究では聞声庵説と念仏庵説の二説がある。

聞声庵説は、聞声の晩年を知る谷紀三郎編『聞声尼』、広瀬了義述「学祖輪島聞声尼伝」、広瀬了義編『淑徳五十年史』と『淑徳七十年史』、徳武真有編『淑徳教育七十年』、淑徳大学長谷川仏教文化研究所編『大乗淑徳教本』などである。

念仏庵説は平松誠厚「輪島聞声尼」（『浄土宗尼僧史』）、里見達人『生者の善知識　輪島聞声尼』、坂上雅翁「明治を生きる」、芹川博通「輪島聞声伝」、長谷川仏教研究所「淑徳の時間」教材開発プロジェクト編・石上善應監修『おかげの糸』などである。

なお芹川博通「輪島聞声伝」は、坂上雅翁との共著『輪島聞声先生を偲んで』収録の同タイトルの論考を一部加筆したものであり、芹川博通『国家・教育・仏教』にも収録され、「念仏庵（「聞声庵ともいわれる」）」と注記して、聞声庵にも言及している。

ハガキの下部に「鎌倉聞声庵玄関」とある

その後、米村美奈『輪島聞声の生涯』では、聞声関連の資料を丹念に蒐集して「淑徳SC中等部・高等部」

所蔵の「郵便はがき」四葉を見出し、四葉にそれぞれ、
(1)鎌倉聞声庵全景（右頁に掲載の郵便ハガキ）
(2)鎌倉聞声庵玄関
(3)鎌倉聞声庵庵室
(4)鎌倉聞声庵ヨリ由井ヶ浜ヲ望ム
と明記されているのを根拠に庵の名称が聞声庵であることを確認している。なお四葉のうち、「(3)鎌倉聞声庵庵室」は谷の『聞声尼』（六三頁）に「鎌倉聞声庵に於ける聞声尼」のキャプション付きで収録されている。

ハガキの下部に「鎌倉聞声庵全景」とある

聞声庵は、聞声が淑徳高等女学校の監督を退任した翌年一九一四年（大正三）に建立。その後諸般の事情から、一九一八年（大正七）から一九一九年（大正八）ごろに手放したとされている。わずかに四〜五年の期間だけ用いられた庵である。当時、裏面に写真を印刷した「郵便はがき」が流行した時期であり、この四葉の「郵便はがき」は聞声庵の存在を証明する貴重な写真資料である。

（割田剛雄）

参考：芹川博通『国家・教育・仏教』北樹出版、二〇〇五。米村美奈『輪島聞声の生涯—日本女子教育の先駆者』淑徳選書6、淑徳大学長谷川仏教文化研究所、二〇一九。

聞声庵《もんじょうあん》の殺人事件《さつじんじけん》

一九一五年（大正四）一月に発生　聞声は一九一三年（大正二）に淑徳高等女学校の全ての役職を退任。第一五世住職を務める東京本所の感応寺に戻り、静かに尼僧生活に専念。翌一九一四年（大正三）に鎌倉の扇ヶ谷《おうぎがやつ》に小庵を営んで聞声庵と名づけ、念仏三昧

の生活を送っていた（谷紀三郎編『聞声尼』一五七頁）。

一九一五年（大正四）一月二七日、聞声の留守中に聞声庵で殺害事件が発生。二日後の二九日付『東京新聞』では「尼僧殺しの証拠品を発見す、凶器は生《いけ》花《ばな》用の小刀《こがたな》、死体は解剖したり」と報じ、『読売新聞』では、

> 小石川淑徳女学校創立者なる、本所区荒井町十五、浄土宗尼寺感応寺住職輪島聞声尼（六四）の弟子、愛知県幡豆郡吉田村生まれ牧敬道（筆者注・表記ママ、傍点筆者）（二五）は二十七日午後四時頃、聞声尼の別荘なる相州《そうしゅう》鎌倉町扇ヶ谷聞声庵に於て、何者かに辱しめられたる上、鋭利なる刃物を以て咽喉部を抉《えぐ》られ惨死し居たり。

と報じている。記事のなかの被害者「牧敬道」は「牧教道」の誤報である。事件現場が当時名声を得ていた淑徳女学校の創立者・輪島聞声の庵《いおり》であったため、新聞報道では「聞声尼の別荘」と大きな見出しがつき、また、被害者・牧教道が美貌の尼僧として近隣で評判であったこともあり、世間の注目を集めた。

被害者は颯田本真《さったほんしん》の弟子　被害者・牧教道は聞声の直接の弟子ではなく、聞声が姉とも慕い尊敬する浄土宗の尼僧・颯田本真《さったほんしん》の弟子であった。牧教道は、颯田本真と同郷（愛知県）の出身で一九〇一年（明治三四）に颯田本真のもとで得度し、姉の牧忍教も一八九七年（明治三〇）に同じく颯田本真より得度を受けていた。聞声は鎌倉に移り住み、東京本所の感応寺を弟子の岩田成功や平松誠厚に任せ、定期的に上京し、毎月二六日に感応寺で定例法話を開催し、上京に併せて身辺雑事を処理していた。そのため留守を颯田本真に頼み、颯田本真の弟子・牧教道や牧忍教が留守居役を兼ねて聞声庵に住み込んでいたものである。

聞声およびその周辺の人々がこの殺人事件に対し、どのように対応したのかを伝える記録は、これまで、ほとんど見出されていない。わずかに藤吉慈海『颯田本真尼の生涯』で、颯田本真が三河からかけつけてきた尼僧・牧教道の両親に向かって、「聞声さんの前では決して愚痴をいうな。涙一滴こぼすでないぞ」

といいふくめたこと、「両親もさすがに気強く悲しさをこらえていられたが、鵠沼《くげぬま》の慈教庵へ帰ってから、老尼（筆者注・颯田本真）の前でおいおいと大声をあげて泣かれたそうである」（『同書』一五一頁）と記し、広瀬了義が、

常例の二六日に上京中に鎌倉の聞声庵に不逞《ふてい》の強盗殺人鬼が忍び込み、妙齢の尼僧を殺害して世間を騒がせた。（「マハヤナシュクトクタイムス」一七号、一九六一年八月二五日）

と言及しているのみで、晩年に聞声から聞き書きをした谷紀三郎編『聞声尼』でも触れられていない。そのため、谷の『聞声尼』を援用したと想定される先行研究でも、ほとんど取り上げられていない。

犯人・大米龍雲《おおごめりゅううん》の逮捕　一九一五年（大正四）八月八日、犯人の大米龍雲が九州の福岡で逮捕された。取り調べが進むと、「扇ヶ谷殺人事件」（牧教道殺害）を含む強盗、強姦、殺人など三六件にのぼる凶悪な犯罪歴と、数奇な半生が明るみになった。

大米が自ら語るところによれば、一八七一年（明治四）に浅草に生まれ、幼少時に両親を亡くし、七歳のとき親類に財産を奪われたあげくに九州の禅寺に送られた。一説には売られたともいう。本籍も本名も不明。禅寺の養父に龍雲と名づけられ、勉強もでき、書も達者で弁舌も良かったという。一八歳のときに養父が死亡したので、寺を出て柔道道場の内弟子になり、柔道三段の腕前となり、日清戦争に志願兵で出征。地雷に触れて鼻柱を損傷して日本に送還されたあと、二二歳ごろから詐欺や窃盗を重ねたが、墨染めの衣を着て仏教に詳しく弁舌も巧みなために行脚僧《あんぎゃそう》と思われ、どこの寺でも疑うことなく宿や食事を提供してくれたという。

大米は、一〇年以上にわたり、尼寺を中心に犯罪を繰り返していた（『警視庁史　大正編』五一九〜五二二頁参照）。犯人逮捕が聞声庵での犯行半年後のため、人々の記憶に新しかったことや、犯罪があまりにも残忍で、被害者の多くが尼僧であったことが記者や読者の関心を高めたと思われる。

取り調べが進み、大米の犯罪の詳細が解明される

たびに、新聞などで過熱報道が繰り返され、聞声庵の殺人事件も複数回にわたり言及され、聞声や聞声庵の名が当時の新聞紙面に登場している。
大米は翌一九一六年（大正五）五月八日に東京地方裁判所で死刑の判決を受け、同年六月に死刑が執行された。大米の死刑執行のあと、聞声は感応寺住職を弟子の岩田成功（第一六世）、そして平松誠厚（第一七世）に譲っている。

配慮を込めた記述と事件公開の決意　ソーシャルワークを専門とする米村美奈は、『輪島聞声の生涯』を執筆するに当たり、当時の新聞記事や関連資料を克明に調べ、長く秘匿されてきた聞声庵での殺人事件の全貌を確認した。そして事件発生の衝撃とその後の過熱報道など、二次被害で深く傷ついたであろう聞声の心境や弟子、関係者などの苦衷を推察し、配慮を込めた記述をしている。米村は『同書』の「おわりに」で、
ソーシャルワーカーには対象者（クライエント）との関係性で知り得たことへの守秘義務がある。それは業務を離れたのちも遵守すべきものである。
尼僧殺人事件は一〇〇年以上もの長い年月、まるで封印されてきたような聞声の晩年の悲劇である。事件発生から一年半におよぶ過熱した当時の新聞報道を追いながら、殺人事件の全容を知ったとき、驚きと同時に被害者・牧教道に対する聞声の痛切な思い、悲しみ、ひたすら耐えねばならぬ心境を推測して胸に迫り、聞声の間近で共に悲痛を甘受せねばならなかったであろう姪《めい》の松田すて、愛弟子・平松誠厚《かいこう》などの悲しみの深さを想像し、人物研究にも守秘義務があるのではないかと思った。（『同書』三二二〜三二三頁）
と記し、聞声庵の殺人事件を公表することへの逡巡と葛藤があったことを述べている。そのうえで公表に踏み切った経緯と決意を次のように記している。
その後、聞声研究を進め、心のなかで、
「なぜ、かくも長く紹介されてこなかったの

か」

「聞声は谷紀三郎へのインタビューに、伝えなかったのであろうか」

「いや、谷も、松田すても、よく知っていたはずの事件なのだ」

などいくたびも検討しつづけ、やがて冷静になり、聞声の遺墨として有名な、

「信と忍とは万善万業《ばんぜんばんぎょう》の基礎なり」

「忍の徳たるや一切の事業を成就す」

が入寂二ヵ月前に揮毫《きごう》されたこと、そのとき松田すての願いで谷紀三郎の聞き書きが開始されていたことに思い至った。

さらに「信と忍」の遺墨は「進みゆく世におくれるな、有為な人間になれよ」とともに聞声の教えの要《かなめ》であり、淑徳に学ぶ者にとって大切な言葉である。その遺墨の背後に、晩年の悲劇を乗り越えたであろう気丈な聞声の潔《いさぎよ》い姿と、生々《なまなま》しい尼僧殺人事件の記憶を秘匿《ひとく》しようとした愛弟子たちの真実があったことを正確に伝えることもまた、研究者の役割の一つではないかと決断したのである。(『同書』三二三頁)

ここに示された米村の人物史の著者であるとともに、ソーシャルワーカーとしての立場からの決断は、聞声庵の殺人事件が一世紀にもわたり秘匿されてきた背景を正確に理解する上で重要である。

参考：米村美奈『輪島聞声の生涯—日本女子教育の先駆者』淑徳選書6、淑徳大学長谷川仏教文化研究所、二〇一九。藤吉慈海『颯田本真尼の生涯』春秋社、一九九一。谷紀三郎編『聞声尼』私家版、一九二〇。→颯田本真、→感応寺、→平松誠厚

(割田剛雄)

聞声《もんじょう》、おかめの面《めん》を被《かぶ》ってお福踊《ふくおど》り

気丈で、日ごろは厳しい指導ぶりを発揮していた聞声の、意外な側面を伝える逸話《いつわ》が谷紀三郎『聞声尼』に記録されている。

ある年の卒業式のあと、卒業生が謝恩会を催した。聞声や先生方への謝恩の言葉、先生たちの挨拶が済んで、座は打ち解けた気配となり、幾つかの余

興も出て、笑い転げる者も出た。

すると、聞声の姿が見当たらない。参加者たちは、

「何か、御用ができたのかしら？」

と思っていた。しばらくして、お茶を取りにいった幹事役の人たちが、転がるように部屋に戻ってきた。それを見て、

「どうしたの？」

「何があったの？」

と、皆が訊ねても、幹事たちはただ笑い転げるばかりで、答えることもできない。

そのとき、すっと異様な姿が入ってきたので、一同は思わず眼を向けた。人々が、

「あっ」

と驚くと、異様な姿は、節分の豆まきの時に使ったおかめの面を被り、手振りもおかしく、おどけた「お福踊り」を踊りながら部屋を一回りして、すっと出て行ってしまった。

一座の人々はあっけにとられ、次にはこらえきれぬほど、笑い興じた。おかめの面を被り、おどけた「お福踊り」を踊ったのが、日ごろ厳格で、皆に怖がられている聞声その人だったのだ。

参考：谷紀三郎『聞声尼』一九二〇。（割田剛雄）

聞声《もんじょう》が学《まな》んだ性相学《しょうぞうがく》

聞声が泉涌寺で佐伯旭雅《さえききょくが》（一八二八〜一八九一）の性相学《しょうぞうがく》の講義を受講したのは、一八八二年（明治一五）四月八日からである。直前の三月五日に、三年間学んだ浄土宗総本山宗学校の第三課を卒業していた。聞声に泉涌寺に行くことを勧めたのは、総本山宗学校の教師・黒田真洞であった。黒田も泉涌寺で佐伯旭雅のもとで学んだ経験を持っている。

佐伯旭雅は天台、倶舎《くしゃ》、唯識《ゆいしき》、悉曇《しったん》、儀軌《ぎき》を究め、とくに倶舎学に秀《ひい》でた名僧であった。聞声が受講する二年前の一八七八年（明治一一）に泉涌寺一四三世長老に就任し、性相学の講義を始めていた。

仏教では事物の本体を「性」といい、現象的性質を「相」という。または根本の真理と多様な現象をいう。そして性相学の内容は唯識と倶舎学である。

唯識は法相《ほっそう》宗の根本教義で、一切の存在は自己の識《しき》（心）が作り出した仮《かり》のもので、識のほかに事物的存在はない、と説く。すなわち、一切の諸法は心《しん》識《しき》の変転によるもので、心識のみ実有《じつう》（虚妄でなく、真実）であるとする。

倶舎学は、『阿毘達磨倶舎論《あびだつまくしゃろん》』（略して『倶舎論』）を所依《しょえ》の論とする倶舎宗の教学で、中国・日本を通して長く仏教教理の基礎学に位置付けられてきた。倶舎は「容れ物（蔵）」を意味し、「阿毘達磨《あびだつま》」の原意は「ダルマ（法）に関して」であるので、『阿毘達磨倶舎論』は「ダルマ（法）に関しての容れ物の論書」である。

平たく言えば、釈迦が説いたダルマ（法、教義）を研究・分析・解明し、まとめた注釈書ということである。仏教で用いる用語の概念規定を細かく追求したもので、その意味でも仏教教理の基礎学であり、かつては「唯識三年、倶舎八年」と言われれほど、仏教初学者の必須の学問分野であった。（割田剛雄）

聞声《もんじょう》からの聞《き》き書《が》き

聞声が住職をしていた感応寺は、聞声の入寂後の一九二三年（大正一二）九月一日、関東大震災で焼失。淑徳高等女学校も一九四五年（昭和二〇）五月二五日の空襲で全焼した。こうした事情により、聞声や淑徳女学校・淑徳高等女学校に関する現存資料は極めて少ない。

そのため、生前の聞声から直接取材した「聞き書き（インタビュー）」は貴重な資料である。現時点で以下の大小三種が確認できる。

（1）『二六新報』の連載記事……一九一二年（明治四五）五月一三日〜一六日

（2）『婦女新聞』の連載記事……一九一二年（明治四五）五月二四日、五月三一日

（3）非売品『聞声尼』（谷紀三郎編）……一九二〇年（大正九）六月一〇日発行

このうち、『二六新報』と『婦女新聞』は聞声が六一歳のときの聞き書き（インタビュー）であるのに対

し、谷紀三郎編『聞声尼』は最晩年、入寂直前の聞き書き（インタビュー）である。

（米村美奈）

聞声《もんじょう》監督《かんとく》の手作《てづく》り「通《かよ》い帳《ちょう》」

聞声の五〇回忌を迎えたとき、一九六九年（昭和四四）四月二五日に、淑徳学園で「校祖輪島聞声先生五十回忌報恩会」が開催された。その際の「講演恩師の思い出」のなかで、一九〇九年（明治四二）卒業の杉山くらは、寄宿舎生活の一端を講演した。『淑徳』校祖五〇回忌報恩記念号（復刊第二一号）に収録されている。

杉山くらは、淑徳女学校に一九〇六年（明治三九）に入学。地方出身のため寄宿舎に入り、寄宿舎生活は三年間におよび、聞声を母親のように思っていたことや、平松誠厚と一緒に遊んだことなどを語っている。当時、聞声は数え五五歳で、誠厚は一五歳であった。

> 三年間（筆者註：寄宿舎に）ごやっかいになっておりました。その間は、もう、おかあさんのような気分で、私達は、子供のようにかわいがっていただきました。ここにおいで下さいます平松先生にも、ずい分御一緒にあそびましたもんで、ごやっかいになったもんでございます。（『同誌』九頁）

寄宿舎では、一ヵ月一二円で食事・月謝・小遣いまでまかなえたという。金銭出納の「通い帳」を聞声が手作りしてくれた。

> その時分は、寄宿舎と申しましても、本当に不完全なものでございまして、一月《ひとつき》、一二円でございますと、お食事から月謝から、それからお小づかいまで、全部まかないができたんでございます。それで監督さんは、私達に、生紙《きがみ》（筆者注：和紙の一種。生漉紙《きずきがみ》）の半紙を二つに折ってまた二つに折って、それから小さい通い帳になすって、それで毎日金銭の出し入れをやっていただきまして、達筆で書いて私達にわたしてくれたんです。（『同誌』九頁）

杉山くらは、その時の門声の達筆な手作り通い帳が残っていれば、宝物と思っているけれども、焼けてしまったのは誠に残念です、と述べている。

杉山くらが入学した翌年、一九〇七年（明治四〇）に淑徳女学校は高等女学校令に準拠し、諸設備を整備するなどして認可を得て「淑徳高等女学校」と改称している。そのため、杉山くらは淑徳女学校に入学し、一九〇九年（明治四二）に淑徳高等女学校を卒業していることになる。

参考：『淑徳』校祖五〇回忌報恩記念号（復刊第二一号）、淑徳学園、一九七七。　（割田剛雄）

聞声《もんじょう》、泥棒《どろぼう》を走《はし》らす

淑徳女学校が開校し、寄宿舎ができたころの伝通院付近は狐が出ると言われたほど、淋しい所であった。その淋しい中に建てられた淑徳女学校の寄宿舎には、よく泥棒が出没した。

谷紀三郎が聞声から聞いた話によると、ある冬の木枯らしの吹きすさぶほかには、物音がしない夜であったという。

寄宿舎の台所の方に、鼠にしては大きすぎる物音がした。眠りについたばかりの聞声尼は、ふと眼がさめた。

しばらく耳をたてて様子をきいて居ると、正《まさ》しく泥棒が入ったらしい。聞声尼はそっと起き上がった。そして先ず襷《たすき》をかけた。それからネルの大巾《おおはば》の頭巾《ずきん》を頭からすっぽり被《かぶ》った。

泥棒はもう次の間まで来た。

マッチをする音が聞こえたと思ったら、ぱっと光が襖《ふすま》の透間《すきま》から洩れた。もう愚図愚図《ぐずぐず》しては居れぬと、聞声尼は、やにわに心張棒を小脇に抱え込んで、いきなり襖をあけて、

「何者だ！」

と言いざま、心張棒を振り上げた。泥棒は不意を打たれて抵抗するどころか、一目散に逃げ出した。（谷紀三郎『聞声尼』一七三〜一七四頁）

それを見て聞声は、「逃がすものか」と後を追った。泥棒は戸外に飛び出し、聞声はなおも追跡。しかし泥棒の逃げ足は早く、心張棒を振り下ろしたと

きには、垣根を越えて暗闇に姿を消していた。物音に寄宿舎の生徒たちは目を覚まし、聞声の部屋に集まってきた。すると白いネルの頭巾を被った聞声が戻ってきて、

「残念なことをした」

と言った。

それからというもの、寄宿舎に泥棒は来なくなった、という。気丈な聞声が泥棒を走らせ、自ら追跡した逸話《いつわ》である。

参考：谷紀三郎編『聞声尼』私家版、一九二〇。（米村美奈）

『聞声尼《もんじょうに》』（谷紀三郎編《たにきさぶろうへん》）

文筆家・谷紀三郎執筆の聞声の伝記。聞声が東京本所の感応寺で病気療養をしていたとき、姪の松田すてから執筆を依頼されたものである。谷は同書の「はしがき」でその端緒を、

> 私が聞声尼を知ったのは、もう二十余年も前のことであった。それは師の経営に係る淑徳女学校に妹を入学させた縁故をもってであった。爾来妹は師の懇到なる薫陶の下に、ともかくも一人前の女となり得たので、私は妹と同じように師に対して感謝を表して居たのであった。のみならず、妹を通して常に師の言動を聴き、その奮闘的な生活に対してひそかに深甚の敬意を払って居たのである。（同書一頁）

と記して、松田すてが淑徳女学校の卒業生である谷の妹に聞声の重篤を伝え、文筆家の谷に伝記の執筆を依頼したことを明かしている。

谷が病臥中の聞声から聞き書きしたのは、聞声の食道がんの病状が悪化した一九一九年（大正八）から一九二〇年（大正九）にかけてと推測される。その二〇年以前に妹が淑徳女学校に学んでいたということから逆算すると、一八九九年（明治三二）前後となろう。淑徳女学校の身売りの危機を感応寺の信徒総代・水島忠兵衛の協力で乗り越え、新たな寄宿舎が必要となるほど生徒数が増えて、次第に隆盛を迎えた時期である。

谷は何度も感応寺を訪問して、病床の聞声から聞

き書きを繰り返し、聞声の愛弟子・平松誠厚や松田すてが収集した関係資料、諸種の書類・手紙等をことごとく閲覧して執筆したという。聞声の入寂三日前に脱稿し、聞声没後二ヵ月後の一九二〇年（大正九）六月一〇日に、谷が編集兼発行者となって出版した。私家版であり、非売品のため、ほとんど流布しなかったと考えられる。

極端に少ない聞声関係資料のなかで、聞声の同時代を証言する貴重な伝記である。太平洋戦争後の聞声に関する多数の研究や伝記を読み比べると、参考文献に谷紀三郎の名やその編著『聞声尼』が表記されないまま、同書の記述が援用・使用されていることに気づく。

ただ不思議なのは、聞声の晩年の悲劇とも言える「聞声庵の殺人事件」について、『聞声尼』で一切触れていないことである。殺人事件の発生から犯人・大米龍雲《おおごめりゅううん》の逮捕、裁判の様子、死刑執行に至るまで、新聞紙上などで大きく報道された記録が残されているので、同時代を生きていた谷が知らなかったはずはないと、想像するのが自然であろう。

米村美奈はその著『輪島聞声の生涯』で、恐らく谷が伝記執筆を依頼した松田すてや弟子の平松誠厚などと話し合い、合議の上で、あえて秘匿したものと論究している。その指摘は正鵠《せいこく》を得たものと考えられる。

参考：米村美奈『輪島聞声の生涯―日本女子教育の先駆者』淑徳選書6、淑徳大学長谷川仏教文化研究所、二〇一九。谷紀三郎編『聞声尼』私家版、一九二〇。→聞声庵の殺人事件

（割田剛雄）

聞声《もんじょう》の厳《きび》しくも人情《にんじょう》のある教《おし》え方《かた》

淑徳高等女学校を一九一一年（明治四四）に卒業した小出弥生は、寄宿舎生活を通して聞声の厳しいしつけの一端を次のように語っている。

私も寄宿舎におりましたけれども、非常に厳しいしつけでございまして、ぞうきんがけもするし、お食事の当番もするし、（略）朝は勿論《もちろん》早い。時々鐘がなるんです。そうすると、今日は

先生にしかられることかなと思いまして、ずらっとならびます。そのうちの一人が何か粗相《そそう》がありましても、一同に訓示がありますす。誰、彼ということは指名しないんですが、誰かが悪かったんですね。そうすると、一同そのお話を聞かなくちゃいけない。

その時のお話に度々出ることは、

「あなた方ね、こうして学校へやっていただく親御さんの苦心というものは並大抵のことではない。だから勉強も大切だ。無駄なことをしないように」

そうおっしゃいました。

このように厳しさがある半面で、人情味のある、母親のようないたわりのある指導を受けたこともあります、と語っている。

私は寄宿舎におりまして、悪いことをする――自分でご飯をいただいて、そのお茶碗を洗わないで自分の部屋へ帰ってしまうことがある。そうすると、

「あの人は自分の食べたことも妹さんにさせて部屋に帰ってしまう」

と先生に言って出る方があるらしい。先生に呼ばれて、

「こういうことを言ってこられたけれども、私はよく知っている。あなたは早くに父親を亡くして、これから一所懸命に勉強してこの学校を出て、また上の学校へ入るということ、大変な責任をもっているから、それはもう人の言うことに気にかけずに一心不乱に勉強なさい。しかし、規則は規則だから、私は一応ひかえておく」

こういう話でございまして、非常に人情のある教え方の方でして、きついとか厳しいとかの外《ほか》に、母親のようにいたわって下さる方でございました。（『淑徳』校祖五〇回忌報恩記念号、一一～一二頁）

聞声の教育指導の実例を伝える資料が少ないなかで、卒業生の回想から浮かび上がる指導の在り方は、貴重である。一九一一年（明治四四）の卒業といえ

ば、小出弥生は、聞声が監督職を退任する一年前の卒業生である。

参考：『淑徳』校祖五〇回忌報恩記念号（復刊第二一号）、淑徳学園、一九七七。（割田剛雄）

聞声《もんじょう》の写真《しゃしん》

聞声の代表的な写真である。撮影日の判明した三二歳の写真と、写真下部に写真館の記録が残された五〇代と思われる成田常吉撮影の写真。その後の撮影ではないかと推測される写真である。（米村美奈）

法衣姿の聞声（1883年１月、32歳。丸木利陽撮影）

『淑徳高等女学校　校舎増築落慶記念（昭和３年４月）』より

江木写真館・成田常吉撮影

聞声《もんじょう》の女子《じょし》教育《きょういく》の神髄《しんずい》

聞声は、尼衆教場を設立を嘆願する中で、

> 明治維新以来、檀家や信徒の女性たちが書物を読み、文章を学ぶ時代になっている。尼僧も相応の教育制度や規則を設け、社会に出ても通用する教育を受けさせる必要性がある

と説き、「念仏を唱え、世の中の誰かのために活動する」ことができる教育の実践目標を立てている。聞声はこの目的のために尼衆教場を浄土宗に請願し、設立に尽力した。

一方、明治二〇年代（一八八七～一八九六）は、まだ一般女子の就学率は低かった。そうした社会状況の中、一八七〇年（明治三）以来設立されたキリスト教系のミッション・スクールが増えていた。それに比し、仏教系の女子学校は数えるほどしか設立されていなかった。聞声はキリスト教が女子教育に力を注いでいることを考え、一般女子教育を仏教の教義に立って実施することが必要である。仏教主義教育による普通学校の設立を検討しなければならない状況だと判断し、女子教育を推し進めることを考えた。

聞声は徳性（道徳心）の育成の必要性を強調し、女子生徒の徳性を育てるには、自分（教員）が率先して模範を示し、導くことで良い教育成果が得られる。女子の「淑徳の徳性」を養成して、立派な教育の効果をあげたいと考え、淑徳女学校を設立した。

ここで特記しなければならないのは、上記に述べるように「（教員）が率先して模範を示す」ことを重視する点である。「徳のある行動を身につけた教員」を配置することを目指し、教員が身をもって教授する必要があることを強調した。この点について、『淑徳教育七十年』の編集を担当した徳武真有は、

> 単なる婦道の実践や平凡な良妻賢母主義を建学のモットーとして、伝統的な女性の社会的地位への適応へ傾いて行った当時の女子教育施設とも異る。具体的にいうと「淑徳教育」とは仏教による人間教育、即ち、教師自身が人格完成に向って努力する過程を通じて、生徒一人一人に、

ほんとうに人間として生きる喜びを与え、何よりも自己を信じ、自己の可能性を発見せしめ、現世に生きる価値を選択し志向する内発的な熟慮の習慣と能力とを、有効な知的学習の内容と方法とを組織することによって育てることであった。（『淑徳教育七十年』一六頁）

と解説している。筆者も同感である。

また、上記と同様に『淑徳教育七十年』の中で徳武真有は、聞声から教育を直接受けた卒業生の宮田たかの回想を取り上げている。

輪島聞声尼の印象と云えば、言葉のお方でなく、行じるお方であったと思います。耳からではなく、目から心に訴える教えを戴きました。五十年も経った今日、当時の忘れられないことが沢山あるのは、目からの教えであったからだと感じています。（略）月一回、仏教婦人会がありまして、生徒も御相伴に招かれ有名な方方《ママ》の講演を伺いました。仏教にふれる前に、監督さん（筆者注・輪島先生のこと）のように強い方が、仏の前にひれ伏していらっしやるのを見て、仏の尊さを、口からではなく、無言のうちに知らされました。（『淑徳教育七十年』一四頁）

この宮田たかの回想を通して、聞声の教育の実践のあり方がわかる。

こうした教育者としてのあり方に教育の神髄を込め、「進みゆく世におくれるな、有為な人間になれよ」と繰り返して教え、弟子の平松誠厚を含め、多くの尼僧や女生徒たちを鼓舞《こぶ》した。世の中は、日進月歩で変化しているが、女性の役割や権利も拡大していき始めた時に時代に遅れず、社会の中で輝く存在になるようにという教えが、聞声の教育の柱である。

参考：徳武真有編『淑徳教育七十年』学校法人淑徳学園、一九六二。

（米村美奈）

聞声《もんじょう》の名前《なまえ》の由来《ゆらい》

師・行誡から得度ののち「聞声」の名を授けられたが、聞声の名前の由来について言及した論考はほとんど見当たらない。

米村美奈は『輪島聞声の生涯』で、禅語録『従容《しょうよう》録《ろく》』の第六二則「雲門声色《うんもんしょうしき》」を念頭におきながら、名前の由来を次のように検討している。

「聞声」の命名の由来は定かではない。師の行誡上人が八宗の泰斗としての広い学識を持ち、禅にも精通していたため、残された書画には仏教熟語の含蓄の深さが示されている。筆者は聞声の名の由来が禅語ではないかと推測し、禅語録の重要文献の一つ『従容録《しょうようろく》』を調べてみた。すると八二則「雲門声色《うんもんしょうしき》」に「聞声悟道《もんしょうごどう》　見《けん》色明心《しきみょうしん》」の教えがあり、解説では、

「声を聞いて（音をきっかけにして）仏道を悟り、色（ものや、咲く花など）を見て自己の本心を明らかにする。（山田孝道『従容録』二八九〜二九六頁）」

とあり、小石が竹に当たった音を聞いて悟りを開いたエピソードや、一面に咲く桃の花を見て悟った和尚の例を示している。このことから筆者は、仏教全般に精通していた行誡上人が『従容録』の禅語「聞声悟道　見色明心」をもとに、「聞声」と命名したのではないかと考えるに至った。（『同書』一三五頁）

佐藤成道は「米村美奈著『輪島聞声の生涯』の書評」（『淑徳大学大学院総合福祉研究科研究紀要』第二七号）で、同書が聞声の記念すべき一〇〇回忌の三日前に上梓されたことを皮切りに、序章を含む全七章の要点を章ごとに懇切丁寧に紹介している。「評者の所観」では、聞声が活躍した明治という時代背景を視点に、聞声の淑徳教育が「宗教としての仏教とは異なる純粋な仏道の顕現としてのいわば『仏道教育』といえるのではないだろうか」と指摘しているのは、まさに至言と言えよう。

さらに、「聞声」の文字が『従容録』に限らず、『華厳経』『宝積経』『涅槃経』などの諸経典にあることを例示し、

八宗兼学を実践し「八宗の泰斗」と評された行誡上人だからこそ、特定の経典からの命名でな

い可能性があるのではないか。そのため、「聞声」という名前の由来もこれまで定かではなかったのかもしれない。（「同論考八四頁）と述べている。今後、「聞声の名前の由来」を考察するとき、この示唆に富む提言は重要な論点になると考えられる。

参考：佐藤成道「書評」（『淑徳大学大学院総合福祉研究科　研究紀要』第二七号、淑徳大学大学院総合福祉研究科、二〇二〇）。

（割田剛雄）

聞声《もんじょう》の和歌《わか》と美声《びせい》

聞声の和歌と師・行誡の薫陶　雑誌『淑徳』の一覧表を見ると、一九〇九年（明治四二）一二月一五日発行の「第五号」に、聞声の「塩原にて（和歌）」の記載がある。聞声五八歳の時である。残念ながら、『淑徳』第五号は未確認状態で、同号所載の「塩原にての和歌」の詳細も不明である。

もとより、聞声の師・福田行誡は、香川景樹《かげき》（江戸後期の歌人）の門人一蓮《いちれん》に和歌の指南を受け、感興《かんきょう》に応じて即座に和歌を詠《えい》じるなど、歌人としても著名で、当時の高橋正風《まさかぜ》や税所敦子《さいしょあつこ》など高名な歌人との交流も多い。とくに宮中御歌所《みうたどころ》の初代所長をつとめた高橋正風は行誡の和歌を称賛し、

いたづらに枕を照らす灯し火も
　思へば人のあぶらなりけり

の一首を、名歌として明治天皇の天覧《てんらん》に供したほどである。

聞声は幼少のころから漢学を学び、書道など高い素養を身に着けていたので、恐らく歌道にも通じていたものと考えられる。さらに行誡につかえる日々のなかで自《おの》ずと薫陶《くんとう》され、折々に和歌を詠んでいたものと想像できる。

谷紀三郎編『聞声尼』にも、「報恩会の際、来会の教え子たちに与えられた短冊」と題して、流麗な筆致の短冊の書影が収録されている（『同書』一五〇頁）。

花はみな実をむすびたる嬉しさに
　なかれけるかなおいのうぐひす

聞声の美声　また聞声は、後年に淑徳女学校の校

庭や桜の季節の伝通院の境内などを、一般の花見客が来ない早朝や夕刻などの時間帯に三、四人の寄宿生を連れて散策。唐詩選や白居易《はくきょい》（白楽天《はくらくてん》）の『琵琶行《びわこう》』『長恨歌《ちょうごんか》』などを吟遊《ぎんゆう》するのを好んだと伝えられている。谷紀三郎編『聞声尼』では、

聞声尼は美声の持主であった。三、四の寄宿生を伴れて花の下をさまよう時、聞声尼はその美声を放ってよく唐詩選を吟誦《ぎんじゅ》したものであった。琵琶行《びわこう》と長恨歌《ちょうごんか》はその最も愛誦するところであった。（『同書』一七二頁）

と記している。谷は聞声から直接聞き書きし、その声を聞いているので、貴重な証言である。

百人一首や自詠の和歌などもまた、その美声で詠じたのではないかと考えられる。しかし聞声の和歌はまとめて記録されたり、遺稿歌集が編纂される機会もなかったため、ごく一部の和歌、漢詩（断髪詩）しか見出すことができない。

聞声の残された和歌　現時点で、谷紀三郎編『聞声尼』や残された関係資料から数種の和歌を見出すことができた。時系列を考慮して掲載したが、「塩原に遊びて七絃瀧《ななげんのたき》」の和歌が、『淑徳』第五号所載の「塩原にての和歌」の一首か、定かではない。

〈一九〇七年（明治四〇）七月〉

たへがたき暑さを洗ふ谷川の
岩こし水の音の涼しさ

〈塩原に遊びて　七絃瀧〉

時しあれば天つ乙女も舞ひつらむ
松風通ふ七絃のたき

〈一九一〇年（明治四三）八月三日〉

雨晴れしゆふへにたてば谷風の
涼しかりけり塩原の里

千代こめて庭におふし花もみち
けふのさかりを見るぞ嬉しき

〈標本にとてくまん蜂の巣を寄送せられたるおり〉
千代八千代かけてさかゆる我校の
生徒のかつもくまん蜂のす

〈淑徳女学校監督の職を辞したるおり
告別の式場に生徒を見て〉
まこころをこめてそたてし学びやの
庭のなでしこ千代にさかえん

〈報恩会の際、来会の教え子たちに与えられた短冊〉
花はみな実をむすびたる嬉しさに
なかれけるかなおいのうぐひす

参考：谷紀三郎編『聞声尼』一九二〇。「淑徳九十年の歩み」編集委員会『淑徳九十年の歩み』学校法人淑徳学園、一九九二。

（割田剛雄）

聞声《もんじょう》を窓越《まどご》しに見《み》た長谷川《はせがわ》良信《りょうしん》

聞声と長谷川良信との出会いを記録した資料は少ない。年齢的に見ても、一八五二年（嘉永五）生まれの聞声に対し、長谷川良信は一八九〇年（明治二三）生まれで、三八歳の年齢差がある。両者の年表・来歴を見比べると、聞声が淑徳女学校を開校したとき、良信は二歳である。

後年、七二歳を迎えた良信の回想が残されている。それは一九六二年（昭和三七）に広瀬了義編『淑徳七十年史』が編纂・発行されたときの序文である。良信は序文「淑徳七十年史に題す」の一節に、

求められるがままに、自分の淑徳に於ける故事《こじ》来歴《らいれき》について、少しく書かせて貰《もら》おう。

と書き出し、宗教大学の学生のころ明治末期に伝通院に出入りして、大学での恩師の黒田真洞や桑門《くわかど》秀我が淑徳高等女学校の初代と第二代の校長をしていたので、校長室を気軽に訪ねていたという。

あるとき、校長室の窓から校庭を走る黒衣《こくい》姿《すがた》の聞声の姿を見たと、懐かしそうに当時を回顧《かいこ》しながら、次のように記している。

私の淑徳に於けるは明治の末期、まだ学生とし

て伝通院に出入りしていた頃、初代黒田（真洞）校長より桑門（秀我。第二代校長）、荻原（雲来。第三代校長）等、相次ぐ校長先生が何《いず》れも自分の宗教大学に在《あ》っての提撕《ていせい》（後進者を教育指導すること）の恩師であったので、女学校には頗《すこぶ》る親近感を以《もっ》て校門を仰ぎ、時に校長室に師をお訪ねすることもあった。その頃輪島（聞声）先生は痩躯《そうく》鶴《つる》の如く黒衣《こくい》如法衣《にょほうい》のいでたちで、飄々《ひょうひょう》として校庭を走り廻っているのを見て、

「あれがやかましい監督先生だよ」

などときかされ、柔和忍辱《にんにく》の法体《ほったい》に宿す教師としての厳しさを直感させられたことであったが、おそばに寄って話をうかがうなどの段階ではなかった。（『同書』序文。ルビ、カッコ内補足説明は筆者）

明治末年と言えば、初代校長・黒田真洞が一九一二年（明治四五）三月に辞任し、四月に第二代校長に桑門秀我が就任している。聞声は翌五月に監督職を退任し、宗門の要請で顧問職となり、女学校に残っていた時期で、聞声満六〇歳のころである。

一方、当時二一歳の良信は同年三月に宗教大学予科を卒業して、四月に同大学本科に入学。宗教大学本科一年生らが中心となって、東京市内のスラム街で外米《がいまい》の安売りと伝道活動に従事したが、良信も庶務係としてこの活動に参加している（『長谷川良信の生涯』年表参照）。

そして良信が一九一九年（大正八）一月に「マハヤナ学園」を創設した翌年、一九二〇年（大正九）四月に聞声は入滅した。

なお話を戻すと、良信は『淑徳七十年史』の序文に聞声の思い出を綴った翌年一九六三年（昭和三八）四月に、大乗淑徳学園出版部より『大乗淑徳教本』を出版し、全学園の教育原理を示した。

参考：広瀬了義編『淑徳七十年史』学校法人大乗淑徳学園発行、一九六二。

（米村美奈）

や

八幡祐観《やはたゆうかん》

浄土宗の尼僧（生没年不詳）。由緒ある青山善光寺を再興した八幡清観（一八七七〜一九四四）の師。聞声に対して浄土宗宗務所から普通女学校の許可が下りたあと、一八九二年（明治二五）四月一五日付で作成された「静淑女学校創立並びに建築諸言」の発起人の一人である。同文書の末尾に「感応寺住職　輪島聞声尼」とともに「青山善光寺寓　八幡祐観尼」と記されている。どのような理由で二人の尼僧の連名になったのかは詳らかではない。

　青山善光寺は徳川三代将軍家光の勧請《かんじょう》によって、信州善光寺大本願一〇九代円誉智慶が、一光三尊仏の分身を江戸谷中に遷座し、善光寺大本願の兼帯所《けんたいじょ》として創建。五石の朱印地を拝領し、荘厳な七堂伽藍を完備していたが、一七〇三年（元禄一六）に罹災して青山の地に移転した由緒と格式の高い尼寺であった。その後明治維新の変革に遭遇して荒廃していたのを再建したのが、八幡祐観の弟子の八幡清観である。八幡清観は一八八九年（明治二二）三月に心誉祐観につき得度している。

（米村美奈）

（参照：『浄土宗尼僧史』浄土宗吉水会、一九六一年、二三一〜二三二頁参照）

山下現有《やましたげんう》

謙蓮社孝誉真善妙阿。字《あざな》は葵堂。知恩院七九世（一八三二〜一九三四）。近代の代表的な高僧。一九一七年（大正六）の淑徳女学校創立二五周年記念に「淑徳漲美」の大額を揮毫《きごう》。講堂に掛けられていたが一九四五年（昭和二〇）五月の空襲で焼失。

山下現有

（割田剛雄）

ら

料《りょう》理《り》が堪能《たんのう》だった聞声《もんじょう》

聞声が成し遂げてきた業績や残された逸話をみると、厳しい気性の人であったように、思われがちであるが、谷紀三郎編『聞声尼』では、

聞声尼はいつ覚えたことか料理と裁縫とには非常に堪能であった。勿論出家のことであるから、精進ではあるが、大がいな調理法は心得て居たと述べられている。生徒と寝起きを共にしていた寄宿舎で、調理の見事な腕前を見せる場面もよくあったという。（『同書』一六九頁）

戒律を厳しく守って生きていた聞声は、出家して以来、生臭いものを食することはなく、工夫して精進料理をつくり、来客に振る舞うこともしばしばあったとされる。谷紀三郎編『聞声尼』に、

淑徳女学校の寄宿舎に居た頃などは、学生には普通の食事をとらせるが、自分は嘗《かつ》て学生と同じものを食べたことはない。常に自ら調理するか、又は別につくらせるかして、必ず精進をとって居られた。（『同書』一六九頁）

と記されている。そのため、門声が数えの五〇歳で体調を壊し、明治病院に入院したときは、食事のことで病院が困ってしまったという。

明治病院入院の際、病院では困ってしまった。鶏卵を用いない、牛乳はなおさら用いない。それでは栄養のつけようがない。病院では再三、これらの栄養物を摂《と》ることを勧《すす》めたけれども、頑《がん》として聴《き》き容《い》れずにしまった。（『同書』一六九頁）

聞声は、特別な好物はなかったものの、概して味噌で和《あ》えたものが好きであった。麺類も好みで、一番の好物はけんちん汁であった。

参考：谷紀三郎編『聞声尼』私家版、一九二〇。

（米村美奈）

わ

『吾輩《わがはい》は猫《ねこ》である』と淑徳婦人会《しゅくとくふじんかい》

第二期淑徳婦人会では毎月の例会を淑徳女学校内で開き、集まった会員と淑徳女学校の生徒たちが『阿弥陀経』を訓読したあと、著名講師の講演を聴くのを常例とした。

文豪夏目漱石が『吾輩は猫である』の連載を、雑誌『ホトトギス』に始めたのは一九〇五年（明治三八）一月からである。『吾輩は猫である』の第一章が好評を博し、連載は第一一章にまで及んだ。その第一〇章、すなわち一九〇六年（明治三九）三月発行の雑誌『ホトトギス』（第九巻第六号）に淑徳女学校が登場する。

漱石自身がモデルとされる作中人物・珍野苦沙弥《ちんのくしゃみ》（主人公の猫「吾輩」の飼い主）と、苦沙弥の姪《めい》の雪江との会話に、作中人物の哲学者・八木独仙先生が淑徳婦人会で講演したエピソードが、次のように描写されている。

「だっていいじゃあありませんか。あんな風に鷹揚《おうよう》に落ち付いて居れば、――此間学校で演説をなすったわ」

「八木さんが？」

「ええ」

「八木さんは雪江さんの学校の先生なの」

「いいえ、先生じゃないけども、淑徳婦人会のときに招待して演説をして頂いたの」（夏目漱石『吾輩は猫である』『漱石全集』第一巻、四三二頁、岩波書店、一九九三）

夏目漱石の『吾輩は猫である』に登場したころの淑徳婦人会は、女子清韓語学教習所を開設するなど、多岐にわたる活動が注目を集めていた時期である。ベストセラー小説『吾輩は猫である』に描かれたことで、淑徳婦人会の知名度は急速に浸透し、淑

徳女学校の名声も高まっていった。（米村美奈）

輪島誠念《わじまかいねん》（タツ）

聞声の又姪《まためい》（姉妹の子どもの子ども）（?〜一九六二）。輪島家一七代令蔵・サダの三女。聞声の遺志で平松誠厚のもとに引き取られ、誠念と名を改め、成長した後に京都の尼衆学園で学ぶ。東京世田谷の感応寺に戻り、誠厚の教えを受けた。

輪島誠念（タツ）（右）と尼僧・平松誠厚（左）
（『輪島聞声先生を偲んで』より）

長谷川よし子（大乗淑徳学園第二代理事長）も、誠念と同じ京都の尼衆学園出身で、一九二六年（大正一五）四月から一九三一年（昭和六）三月まで在学している（『長谷川よし子の生涯』年表参照）。坂上雅翁は、松前の郷土史家・松本隆が一九六三年（昭和三八）発行の『松前史談会報』（第六六号）に執筆した「松前が生んだ女傑　輪島聞声尼」の文中に、

　令蔵の次女（筆者注：三女、タツ）は聞声尼の遺志で、聞声尼の嗣子平松誠厚尼（現在東京都世田谷区上馬町感応寺住持）の許へひきとられ小弟子として育ち、長じて京都の尼衆学園で修学したが現淑徳学園理事長長谷川良信師夫人は同学であったという。かくて師誠厚尼と影の形にそうように始終苦楽を共にして将来は誠厚尼の後継者と目され聞声尼と同一の途をたどるべき運命にあったが不幸にも病魔によって昨年一二月一

七日五七歳で他界され……

と記されているのを読み、誠厚と誠念が映った写真を長谷川よし子に見てもらったという。そのときの対応を『輪島聞声先生を偲んで』で、

　長谷川よし子先生に写真を見ていただき、お話しをうかがったところ、誠念尼は一級上で、尼衆学校《ママ》（筆者注：尼衆学園）へは通学していた（多くの生徒は寄宿していた）ので、親しいおつきあいはなかったが、後年、上馬の感応寺でばったり出会い、驚かれたことがあるとのことでした。

（『同書』三四頁）

と綴っている。

　誠念の法名は「祥蓮社真誉法阿唯心誠念法尼」である。没年から逆算すると、一九〇四年（明治三七）ごろの誕生と想定できるが定かではない。感応寺には誠念が愛用した経典などの遺品が残されている。

参考：松本隆「松前が生んだ女傑　輪島聞声尼」。米村美奈『長谷川よし子の生涯―マハヤナ学園と共に』淑徳選書2、淑徳大学長谷川仏教文化研究所、二〇一二。米村美奈『輪島聞声の生涯―日本女子教育の先駆者』淑徳選書6、淑徳大学長谷川仏教文化研究所、二〇一九。

→感応寺→輪島令蔵

（米村美奈）

輪島《わじま》カネ子《こ》

聞声の母親（?～一八九六）。前年に第一期生の卒業式を終え、淑徳女学校の経営が順調になり始めた一八九六年（明治二九）一月中旬、北海道松前から、「母・カネ子が重病、回復の見込みがない」との報《しらせ》が舞い込み、父の末後《まつご》の看取《みと》りが出来なかったのを悔いていた聞声は、二〇年ぶりの里帰りをした。母は聞声の帰りを待っていたように笑みを浮かべたが、一月二九日に亡くなった。聞声は初七日の法要を自らの手で行ってから東京に戻った。

輪島カネ子

（割田剛雄）

輪島輝一《わじまきいち》

輪島家第一九代。聞声の次姉きんの末裔。きんについて、松本隆は「松前が生んだ女傑　輪島聞声尼」で、「一人（筆者註：きん）は江差にあった輪島屋の別家に嫁いだがその娘（筆者註：キミ）は現在函館市末広町で糸類及びその製品の卸問屋を営んでいるちはるや輪島氏の主婦である。」と記述している。輪島輝一はまさしくきんの四世代後の末裔で、婦人服店「ちはるや」（函館市）を営んでいる。（米村美奈）

輪島家19代・輪島輝一
（2018.6.2 筆者撮影）

輪島吉平《わじまきちへい》

聞声の甥《おい》（生没年不詳）。とく（聞声の長姉）・金兵衛夫婦の次男。松前の郷土史家・松本隆は「東京築地市場時代の吉平とは懇意《こんい》の間柄であった、という（「松前が生んだ女傑　輪島聞声尼」『松前史談会報』第六六号参照）。世田谷の観応寺の歴代住職の供養塔の台座に、叔母《おば》・聞声の一五回忌を追善供養したものとして、「十五回忌追善　施主輪島吉平　昭和七年四月三日建立」と刻まれている。（米村美奈）

輪島《わじま》きん

聞声の姉（?～一九二六）。輪島家（父・太左衛門と母・カネ子）の二女。『松前郡史』（松前町教育委員会、一九五六年（昭和三一））などの著述のある松前の郷土史家・松本隆は「松前が生んだ女傑　輪島聞声尼」で、

聞声尼の姉《ママ》の一人（筆者注：妹くら）は城下の岩田栄蔵（後の華道東池坊の開祖）に嫁ぎ一女三男を挙げたが肺患の為め若死し、また一人（筆者註：きん）は江差にあった輪島屋の別家に嫁いだがその娘（筆者註：キミ）は現在函館市末広町で糸類及びその製品の卸問屋を営んでいるちはるや輪島氏の主婦である。

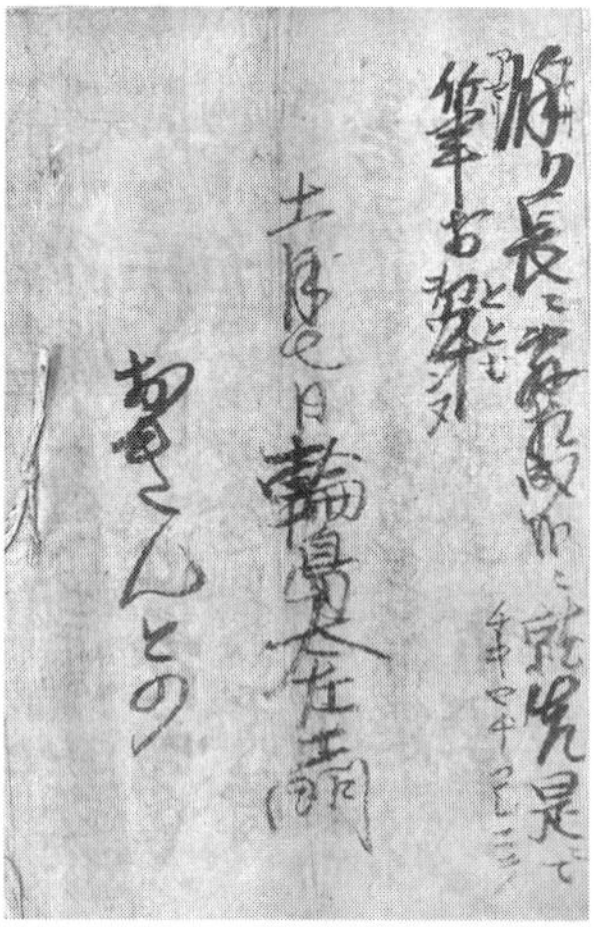

父・太左衛門の「きん」宛の手紙（末尾の部分）（『淑徳教育百年』）

と記述している。江差に嫁いだきんの四世代後に、函館在住の輪島家第一九代の輪島輝一（婦人服店〈ちはるや〉店主）がいる。

また、きんに宛てた父・太左衛門の手紙が残されている。内容は信仰の大切さを伝えるものである。

参考：松本隆「松前が生んだ女傑　輪島聞声尼」（『松前史談会報』第六六号）一九六三。谷紀三郎編『聞声尼』私家版、一九二〇。米村美奈『輪島聞声の生涯―日本女子教育の先駆者』淑徳選書6、淑徳大学長谷川仏教文化研究所、二〇一九。

（米村美奈）

輪島金兵衛《わじまきんべえ》

輪島家第一五代（生没年不詳）。聞声の長姉・とくの夫。金兵衛の姓は不詳。輪島家第一四代太左衛門の長女・とくの婿《むこ》養子となり、一五代目を名乗った。一八八五年（明治一八）五月二一日認可の「福山呉服太物和洋小間物商組合」の組合員として、「輪島金兵衛」の名前が明記されている（『松前商工史』一九八〇年、一二頁参照）。なお、呉服は絹織物、太物は綿や麻の織物である。

金兵衛の没年は不明であるが、聞声の京都遊学七年目の一八八五年（明治一八）の時点で、輪島家の当主であったことが確認できる。おそらく輪島家一五代目として活躍していたものと推測できよう。のちにとくが輪島家一六代目となっている。そして金兵衛・とく夫婦には二人の男児があり、長男の令蔵が輪島家一七代目を継承している。松前の郷土史家・松本隆は、令蔵と同級生であった。

（米村美奈）

輪《わ》島《じま》くら

聞声の妹（生没年不詳）。輪島家（父・太左衛門と母・カネ子）の四女。松前城下の豪商・岩田家の岩田栄蔵と結婚している。嫁ぎ先の岩田家は『松前町史』通説編・第二巻によると、

　幕末のころ松前藩の御用達を命じられていたのは柏屋藤野喜兵衛、(岩)岩田金蔵、⊗伊達林右衛門、(栖)栖原六右衛門の四店であった。（『同書』二一九頁）

と記されるように、江戸後期の松前を代表する豪商であった。母・カネ子の生家《せいか》も岩田家であるが、岩田栄蔵の生家の岩田家との関係については不明である。松前の郷土史家・松本隆は「松前が生んだ女傑　輪島聞声尼」で、四女・くらの結婚とその後の消息について、

　聞声尼の姉《ママ》の一人（筆者注：妹くら）は城下の岩田栄蔵（後の華道東池坊の開祖）に嫁ぎ一女三男を挙げたが肺患の為め若死し……

と述べている。松本隆が述べる「姉」は「妹」の間違いである。

　くらが何歳で病没したかは不明。くらの夫・岩田栄蔵については、聞声が淑徳女学校を開校した年（一八九二年（明治二五））の暮れに上京し、資金繰りに苦慮していたので「薬代二〇〇円」を渡し、苦境を救ったエピソードが残されている。

参考：松本隆「松前が生んだ女傑　輪島聞声尼」『松前史談会報』第六六号、松前史談会、一九六三。谷紀三郎編『聞声尼』私家版、一九二〇。米村美奈『輪島聞声の生涯―日本女子教育の先駆者』淑徳選書6、淑徳大学長谷川仏教文化研究所、二〇一九。松前町史編纂室『松前町史』（通説編　第二巻）松前町、一九九九。（米村美奈）

輪《わ》島《じま》専《せん》二《じ》

聞声の弟（生没年不詳）。滋賀県竹生島の寺にいたとされる。松前の郷土史家・松本隆は「松前が生んだ女傑　輪島聞声尼」で、

　「先代太左衛門（聞声の父親）には男子が二人、

女子は三・四人あったらしく、長男（筆者注：長女とくの婿《むこ》養子の金兵衛）は次代（筆者注：第一五代太左衛門）を名乗り、次男（筆者注：長男の専二）は聞声尼の弟で江州（今の滋賀県）琵琶湖内竹生島の某寺に居ったので、かつて聞声尼は同所を訪れたこともあったと伝えられ…

と述べている。竹生島神社の弁財天は江島《えのしま》神社、厳《いつく》島《しま》神社の弁財天と並び日本三代弁財天の一つとされ、篤《あつ》い弁天天信仰を持つ父・太左衛門が、わざわざ竹生島から松前に弁財天を勧請した経歴がある。その竹生島の寺に長男専二がいたという。

また後年、聞声は京都遊学中に法華経や梵網経の血書を書写している。そのなかで血書の法華経を東京の浅草寺と竹生島に納経したと伝えられている。郷土史家・松本隆が「かつて聞声尼は同所（筆者注：竹生島）を訪れたこともあったと伝えられ」と符合するのかもしれない。

参考：松本隆「松前が生んだ女傑　輪島聞声尼」（『松前史談会報』第六六号）一九六三。谷紀三郎編『聞声尼』私家版、一九二〇。米村美奈『輪島聞声の生涯—日本女子教育の先駆者』淑徳選書6、淑徳大学長谷川仏教文化研究所、二〇一九。

（米村美奈）

輪島太左衛門《わじまたざえもん》

聞声の父親（?～一八八九）。輪島屋五代目。人望と商才に恵まれ、呉服商、質商など手広く商いを営み、町内有数の資産家。須藤隆仙は論文「輪島聞声尼の父親」で、人柄を次のように表している。

ひじょうに人倫《じんりん》をわきまえた人であり、正義の人であり、勇気の人であり、また純情の人のようでもありました。（「同論文」一八頁）

一八五九年（安政六）、幕府は方針を変更し蝦夷地を東北六藩の分割統治としたため、松前の商業経済は壊滅的な打撃を受けた。蝦夷地を還《かえ》してもらうため、決死の覚悟で老中への駕籠《かご》訴《そ》を実行した中心人物が太左衛門であった（『概説　松前の歴史』九六頁）。

直訴の結果、交易権利の一部を回復できたが、首謀者の太左衛門たちは投獄された。先行研究では、一八五五年（安政二）より一八五八年（安政五）までの約三年間入獄としてきたが、米村美奈は『輪島聞声の生涯』で、『松前町史』の「町年寄詰所日記写《まちとしよりつめしょにっきうつし》」の記録をもとに、一八六〇年（万延元）二月一六日の入牢《にゅうろう》、四月五日の赦免《しゃめん》ののち五〇日間の手鎖《てぐさり》の刑《けい》を受けた、と結論づけた。聞声（こと子）数え九歳（満八歳）のときで、父・太左衛門の勇気ある姿が聞声の生き方に大きな影響を与えた。

太左衛門は信心深く、特に近江《おうみ》（滋賀県）の竹生島《ちくぶじま》から弁財天《べんざいてん》を勧請《かんじょう》するなど、弁財天への信仰に篤《あつ》く、その影響で聞声も竹生島《ちくぶじま》の弁財天《べんざいてん》に血書《けっしょ》の法華経を納経。聞声の師・行誡も江島《えのしま》弁財天に一〇〇日参籠《さんろう》するなど、熱心な弁財天信仰を持ち、太左衛門―聞声―行誡を結ぶ一筋の縁《えにし》の糸《いと》が感じられる。

聞声が京都遊学を終え、本所の感応院に戻った一八八九年（明治二二）の五月一六日に逝去。突然の訃報に驚き、聞声は「せめて、一日だけでも看病し、心からお礼を言いたかった」と悔いたという。

参考：須藤隆仙「輪島聞声尼の父親」『浄土』第三四巻二月号。松前町史編纂室『松前町史』（通説編第二巻）松前町、一九九三。

（割田剛雄）

輪島《わじま》とく

聞声の長姉（生没年不詳）。輪島家第一四代太左衛門・カネ子の長女。婿養子《むこ》の金兵衛が第一五代となり、とくはのちに輪島家一六代目となっている。金兵衛・とく夫婦には令蔵と吉平の二人の男児があり、長男の令蔵が輪島家一七代目を継承している。松前の郷土史家・松本隆は、令蔵と吉平について、

太左エ門（筆者注：第一五代太左衛門。金兵衛のこと）には令蔵・吉平の二男あり、いずれも今は故人となっているが、筆者は令とは小学校時代の同級生であり、東京築地市場時代の吉平とは懇意《こんい》の間柄であった。（「松前が生んだ女傑　輪島聞声尼」『松前史談会報』第六六号、一九六三）

と往時《おうじ》を回想している。次男の吉平は一九三二年（昭和七）に、東京世田谷の感応寺で聞声の十五回忌追善供養を行った記録がある

（米村美奈）

輪島聞声先生《わじまもんじょうせんせい》　生誕地顕彰碑《せいたんちけんしょうひ》

一〇〇回忌を記念して建立　聞声は一九二〇年（大正九）四月三日、六九歳（満六七歳）で入寂した。二〇一九年（平成三一）が一〇〇回忌に当たるのを記念して、生誕の地・北海道松前郡松前町に、学校法人大乗淑徳学園理事長・長谷川匡俊と、学校法人淑徳学園理事長・麻生諦善の名のもとに、聞声の略歴を刻んだ顕彰碑が建立され、二〇一八年（平成三〇）六月一日に除幕式および講演会が開催された。

除幕式と記念講演会　除幕式は、清水良潔導師のもとに、顕彰碑建立地の地権者・小板テツ子、松前町教育委員会の宮島武司教育長を始めとする来賓、淑徳高校同窓会淑水会会長、同後援会会長など三〇名ほどが参列して挙行された。

講演会は、大乗淑徳学園理事長・長谷川匡俊の謝辞に始まり、松前町教育委員会学芸員・前田正憲の「『蝦夷地』と『松前地』について」と、淑徳大学教授・米村美奈の「松前が生んだ輪島聞声尼」の講演が行われた。講演を通じて、聞声が生まれ育った松前の歴史、地政学的な位置、聞声のどのような困難にも打ち勝つ行動力と信念と気質が、どのようにして生まれたのかの理解が深まった。

生誕地顕彰碑の碑文　生誕地顕彰碑の碑文は、左記の通りである。

輪島聞声先生　生誕地顕彰碑
　進みゆく世におくれるな
　　有為な人間になれよ
信と忍とは
　万善万業の基礎なり

輪島聞声先生　略歴

嘉永五年五月　北海道松前藩福山町の輪島屋五代目
太左衛門の三女として生る　幼少より仏教に親し
み、明治九年父母の許を得て上京　回向院福田行誡
を生涯の師と仰ぎ得度　幼名こと子を聞声と改め本
所感応寺にて居住　後に京都知恩院宗学校等で修学
明治十九年浄土宗務所に尼僧教育の建議書を提出
明治二十二年増上寺山内にて東京尼衆教場を開き監
督兼教授を務む　更に女子教育を志し明治二十五年
伝通院山内に淑徳女学校を設立　晩年は鎌倉扇ケ谷
聞声庵、感応寺にて念仏三昧　仏教主義女子教育の
先駆者　大乗淑徳学園　淑徳学園の校祖

大正九年四月三日　寂

校祖百回忌を記念して生誕地に建立する

平成三十年六月一日建立

学校法人大乗淑徳学園理事長
長谷川匡俊

学校法人淑徳学園理事長
麻生　諦善

碑文には、聞声が生前に「尼衆教場」や「女学校」の教え子たちに説き続けた言葉と、遺偈にも書き残した信念が刻まれている。また、生誕・上京・得度・聞声と改名・京都修学・尼衆教場と淑徳女学校の開校・念仏の生涯が簡潔に記されている。（山口光治）

輪島屋《わじまや》と輪島家《わじまけ》

聞声の生家の屋号　聞声の父・太左衛門は輪島屋の屋号で手広く商《あきな》いを営み、「五代目・太左衛門」を名乗っていた。初代太左衛門が能登《のと》（今の石川県）の出身のため、屋号を「輪島屋」と名付けたと伝えられている。江戸時代の松前の繁盛ぶりを今に伝える「松前屏風」にも、輪島屋の屋号をつけた建物が描かれている。

五代目太左衛門の時代には呉服（絹織物）や太物《ふともの》（綿・麻の織物）商、質商など幅広く商売し、町内きっての資産家であった。聞声が生まれる前の一八三一年（天保二）の記録には、松前藩の茶屋《ちゃや》（高級料亭）

株仲間二三軒の一軒として、輪島屋の名が残されている。(『松前町史』史料編・第二巻、五〇八頁参照)

五代目太左衛門は輪島家一四代目　淑徳学園発行の『淑徳教育百年』に収録されている輪島家の家系図によると、聞声の父・太左衛門は輪島家の一四代目と記されている。おそらく能登から数えてのものと考えられる。

「輪島屋」(「松前屏風」より)

太左衛門の長女で聞声の長姉に当たるとくの婿《むこ》養子・金兵衛が一五代目を名乗り、のちにとくが一六代目となっている。この一六代目輪島金兵衛の名前は、一八八五年(明治一八)五月二一日認可の「福山呉服太物和洋小間物商組合」の組合員として明記されている(『松前商工史』一二頁参照)。金兵衛の没年は不明であるが、聞声の京都遊学七年目の一八八五年(明治一八)の時点で、輪島家の当主であったことが確認できる。

輪島家一九代・輝一と面会　とくと金兵衛夫婦には二人の男児があり、長男の令蔵が一七代目を継承している。聞声の次姉きんの末裔に当たる輪島康一が一八代を継ぎ、康一の長男輝一が輪島家一九代として、北海道函館市で婦人服店「ちはるや」を営んでいた。筆者は二〇一八年に松前を訪問した帰途に「ちはるや」に立ち寄り、一九代輝一に輪島家の過去帳をもとに、輪島家関係者の動静を教示され、「輪島家の家系図」を纏めて、掲載の許可を得ることができた

(米村美奈)

輪島令蔵《わじまれいぞう》

聞声の甥《おい》(生没年不詳)。とく(聞声の長姉)・金兵衛夫婦の長男。輪島家一七代目。松前の郷土史家・

松本陸と小学校の同級生。二人兄弟で、弟は輪島吉平。妻サダとの間にマサ（長女）、きみ（次女）、タツ（三女）の三姉妹がおり、三女のタツは聞声の遺志で平松誠厚のもとに引き取られた。誠念と名を改め、長じて京都の尼衆学園に学び、東京世田谷の感応寺で誠厚の教えを受けた。（米村美奈）

和田瑳門《わださもん》

聞声の仏教入門の師　本来の職業は医師で、四二歳のころに松前を離れ、二〇年ほど各地を回り、名僧を訪ね、仏教諸宗派の教理を学び、故郷・松前に戻ってきた人物である（生没年不詳）。豊富な人生体験や、深い漢籍の教養、経文《きょうもん》を引用しての巧みな法話は、聞く人を魅了して人気を集めた。

　聞声の父・太左衛門は神仏に深く帰依し、信仰心の篤い人であった。母・カネ子も夫に負けぬほどの信心深さで、近隣の寺社に参詣《さんけい》し、僧侶を家に招き、家族で説法を聞くことを喜びとしていた。そのため聞声も、ごく自然に両親のかたわらで法話を聞いて育った。一八六九年（明治二）、松前も戊辰《ぼしん》戦争の戦《せん》禍《か》から復興し、輪島家にたびたび説法に訪れたのが和田瑳門である。

　漢学の素養をもつ聞声は一八歳のときに、父母に頼んで自ら進んで瑳門の弟子となり、「五経」や『文《もん》選《ぜん》（中国の詩文集）』『史書《ししょ》（中国の王朝が編纂した二十四史などの歴史書）』を学びながら、仏典《ぶってん》（仏教のお経）の講義を受けた。これが聞声と仏教との出会いである。

出家の覚悟を聞き上京を勧める　やがて瑳門は聞声の出家の願いと、修行して立派な尼僧になりたいという固い覚悟を聞き、東京へ行くことを勧めた。これを受けて、父・太左衛門はかつて瑳門が輪島家で説法するとき、かならず聞法に来ていた貞仁尼の伝手《つて》を頼り、東京両国の回向院《えこういん》住職・福田行誡《ぎょうかい》に弟子入りできるように手配。聞声は行誡のもとで得度し、尼寺感応寺に住《じゅう》し、三年間余にわたり、感応寺第一四世森本玄浄のもとで尼僧修行に励み、感応寺や回向院などでの行誡の『十善法語』や『涅槃経《ねはんぎょう》』

の講座を熱心に聴講し、薫陶《くんとう》を受けた。

一八七九年（明治一二）に行誡から京都遊学を進められると、松前に住む父・太左衛門に伝え、京都遊学の許しを請うた。太左衛門はかねてより信心している弁財天に、七日間にわたって祈念してお伺いを確認し、北海道からはるばる上京してきた。

行誡は太左衛門に向かって、

「自分も若き日に京都で、八宗を兼学した体験がある。仏教者はつねに広く学ぶ必要がある。さらに言えば、明治の新しい時代を迎え、世の中も仏教界も大きく変わろうとしている。時代におくれないよう、一生懸命に勉学しなければならないのだ」

と語った。さらに行誡は、

「五月に大本山増上寺の貫主に就任し、焼失したままの大殿を再建する大役を引き受けたので、浄財を勧募《かんぼ》する旗振りのため、全国各地を行脚《あんぎゃ》しなければならない。ますます多忙になる。そうなれば進境いちじるしい聞声に目をかける機会が少なくなるだろう。だが、幸いにも、この八月に京都の知恩院に浄土宗総本山宗学校が開校するのだ。それで、京都行きを命じたのだ」

と、京都遊学を勧める意図を説明した。太左衛門は行誡の行き届いた配慮に感激し、心からのお礼を述べ、聞声に対し京都行きを許可した。

聞声への激励の手紙　このとき瑳門は聞声に、

「太左衛門から京都遊学の話を聞いた。心身堅固のうえに堅固にして、世に真の高名の華《はな》を咲かせるべし。これも仏法興隆の一助なれば、広く深く、学ぶがよい」

との激励の手紙を書き、さらに、出発直前の聞声に、

西京《さいきょう》（京都）にはさだめて、国学、漢学、禅学、律学《りつがく》、天台学、真言学、唯識学《ゆいしきがく》、倶舎学《くしゃがく》、悉曇学《しったんがく》、華厳学、涅槃学《ねはんがく》、浄土学、洋学、医学、算学、易学《えきがく》など、種々の学者がおるであろうから、その一人ひとりに接して学ぶべし。

と、行誡と同様に幅広い兼学《けんがく》をすすめている。瑳門も若き日に諸国を遍歴し、多方面にわたる勉学の経歴をもつ故の激励である。手紙は続き、

これらの諸学問はみな衆生済度に役立つものである。（略）諸講義を聴聞《ちょうもん》したのちには、師の名前を知りたいものだ。国学は誰、漢学は誰（筆者注・の講義を受けた）などという報せを楽しみに待っている。（谷紀三郎編『聞声尼』三六〜三七頁）

と、京都での勉学の成果に期待を寄せる心情を綴っている。

八〇代での演説　瑳門のその後の消息がなかなかつかめなかったが、『松前町史』（通説編第二巻）第四章に、八〇代の瑳門が演説会の弁士の一人として登場する場面が、次のように記載されている。

> 明治二二年一一月二四日光善寺においての「四恩会」演説会には二〇〇名ほどが集まり、同日各寺に分育している貧児一同へ反物一反、足袋一足宛施行している。（略）「四恩会」の演説の弁士には、鈴木隆仁、大月定祐、石館兵右衛門、柴田九十九、坂本篤太郎、奥角智現（正行寺）、林小次郎、石館慈雲、坂本淳信、和田瑳門、各寺院住職等の名が見られる…。（圏点は筆者）

さらに、瑳門について、「かねてより博学の人との伝聞も高く、今回、八旬《はちじゅん》（八〇歳）の老躯《ろうく》で仏教講話のため、わざわざ箱館まで来られた…」（漢文体の原文を意訳）と描写し、そのうえで、

> また「心地《しんじ》観経《かんぎょう》報恩品《ほうおんぼん》」の講義との記事も見られ、一般在家信者の居士《こじ》として相当高い学識、見識、教養を備えていた人であったといえる。
>
> 一般の在家信者の中に、本来の意味での「居士」（在家信者のままで仏教を信仰し修行する人々）にふさわしい人物が、松前には数多くいたのである。（『同書』七五一頁）

と紹介している。この一八八九年（明治二二）は聞声が京都遊学から本所の感応院に戻った年で、聞声の父・太左衛門が逝去した年である。この時点まで瑳門が健在であったことが確認できた。

参考：谷紀三郎編『聞声尼』私家版、一九二〇。米村美奈『輪島聞声の生涯—日本女子教育の先駆者』淑徳選書6、淑徳大学長谷川仏教文化研究所、二〇一九。→福田行誡

（米村美奈）

輪島聞声関係系図

（『淑徳教育百年』（九三頁）の家系図をもとに、筆者が取材により一部加筆修正して作成）

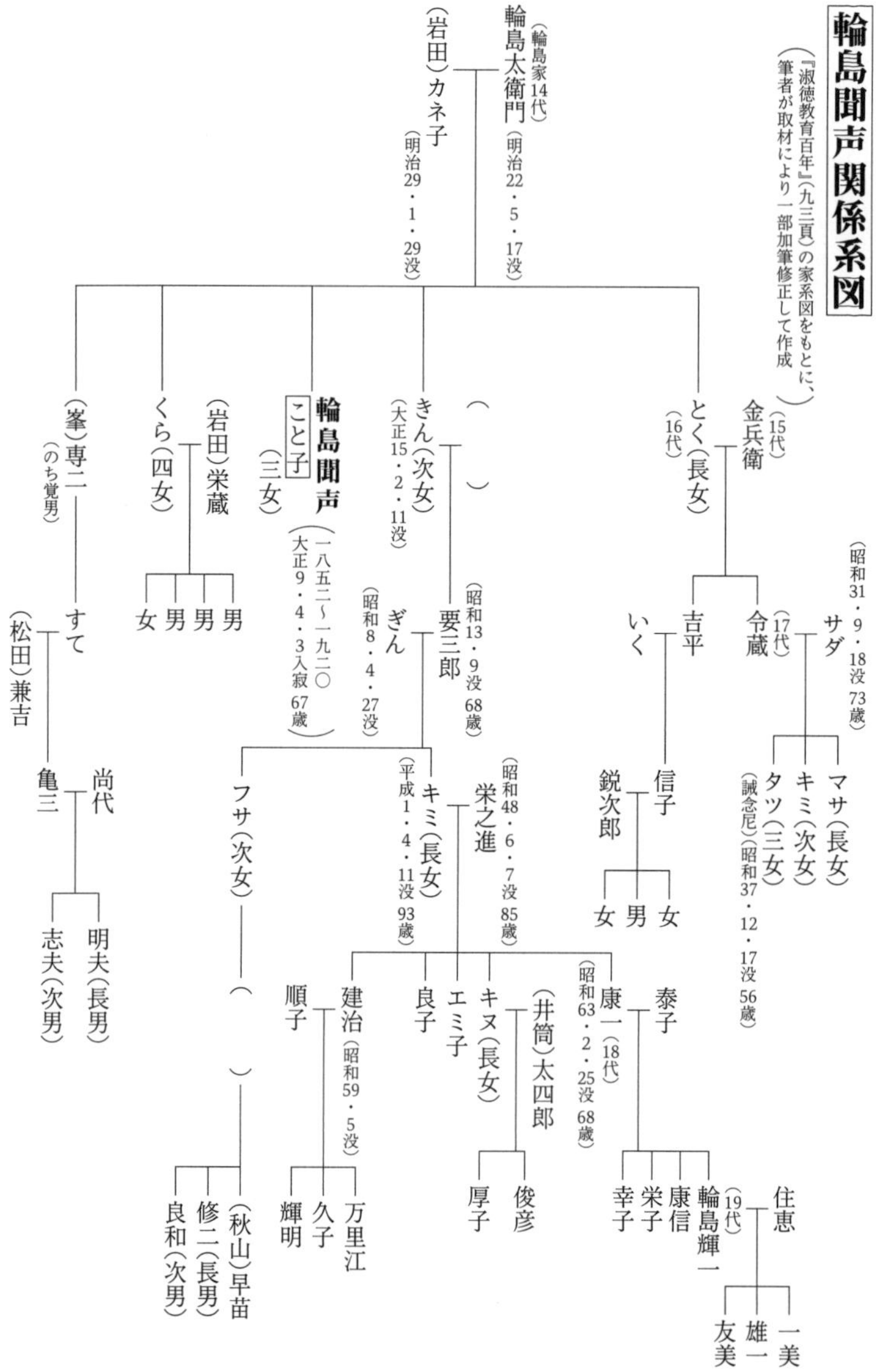

輪島聞声年表

元号	西暦	数歳	満	事項
嘉永五	一八五二	1	0	**五月一五日誕生**（父・太左衛門、母・カネ子の三女）。西暦換算（一八五二年七月二日）、ユリウス暦（一八五二年六月二〇日）。幼名「こと子」。 九月二二日、明治天皇誕生（西暦換算一八五二年一一月三日）。
嘉永六	一八五三	2	1	六月三日、ペリー、軍艦四隻を率いて浦賀に来航。 七月一八日、プチャーチン、軍艦四隻を率いて長崎に来航。
安政一	一八五四	4	3	三月三日、ペリー「日米和親条約調印」。箱館へ来航。 福山城（松山城）完成（江戸時代最後の築城）。 安政改元（一一月二七日）。
二	一八五五	5	4	一二月二一日、幕府、下田にて「日露和親条約調印」。 箱館開港。幕府、木古内から乙部以外の蝦夷地全土を上知。蝦夷地の警備を松前藩及び東北諸藩に命じる。後に松前藩に対し、代地として陸奥・出羽に三万石を下す。松前氏、無石《むこく》（米の石高のない意）大名から三万石の大名となる。
六	一八五九	8	7	幕府、東北諸藩に蝦夷地を分与し、警備・開拓にあたらせる。 一二月、父・太左衛門を中心とする復領・抗議集会開催される。第三回目の駕籠訴実行（翌年二月にかけて五度行われる）。
万延一	一八六〇	9	8	二月、父・太左衛門投獄される。桜田門外の変（三月三日）井伊直弼・暗殺。 万延改元（三月一八日）。四月五日、太左衛門赦免される。

文久二	一八六二	11	10	内田貞音（二三歳）、福田行誠につき得度。
三	一八六三	12	11	エゲレア号遭難。松前崇広、寺社奉行へ。
元治一	一八六四	13	12	元治改元（二月二〇日）。 幕府、崇広を老中格・海陸軍総奉行に捕す。 幕府、松前藩に乙部より熊石に至る八ヵ村を還付。 こと子は、このころ松前の漢学者・藤田龍《たつ》興《おき》に、書道や儒学（四書五経など）を学ぶ。
慶応一	一八六五	14	13	慶応改元（四月七日）。
二	一八六六	15	14	幕府、外国奉行兼箱館奉行小出《こいで》秀実《ひでみ》等に樺太国境問題交渉のためロシア出張を命ず。
明治一	一八六八	17	16	松前藩の正義派クーデターにより、多くの家臣が裁かれる。 松前藩、館城造営。
二	一八六九	18	17	一一月一日、土方歳三率いる旧幕府軍、箱館五稜郭を出発し松前へ。福山城、館城が攻撃され、陥落。松前藩主・徳広、津軽へ渡海するも弘前で客死。五日、**戦火に追われ、輪島家一族は清部村へ避難**。 松前藩を含む新政府軍、福山城を奪回。 幕府脱走軍、五稜郭にて降伏し、箱館戦争終結。兼広（後の修広）、版籍奉還を願い出て許され、館藩知事を仰せつけられる。 蝦夷地を北海道と改称。箱館を函館と改称。
三	一八七〇	19	18	このころ、**和田瑳門の弟子となり**、文選や史書、仏典の講義を聞く。
四	一八七一	20	19	廃藩置県により館藩（松前藩）消滅。館県となる。

五	六	七	八	九	一〇	一一	一二	一五
一八七二	一八七三	一八七四	一八七五	一八七六	一八七七	一八七八	一八七九	一八八二
21	22	23	24	25	26	27	28	31
20	21	22	23	24	25	26	27	30

九月、僧尼に名字をつけることを定める。
一月、僧侶の法話・説法を「説教」と改称。
一月、東京芝増上寺本堂・鐘楼焼失。
福山城天守閣・本丸御門・本丸御殿を残し、他の建造物・石垣を取り壊す。
福山波止場（大松前間澗・小松前澗）が完成する。
福山城本丸表御殿を充用し、松城小学校が開校する。

このころ、師の瑳門から物覚えが悪いと指摘され、弁財天に誓願し、寒中三〇日間の水垢離を行う。菩提寺の正行寺より大蔵経を借り出し、『華厳経』・『宝積経』・『涅槃経』などの経典を読破。

出家を決意。弁財天に伺いを立て、両親の許可を得る。三月、松前出発、父と共に東京へ。回向院で福田行誡を導師に得度を受け、剃髪し、聞声と名付けられ、感応寺（東京本所、別名「牛島の尼寺」）に入る。第一四世住職・森本玄浄に勤行・法式の教導を受ける。

このころ聞声、行誡の講義（好んで涅槃経、十善法語等）を聴聞。

京都遊学（八月）。**浄土宗総本山宗学校入学**。

浄土宗総本山宗学校第三課卒業。黒田真洞のすすめをうけ、泉涌寺で佐伯旭雅の講義を受講。伏見稲荷に日参して、『法華経』・『梵網経』などを血書する。

一一月二二日、増上寺で行誡より菩薩戒を受戒。このとき血書（『梵網経』

				他）を持参する。
一六	一八八三	32	31	一月、行誡と写真撮影（写真師・丸木利陽）。
一八	一八八五	34	33	木原円隆（一八歳）、京都袋中庵の賀幡円鏡について得度。
一九	一八八六	35	34	一〇月、尼衆教場設立建議書（宗議会へ提出）。
二〇	一八八七	36	35	三月一一日、**尼衆教場開校式**（入信院を仮校舎として）。
二一	一八八八	37	36	二月一五日、**浄土宗学京都支校附属尼衆教場を設置**。
二二	一八八九	38	37	四月二五日、行誡入寂。 一月、宗門の命により感応寺一五世住職に就任。感応寺の再興に尽力。 三月二〇日、森本玄浄（感応寺一四世）入寂。
二四	一八九一	40	39	五月一六日、父太左衛門逝去。 九月一七日、**淑徳女学校設立趣意書Ａ（普通女学校の設立願）を提出**し、一二月に浄土宗より許可。開校の諸問題に悩み、石龍子の占いを聞く。
二五	一八九二	41	40	九月七日、「**淑徳女学校**」**開校式**。**内藤恥叟・初代名誉校長**に就任。開校に当たり水島忠兵衛、輪島家の資金協力あり。木原円隆、聞声の元で三年間勉学。
二六	一八九三	42	41	三月、淑徳婦人会結成（第一期）。
二七	一八九四	43	42	三月一日、浄土宗宗議会（年三〇〇円援助）の決議で、翌年四月より開始。 **久保了寛・第二代名誉校長**に就任。
二八	一八九五	44	43	淑徳女学校第一期生卒業。

二九	一八九六	45	44	一月、母カネ子重病の報。松前へ帰郷（出家のため上京以来の初帰郷）。 一月二九日、カネ子逝去（看護し看取り、葬儀・法要を済ませて東京へ）。 五月、**勤息《ごんそく》義城《ぎじょう》・第三代名誉校長**に就任。
三〇	一八九七	46	45	一〇月、淑徳同窓会発足。 浄土宗からの援助増額（年四〇〇円に）。 一二月三一日、決済困難。学校の身売話。芝の石龍子の占いを受けて、学校経営継続を決意。信徒総代水島忠兵衛の協力を受ける。
三二	一八九九	48	47	四月、寄宿所新築。私立女学校の体制整備される。 八月、私立学校令。 一〇月、**黒田真洞・第四代名誉校長**に就任。 一一月、**淑徳婦人会結成**（第二期）。**名流婦人多数参加**。
三四	一九〇一	50	49	三月、「高等女学校施行規則」公布。 岩倉梭子、第二期淑徳婦人会会長に就任。 聞声、病気のため明治病院に入院。寄宿舎の監督、金銭出納を岩田成功が代行。病床にて浄土宗への寄付を決意。
三六	一九〇三	52	51	三月、宗議会へ寄付を願い出る。 四月二五日、浄土宗立校となる。
三八	一九〇五	54	53	五月二日、創立一〇周年記念祝賀会。 淑徳婦人会の附帯事業「清韓語学講習所」を淑徳高等女学校内に開設。

三九	一九〇六	55	54	三月、雑誌『淑徳』第一号発行。 四月、石塚龍学が第一六回同窓会で「淑徳」の徳目を解説。 夏目漱石『吾輩は猫である』に淑徳婦人会が登場。
四〇	一九〇七	56	55	四月、高等女学校令に基づく文部省認可を受け、**「淑徳高等女学校」と改称（初代校長・黒田真洞）**。
四四	一九一一	60	59	二月二七日、法然上人七〇〇年忌（明照大師諡号宣下）。「淑徳家政女学校」設置（初代校長・黒田真洞）。
四五	一九一二	61	60	四月、黒田真洞・校長辞職。**桑門秀我・第二代校長**に就任。
大正一				五月、**監督職退任**。宗門の要請により顧問に就任。 五月一二日、**盛大な告別式**（送別の会）開催される。 『二六新報』に「一生不犯の浄尼」連載（五月一三日～一六日）。
二	一九一三	62	61	「淑徳高等女学校」顧問を退任。 水島忠兵衛氏逝去（逝去・葬儀等の詳細不明）。このころ、鎌倉に聞声庵建立。
四	一九一五	64	63	一月二七日、聞声庵で尼僧殺人事件（一月二九日、『読売新聞』）。 三月、**荻原雲来・第三代校長**に就任。
五	一九一六	65	64	一月二五日、黒田真洞逝去。
六	一九一七	66	65	感応寺を弟子成功尼に譲る。念仏三昧の生活へ。 四月、創立二五年を記念して、**浄土宗管長・山下現有「淑徳《しゅくとく》漲《ちょう》美《び》」を揮毫**し、大額を講堂に掲げる。 同四月発行の雑誌『淑徳』第八一号で、荻原雲来「淑徳漲美」を解説。

				京都西寿寺に聞声庵建立、身の回りの品発送。
八	一九一九	68	67	四月、食道がんの病状悪化。流動食一〇〇日。 谷紀三郎、感応寺を訪問し、病床の聞声から聞き書きを開始。 この年、**杉原重剛《しげたけ》「坤道《こんどう》貞淑」の扁額を揮毫**、会議室に掲げる。
九	一九二〇	69		二月、**「忍」の遺墨を揮毫。四月三日、入寂《にゅうじゃく》（数六九歳、満六七歳）**。 四月三〇日、**雑誌『淑徳』第一一四号発行、嗚呼《ああ》前監督輪島聞声師**、萩原雲来学長弔辞。 五月二五日、知恩院墓地に埋葬。 六月一〇日、『聞声尼』（谷紀三郎編）私家版、発行。 一一月、淑徳婦人会（第二期）解散。
一〇	一九二一			一〇月、**藤田寛随・第四代校長**に就任。
一一	一九二二			「明照会」創設。一一月一一日、創立三〇周年記念祝賀会（職員三五、生徒数＝高女六二、家政科一一〇。卒業生計二、〇四四名）。
一二	一九二三			九月一日、関東大震災。感応寺焼失。淑徳高等女学校無事。講堂ならびに別館教室を避難者に開放。教室の一部を大妻技芸学校、赤堀割烹学校に提供。 一一月二〇日、岩田成功（感応寺第一六世）入寂。平松誠厚一七世住職に就任し、東京世田谷区上馬に感応寺再興を着手。
一五	一九二六			七月、**雑誌『淑徳』第一六三号発行**。**「輪島聞声哀悼号」**宗祖の美風（藤

				田寛随校長)、聞声尼を憶ふ(永地待枝)他。
昭和二	一九二七			校舎新築のため、校債を募集。
三	一九二八			淑徳高等女学校、三階建校舎の竣工。
五	一九三〇			生徒数一、二〇〇名となる。
六	一九三一			一一月一一日、創立四〇周年記念祝賀会。
七	一九三三			四月、**原田霊道・第五代校長**に就任。
九	一九三四			三月二二日、淑徳家庭寮創設。
一一	一九三六			一月一六日、「淑徳家政女学校」廃校。 四月三日、輪島先生一七回忌法会(伝通院)。
一四	一九三九			二月、**中島真孝・第六代校長**に就任。
一七	一九四二			九月、**大河内隆弘・第七代校長**に就任。 一一月、勤労報国隊編成。創立五〇周年記念祝賀会。
一九	一九四四			学徒勤労動員により、内閣局(四・五年生)、中島飛行機製作所(三年生)、兵器生産(二年生)に動員。 一二月、**長谷川良信・第八代校長**に就任。
二〇	一九四五			五月二五日、空襲により校舎が全焼。伝通会館を仮校舎に。金庫三個を焼跡から見つけ、完全冷却ののち、開扉。開校以来の「教職員名簿」を発見。 八月一五日、終戦。

二一	一九四六	九月、巣鴨女子商業学校の一部を借用し、授業を再開する。 復興協賛会を組織し、再建を開始。 三月、長谷川良信校長、板橋区志村前野町への校舎移転を発表。移転反対委員会が発足。 一一月三〇日、礫川台と志村の二校併立経営承認の協定書が成立（一二月二日調印）。校舎移転問題終決する。一二月五日、協定書に基づき志村淑徳高等女学校開校。
二三	一九四七	礫川台に二月二五日、小石川淑徳高等女学校（代表・大河内隆弘）を設置（現「淑徳SC中等部・高等部」）し、翌年（一九四八）一二月、財団法人淑徳学園を設立。
二四	一九四九	板橋区志村に財団法人大乗淑徳学園（代表・長谷川良信）が設立される（現「学校法人大乗淑徳学園」）。

参考：米村美奈『輪島聞声の生涯』淑徳選書6、淑徳大学長谷川仏教文化研究所、二〇一九。ふるさと学習推進委員会『ふるさと読本　松前』松前町教育委員会、二〇一六。徳武真有編『淑徳教育七十年』学校法人淑徳学園、一九六二。浄土宗尼僧史編纂委員会『浄土宗尼僧史』浄土宗吉水会、一九六一。日置英剛編『新・国史大年表』国書刊行会、二〇〇六。

（割田剛雄）

雑誌「淑徳」発行一覧表

通巻号数	号数	発行年	発行日	主なる記事
創刊号		明治三八	三月	未詳（欠）
第二号		三九	三月二八日	婦人と活動（加藤玄智）、北海旅行の所感（黒田真洞校長）
第三号		四〇	一二月二八日	日本に於ける婚姻の変遷（田中一元）、神道（笹本戒浄）
第四号		四一	一月 一日	人は如何に進化するものか（鵜飼祐二）、普通科としての図書（乾南陽）
第五号		四二	一二月一五日	勤勉力行（井原法従）、塩原にて（歌）（輪島聞声）
第六号	第六巻一号	四三	二月一一日	雑誌部の設置に就て（井原法従）
第七号	同 二 号	四三	三月一一日	卒業の栄を荷ふ諸子に告ぐ（黒田真洞）
第八号	同 三 号	四三	四月一一日	父兄保証人へ望む。アイヌの話（寺田清）
第九号	同 四 号	四三	五月一一日	高等女学校の教育（井原法従）
第一〇号	同 五 号	四三	六月一一日	未詳（欠）
第一一号	同 六 号	四三	七月一一日	暑中休暇に就て（井原法従）、戦艦春日より見たる日本海戦（一条寛孝）
第一二号	同 七 号	四三	九月一一日	併合と国民の心得（井原法従）
第一三号	同 八 号	四三	一〇月一一日	学芸遊戯演習会に就て（井原法従）
第一四号	同 九 号	四三	一一月一一日	皇国の精華（同）、紅葉の錦（一原泉）
第一五号	同一〇号	四三	一二月一一日	我校生徒の海藻採集（小泉源一）、富士川（荒井元四郎）
第一六号	第七巻一号	四四	一月一一日	芳しき「ギユリオの話」（草野萱）、猪の話（小泉源一）
第一七号	同 二 号	四四	二月一一日	清国の婦人と児童（卒業生斉藤いし）、卒業生の父兄に望む（社説）
第一八号	同 三 号	四四	三月一一日	法然上人（矢吹慶輝）、日本語化せる英語（前窪勝之助）

第一九号	同四号	四四	四月一一日	肇国樹徳（中島講師）、宗祖七〇〇回忌に加諡号記念の一日（月香）
第二〇号	同五号	四四	五月三一日	修学の要旨、婦人会、同窓会、春季大会記
第二一号	六月号	四四	六月三〇日	体育に就て（社説）、日本の星祭（一原泉）
第二二号	七月号	四四	七月三〇日	第一学期を送る。休暇中の読物鑑定
第二三号	九月号	四四	九月三〇日	平和（社説）、お伽噺に就て（巌谷小波）
第二四号	一〇月号	四四	一〇月三〇日	「家を思へ」（社説）、夫婦相和（中島講師）
第二五号	一一月号	四四	一一月三〇日	本務を尽せ（同）、箱根紀行（月香）
第二六号	一二月号	四四	一二月三〇日	更に奮励努力すべし（同）、初春の遊戯と娯楽（衣右子）
第二七号	一月号	四五	一月三〇日	修身教材の蒐集に就て（同）、亀鑑孝婦小林しん子（貞女烈婦伝）
第二八号	二月号	四五	二月二九日	受験の心得に就て（同）、第三回成績品展覧会
第二九号	三月号	四五	三月二五日	母校を去らんとする諸子に誨ふ
第三〇号	四、五、六月合併号	四五	六月三〇日	父兄保証人心得、卒業後の学校生活（卒業生数人）
第三一号	七月号	四五	七月一七日	よく学びまめに働け（永地待枝）
第三二号	九月号	大正元	九月三〇日	明治天皇「奉悼の辞」（社説）、質素にして趣味ある生活（安東露花）
第三三号	一〇月号	元	一〇月三〇日	奉頌の辞、日光紀行（月香）
第三四号	一一月号	元	一一月三〇日	成就徳器（中島観琇）
第三五号	一二月号	元	一二月二四日	進広公益（同）、いろは短歌（移山）、向上心を養へ（大森国子）
第三六号	一月号	二	一月三一日	歳首の辞（桑門校長）

通巻号数	号数	発行年	発行日	主なる記事
第三七号	二月号	大正二	二月一五日	未詳（欠）
第三八号	三月号	二	三月二五日	卒業生に餞して（野村月香）、大隈伯に学ぶ（同人）
第三九号	五月号	二	五月三一日	開於世務（中島観琇）、水晶凝視（松窓）
第四〇号	六月号	二	六月三〇日	常重国宝（中島講師）、腐敗の話（近藤耕蔵）
第四一号	七月号	二	七月三〇日	慈故能勇（南條文雄）、噫有栖川宮、夏休中の読物
第四二号	九月号	二	九月三〇日	尊於国法（中島講師）
第四三号	一〇、一一月合併号	二	一一月三〇日	義勇奉公（中島講師）、溝部有山先生を悼む（移山）
第四四号	一二月号	二	一二月三〇日	皇運無窮（中島講師）、本校増築の地鎮式
第四五号	一月号	三	一月三一日	新年所懐（桑門校長）、札幌にて同窓の友を想ふ（本郷かめの）
第四六号	二月号	三	二月二八日	成有一徳（中島講師）、クラス会の記（各学年）
第四七号	三月号	三	三月二五日	卒業生を送る（桑門校長）、勅額奉迎の記（月香）
第四八号	四月号	三	四月三〇日	奉悼の辞、謝恩会記
第四九号	五月号	三	五月三一日	奉悼歌、昭憲皇太后御歌、季節料理（蓮見たつ）
第五〇号	六月号	三	六月三〇日	女子三従の説（石塚龍学）
第五一号		三	七月三一日	曙変の歌（島木赤彦）、書読むひまに（松窓）
第五二号		三	九月三〇日	戦時の心得（社説）、各国の花王
第五三号		三	一〇月三一日	多望なる第二学期（山口察常）

第五四号		三	一一月三〇日	青島陥落に就て（山口察常）、雑草（粕谷詩絃）
第五五号		三	一二月三一日	乃木将軍を想ふ（加藤玄智）、寄宿舎生の茶話会
第五六号		四	一月三一日	年を迎へて（桑門校長）
第五七号		四	二月二八日	節季なる第三学期（山口察常）、実科併置、校則改正
第五八号		四	三月三一日	卒業の諸子へ（桑門校長）
第五九号		四	四月三〇日	服装規定の励行、広い宇宙（松窓）
第六〇号		四	五月三一日	初夏の教調（山口察常）、文苑、俚諺解（松窓）
第六一号		四	六月三一日	ヒステリーに就て（福来友吉）、学年会の記（各学年）
第六二号		四	七月三一日	孝養父祖（功徳林俊宏）、談叢（うめのや）
第六三号		四	九月三〇日	御即位式に就て
第六四号		四	一〇月三〇日	謹みて大礼の盛儀を観し奉る
第六五号		四	一一月三〇日	大正婦人の覚悟（下田次郎）、第五回運動会の記
第六六号		四	一二月三一日	宗祖の偉徳（荻原校長）
第六七号		五	一月三一日	新年お芽出度う（荻原雲来）、関西修学旅行記（松人）
第六八号		五	二月二九日	国民の覚悟（山口察常）、校友会の記
第六九号		五	三月二七日	卒業生諸子を送る（荻原校長）、卒業の年（卒業生）
第七〇号		五	四月三〇日	学年の始に際して（同）、口絵（第二二回大正五年卒集合写真を添ふ）
第七一号		五	五月三一日	愛と憎と（山口察常）、唐澤山紀行（鏡湖）
第七二号		五	六月三〇日	婦人の地位と周易（遠藤隆吉）

通巻号数	号数	発行年	発行日	主なる記事
第七三号		大正 五	七月三一日	宮中の御養鶯
第七四号		五	九月三〇日	強健と正直（大村桂巌）、行誡上人の知葉集
第七五号		五	一〇月三一日	女子の自覚（社説）、欧州戦局烈婦美譚
第七六号		五	一一月三〇日	婦徳と仏教、婦人問題に就て（兎子）
第七七号		五	一二月三一日	婦人の本務（林博太郎）、正月重詰献立（赤堀峯吉）
第七八号		六	一月三一日	婦人の覚悟（荻原校長）、寒苦島（亀城）
第七九号		六	二月二八日	婦徳と女芸（松濡泰巌）、理学の光（宮地数千木）
第八〇号		六	三月二八日	卒業生に餞す（荻原校長）、お別に臨みて（大村桂巌）
第八一号		六	四月三〇日	淑徳漲美（荻原校長）、（二三回卒業生写真）
第八二号		六	五月三一日	春より夏へ、飯能と飛鳥山
第八三号		六	六月三〇日	国母陛下の御近状、偶感（大村桂巌）
第八四号		六	七月三一日	第一学期終る（社説）、夏季の衛生（森校医）
第八五号		六	九月三〇日	第二学期の首途（同）、何事も善意に（随順）
第八六号		六	一〇月三一日	本校の過去及将来（同）、筆のすさび（いほぬし）
第八七号		六	一一月三〇日	我国今後の女子教育（井上哲次郎）、所感（玉置徳全）、縁日（島木赤彦）
第八八号		六	一二月三一日	すなほな心（西尾実）
第八九号	附録「なでしこ」第一号	七	一月三一日	厳冬の感（荻原校長）、新年偶感（大村桂巌）

第九〇号	第二号	七	二月二八日	修養と趣味（大村桂巌）、慈悲の精神（石塚龍学）
第九一号	第三号	七	三月二八日	時弊に捕る勿れ（荻原校長）
第九二号	第四号	七	四月二三日	新学年を迎へて（荻原校長）、誠意と忍耐（堀尾貫務）、（二四回卒写真）
第九三号	第五号	七	五月三一日	婦人問題（矢吹慶輝）、稲毛遠足
第九四号	第六号	七	六月三〇日	印度旅行雑感（野生司香雪）
第九五号	第七号	七	七月二〇日	夏安居と自恣の日（荻原校長）
第九六号	第八号	七	九月三〇日	秋来る、安価惣菜献立（赤堀峯吉）
第九七号	第九号	七	一〇月三一日	時局と婦人（社説）
第九八号	第一〇号	七	一一月三〇日	時局と吾人の覚悟（荻原校長）、礫川の高台より（亀城）
第九九号	第一一号	七	一二月二〇日	女子尊重と女性自覚（社説）、家政と理化学（理科教室）
第一〇〇号	第一二号	八	一月三一日	戦後の国民道徳（望月信亨）、日本婦人の覚醒（下田次郎）
第一〇一号	第一一号	八	二月二八日	デモクラシーの話（大野法瑞）、涅槃会（野生司香雪）
第一〇二号	第一二号	八	三月二三日	お別れにのぞみて（大村桂巌）
第一〇三号	第一三号	八	四月三〇日	新学年譜（荻原校長）、井上知事、田尻市長、山下管長祝辞
第一〇四号		八	五月三一日	偉人弁（青雀）、組育の宿（松涛奉巌）、卒業生写真
第一〇五号		八	六月三〇日	製縫に就て（嶺きく子）、学校の窓より（金鴉）
第一〇六号		八	七月三一日	夏季の修養、寧楽より（畔柳田鶴）
第一〇七号		八	九月三〇日	時局数言、夏季講習会日誌（総代）
第一〇八号		八	一〇月三一日	我国の若き婦人への指針（社説）

通巻号数	号数	発行年	発行日	主なる記事
第一〇九号		大正八	一一月三〇日	新校舎を観て（社説）、記念展覧会
第一一〇号		八	一二月二三日	歳末書き集め
第一一一号		九	一月三一日	積極主義を執れ（社説）、その面影、撫子会句集
第一一二号		九	二月二九日	現代人と大乗心（同）、進級の人々へ、巴里より（松涛）
第一一三号		九	三月二三日	送別の辞、その面影（紫峰）
第一一四号		九	四月三〇日	**嗚《あ》呼《あ》前監督輪島聞声師、弔辞（荻原校長）**
第一一五号		九	五月三一日	現代婦人観（社説）、輪島文庫設立趣旨
第一一六号		九	六月三〇日	家庭改良（広瀬了義）、時の記念日、新任教授エルゼ嬢
第一一七号		九	七月三一日	精神の修養（大河内秀夫）
第一一八号		九	九月三〇日	精神作用の身体に及ぼす影響（森下福三郎）、出産前（角田貞子）
第一一九号		九	一〇月三一日	明治天皇奉頌唱歌、明治神宮御造営経過
第一二〇号		九	一一月三〇日	現代に於ける女子の任務（椎尾弁匡）
第一二一号		九	一二月二三日	民衆の教化（大野法瑞）
第一二二号		一〇	一月三一日	年頭語（広瀬了義）、社頭の暁
第一二三号		一〇	二月二八日	真の自覚を得よ（同）
第一二四号		一〇	三月二三日	餞語（同）、空前の快挙音楽大会
第一二五号		一〇	四月三〇日	国民精神の改造と女子の任務（同）、後藤市長、阿部知事、山下管長祝辞

第一二六号	一〇	五月三一日	文化主義と婦人（高島平三郎）、唐沢山登攀（翠生）
第一二七号	一〇	六月三〇日	自覚の語に就て、新聞の使命（林寛）、室伏先生二七日（小笹）
第一二八号	一〇	七月三一日	盂蘭盆祭、外来語に就て（三原是真）
第一二九号	一〇	九月三〇日	第二学期を迎ふ（島田俊宏）、国語の研究法（広瀬了義）
第一三〇号	一〇	一〇月三一日	就任の辞（藤田校長）
第一三一号	一〇	一一月三〇日	家庭の三要素（岩井智海）、東宮御渡欧に随行（二荒芳徳）
第一三二号	一〇	一二月二三日	感情の訓練（中村古峡）、勤息僧正の訃音
第一三三号	一一	一月三一日	元旦譜（藤田校長）、旭光波を照らす（広瀬了義）
第一三四号	一一	二月二八日	和宮の御事蹟に就て（桑原随旭）、ジョッフル元帥（三原是真）
第一三五号	一一	三月二三日	卒業生に寄す（藤田校長）、涯しなき海へ（各担任）卒業生論文
第一三六号	一一	四月三〇日	新旧更新（広瀬了義）
第一三七号	一一	五月三一日	英語教育の現状（槙智雄）
第一三八号	一一	六月三〇日	真実生活の体験（大野法道）、家庭の悦び（棚橋絢子）
第一三九号	一一	七月三一日	仏教の第一義（藤田校長）、試食会（翠生）
第一四〇号	一一	九月三〇日	道徳の基礎（藤田校長）、帰山の辞（松涛泰心）
第一四一号	一一	一〇月三一日	父兄の一読を希望す（島田俊宏）、人間万事塞翁の馬（角田貞子）
第一四二号	一一	一一月三〇日	創立三〇年を迎ふ（山口察常、杉浦重剛、萩原雲来、渡辺海旭）
第一四三号	一一	一二月二三日	壬戌の歳と別るゝの辞、アインシュタインの学説（翠雫）
第一四四号	一二	一月三一日	癸亥と暦学の話、入学志望の家庭に（広瀬了義）

通巻号数	号数	発行年	発行日	主なる記事
第一四五号		大正一二	二月二八日	伏見宮貞愛親王、有栖川宮大妃殿下を悼み奉る
第一四六号		一二	三月二三日	卒業生へ（藤田校長）、明照会の紹介（角田貞子）
第一四七号		一二	四月三〇日	自己を征服する力（翠雫）、入学試験の概観
第一四八号		一二	五月三一日	エレン・ケイの思想（原田実）、人間の愛の拡張（翠）、相馬邸での園遊会
第一四九号		一二	六月三〇日	母性礼賛（みどり生）、病窓雑感（島田生）
第一五〇号		一二	七月二三日	一五〇号に題す（藤田校長、井上哲次郎、中川謙二郎、望月信亨、下田次郎、渡辺海旭、椎尾弁匡氏等）
第一五一号		一二	一〇月三一日	破壊より建設へ（藤田校長）、震災地の死線を辿る（みどり）
第一五二号		一二	一一月三一日	国民精神作興の大詔を奉戴す。本校記念慰安デー
第一五三号		一二	一二月二四日	自主的精神の復興（藤田校長）、言語と修養（加藤咄堂）
第一五四号		一三	一月三一日	御成婚奉祝唱歌、新年の慶仰（藤田校長
第一五五号		一三	二月二九日	鉄の扉（松涛泰心）、人生を潤す愛の意識と浄化（みどり生）
第一五六号		一三	三月二二日	法然上人開宗の機縁（翠生）、一路の白道へ（小野説愛）
第一五七号		一三	七月二二日	家族制度と精霊祭（藤田校長）、国辱の日（原聖道）
第一五八号		一三	一二月二三日	歳晩偶感（藤田校長）、時代の病（みどり）
第一五九号		一四	五月一〇日	銀婚式御慶事と自己省察（藤田校長）、法然の婦人観（大野法道）
第一六〇号		一四	七月一五日	（八木先生追悼号）八木先生を偲ぶ、遺筆等

	第一六一号	一四	一二月　五日	（皇孫殿下御降誕奉祝号）西蔵婦人と仏教（河口慧海）米国婦人（天野雉彦）
	第一六二号	一五	五月一五日	巻頭言、送迎語（校長）、躑躅に囁く（みどり）
	第一六三号	一五	七月一八日	**輪島聞声哀悼号。宗祖の美風（藤田校長）、聞声尼を憶ふ（永地待枝）**、美学講座（広瀬了義）
	第一六四号	昭和二	一月一五日	（大行天皇奉悼号）朝見の勅を拝して（藤田校長）、和宮五〇回忌拝観記（広瀬了義）
	第一六五号	二	六月一三日	（増築促進号）日本婦人の意気（下位春吉）、聖徳太子奉讃（藤岡勝二、加藤咄堂）
	第一六六号	三	二月一〇日	（新築報告号）閑を活かせ（藤田校長）、世界漫遊より帰りて（広瀬）
	第一六七号	三	七月　五日	（三六周年新築落成号）**輪島聞声尼を偲ふ（藤田校長）**、祝辞（水野文相、山下管長、平塚知事、市来市長、浜私立高女代表、岡倉氏等）
★	第一六八号	四	一月三〇日	年頭所感（藤田校長）、若さを衰はぬ秘訣（棚橋絢子）、鮮満講演（宮田たか）
★	第一六九号	四	七月　五日	宗教心の啓発（藤田校長）、歓喜の生活（伊藤円定）、写真物語学校の此頃（みどり）
★	第一七〇号	五	一月二五日	支那婦人の生活（後藤朝太郎）、日本音楽の将来（田辺尚雄）
★	第一七一号	五	七月　七日	女性の偉い力（藤田校長）、偉大なる法然上人（中野隆元）
★	第一七二号	五	一一月三〇日	（海外紹介号）男女両尊（藤田校長）、駿豆地方の凶震に同情す、月刊の改正に就て

通巻号数	号数	発行年	発行日	主なる記事
★第一七三号		昭和五	一二月二〇日	人間の立体価値（藤田校長）、書道に精進（岩田要輔）、原始仏教の女性観（長井真琴）
★第一七四号		六	一月三一日	北海道・樺太覺見録（西村定雄）、流れに委して古渓を慕ふ（棚橋学常）
★第一七五号		六	二月二七日	女性と文学（千葉亀雄）、世界風景講話（みどり）
★第一七六号		六	四月二三日	送迎語（藤田校長）、伯林の処女（みどり）
★第一七七号		六	五月三〇日	純真は人生を和らぐ（藤田校長）
★第一七八号		六	七月一七日	朗かな人生（宮田修）、盛夏の調（藤田校長）
第一七九号		六	一〇月二六日	校風発揚、記念事業特報、旅がたり、歌がたり（佐佐木信綱）
★第一八〇号		六	一一月三〇日	（創立四〇年特輯号）四〇年祭彙報、祝辞（宮田修、井上哲次郎、山下管長、望月信亨氏等）
★第一八一号		六	一二月二三日	自警独語（藤田校長）、成道会に就て（高楠順次郎）、満州事変に就て（飯塚慶之助）
★第一八二号		七	二月二五日	（建国運動号）玉耶経の悲訓（藤田校長）、釈尊の教（加藤咄堂）、親の慰（大島伯鶴）
★第一八三号		七	五月　四日	仕事に拝む心（椎尾弁匡）、阿弥陀経納経顛末
第一八四号		七	六月二〇日	（特別講演号）生活訓（原田校長）、講演（松浦一、椎尾弁匡等）
第一八五号		七	七月一三日	文学の偉大なる使命（村岡花子）、水泳日本の誇（清涼言）
★第一八六号		七	一〇月三一日	時局と女性（原田校長）、印度人の宗教生活（野生司香雪）、裏南洋

				の島物語（広瀬）
第一八七号		七	一一月三〇日	時局と婦人の覚悟（藤堂高英）、運命を打開せよ（校長）、念仏と修養（吉原白覚）
★第一八八号		八	二月　六日	**渡辺海旭師の長逝を悼む**（広瀬了義）、**野沢俊冏師の遷化を追慕す**（広瀬了義）（仏教講演集）講演（高島米峯、椎尾弁匡、小野清一郎）
★第一八九号		八	三月　三日	文章の味読（五十嵐力）、涅槃会に就て（境野黄洋）
★第一九〇号		八	五月三一日	（新旧校長送迎号）淑徳精神の発揚に努めん（原田霊道校長）、思ひ出の記（藤田寛随前校長）
第一九一号		八	七月二〇日	（講演と旅行号）講演（原田校長、西条八十、横田忠郎、中村大佐等）
★第一九二号		八	一〇月三一日	雅潤なる我婦人美の涵養（原田校長）、歩兵第三連隊見学
第一九三号		八	一二月二三日	（体育大会号）聖地聖語録（野生司香雪）、体育大会彙報
第一九四号		九	二月一七	**茅根学順師追悼号。**法然上人御略伝（原田霊道）、追慕（山下管長、石塚、藤田、原田、広瀬）
★第一九五号		九	三月二二日	社会我の鑑を示せ（原田校長）、女性愛への覚醒を期す（みどり生）
★第一九六号		九	六月一一日	**淑徳漲美に新意気を**（原田校長）、愛に就いて（真野正順）
★第一九七号		九	七月二〇日	祖道恢弘の実を挙げん（原田校長）、お盆に就いて（増本聴善）
★第一九八号		九	一一月　五日	愛より慈悲へ（原田校長）、絵の見方（永地秀太）
★第一九九号		九	一二月二〇日	多事多難のこの年を牢記せよ（原田校長）、講演（池田亀鑑、戸松学瑛、菅原曇華、

通巻号数	号数	発行年	発行日	主なる記事
★第二〇〇号		昭和一〇	二月二五日	第二〇〇号記念号。本校の伝統と将来の飛躍（原田校長）、梅花の姿（中村弁康）、二〇〇号史の瞥見（広瀬）
★第二〇一号	三一巻ノ二	一〇	五月一二日	講演（武者小路実篤、北原白秋、柳家金梧楼）、飛鳥より高野へ（小山さと）
★第二〇二号	三一巻ノ三	一〇	七月一五日	感激の生活を強調す（原田校長）、法然上人の若い頃（大野法道）
★第二〇三号	三一巻ノ四	一〇	一一月　八日	眼に見えぬ絆の心を仰がん（原田校長）、朝鮮の美術行脚（広瀬生）
★第二〇四号	三一巻ノ五	一〇	一二月二三日	昭和一〇年に餞す（社説）、南支紀行（みどり生）
★第二〇五号	三二巻ノ一	一一	二月二〇日	信仰日本の建設（原田校長）、涅槃（静永孝英）
★第二〇六号	三二巻ノ二	一一	三月二〇日	至誠の一途に人生の行路（原田校長）、さらば思ひ出の各都会
★第二〇七号	三三巻ノ一	一一	六月二二日	素直な水の相に譬え（原田校長）、料理法（赤堀峯吉）印度聖地から（野生司香雪）
★第二〇八号	三三巻ノ二	一一	七月二〇日	夏休みも学校の延長（みどり）、夏の句（安西覚承）、七夕まつり（宮坂三千子）
★第二〇九号	三三巻ノ三	一一	一〇月二三日	霊と肉（校長）、詩趣（宮坂みち、清水とめ）
★第二一〇号	三三巻ノ四	一一	一二月二二日	衆縁和合の喜び（原田校長）、壁画の思ひ出（野生司香雪）
★第二一一号	三四巻ノ一	一二	三月二〇日	業務に忠実なれ（原田校長）、三上人御遠忌
★第二一二号	三四巻ノ二	一二	六月二〇日	教授要目の改正に就いて（社説）、天平時代前後の日本（静永孝英）
★第二一三号	三四巻ノ三	一二	七月二〇日	お盆を迎へて（原田校長）、俳句手引（安西飲子）
★第二一四号	三四巻ノ四	一二	一〇月二〇日	時局下の共生の姿（椎尾弁匡）、国民精神総動員強調週間

★	第二一五号	三五巻ノ一	一三	一月二三日	皇威新春を迎へて（原田校長）、上海戦線を視察して（松島慶三）、
★	第二一六号	三五巻ノ二	一三	三月二四日	**荻原雲来先生哀悼号** 卒業生に寄す（原田校長）、学校生活の真味（古本超然）、栄光の刻印（遠藤宗光）
★	第二一七号	三五巻ノ三	一三	六月一五日	私に求めざる心（原田校長）、半搗米の常食（井口乗海）
★	第二一八号	三五巻ノ四	一三	七月二〇日	下を強く培へ（桑門随旭）、「渡り鳥」の思ひ出（みどり生）
★	第二一九号	三五巻ノ五	一三	一二月二五日	長期建設へ（原田校長）、講演（松本徳明、大村桂巌、三原信一、福山信太郎、田部亀吉氏等）
★	第二二〇号	三六巻ノ一	一四	三月二三日	**原田校長追悼号。** 追悼郁芳管長（他に、大森亮順、荒川五郎、三輪田元道、泉道雄、中島真孝、大島徹水、椎尾弁匡、佐山学順氏等）
★	第二二一号	三六巻ノ二	一四	七月二〇日	家庭の女性（中島校長）、新に教務を担当して（小池龍海）、小生の信念（米野生）
★	第二二二号	三六巻ノ三	一四	一二月　二日	北支に於ける戦跡巡拝（中島校長）、講演（武田豊四郎、友松円諦氏）
★	第二二三号	三七巻ノ一	一五	三月二七日	絶えざる反省と精進を（中島校長）、紀元二六〇〇年を迎へて
★	第二二四号	三七巻ノ二	一五	七月二〇日	篤敬三宝は日本固有の精神（中島校長）、人間資源こそ国家への奉公（星合元）
★	第二二五号	三七巻ノ三	一五	一二月二〇日	詔勅（紀元二六〇〇年式典に、同奉祝会に、教育勅語下賜五〇年に、日独伊同盟成立へ下し給へる）
★	第二二六号	三八巻ノ一	一六	三月二〇日	時局と日本女性の使命（中島校長）、**藤田寛随氏の長逝を悼む**

通巻号数	号数	発行年	発行日	主なる記事
★第二二七号	三八巻ノ二	昭和一六	七月二〇日	同窓会員諸姉に寄す（中島校長）、婦人の覚悟（金子しげり）
★第二二八号	三八巻ノ三	一六	一二月二五日	詔書（対米英宣戦）、政府声明、大東亜戦争と戦ふ我等（中島校長）
★第二二九号	三九巻ノ一	一七	七月二〇日	一〇〇年後の日本を憶ふ（中島校長）、**永地先生哀悼**、本校五〇周年祝賀予告篇
★第二三〇号	三九巻ノ二	一七	一一月二〇日	**淑徳五〇周年記念号。**
★第二三一号	四〇巻ノ一	一八	七月一八日	淑徳講演（高島米峰・山岸精実・山高しげり）。

一、本項目は、国会図書館所蔵の広瀬了義編『淑徳五十年史』（淑徳高等女学校、一九四二）をもとに作成した。筆者が入手した一六冊の雑誌『淑徳』を含み、閲覧できた計五七冊（一覧表の上部に★印）については各目次・本文等を確認した。

一、★印の五七冊を確認すると、『淑徳五十年史』編纂時にスペースの関係で記事名を省略し、「校長」と略記しているものが多い。今回、雑誌発行時点の各校長名を記入し、一部記事名を修正・加筆した。

一、また、略称の「香雪」を「野生司香雪」とするなど確定できるものは補足した。しかし「同、月香、移山、松窓、松人、鐘湖、鬼子、青雀、金雅、紫峰、小笹」など、略称ないしは雅号と考えられる筆者名は、原本未見のため『淑徳五十年史』の資料のままの表記とした。また著者名に「翠雫、翠雫生、翠、みどり、みどり生、広瀬」と記されている雅号・略名の筆者はすべて広瀬了義と推定される。

一、確認できた五七冊の目次・本文を読むと、これまでの先行研究で言及されていない多彩な事項が収載されている。その一端を本事典の「雑誌『淑徳』の代表的特集号」の項に記事名を収録した。（割田剛雄）

おわりに

『輪島聞声事典』の項目執筆と「輪島聞声年表」「雑誌『淑徳』発行一覧表」の作成が終わり、ホッとしたところで、本書執筆に至る経緯の一端を述べたい。

本書の発端は、今から七年前の米村美奈著『随想　輪島聞声尼』の出版に際し、編集・制作を担当したことに始まる。出版予定は極めて短期間であった。著者の米村先生は即座に精力的な取材を開始し、各種の参考資料をもとに原稿化が進み、編集・制作作業も順調に進み予定通り出版できた。

出版と前後して貴重資料が蒐集されたが、時間の関係から収録できなかったものもある。「聞声」「聞声の母親カネ子」などの貴重写真や、聞声が女学校を退任したとき、『二六新報』が聞声の半生記を一週間連載したという、広瀬了義の『大乗淑徳タイムス』の記事等である。私は出版社に長く在籍し、学術書・各種事典・写真集などの編集・製作をしてきたので、これらの資料を精査したら新事実が導き出せると期待した。すると米村先生の発案で「聞声研究会」が発足し、断続的に検討が積み重ねられた。

懸案の写真は、聞声が黒い台紙の写真帳に貼り、聞声の死後も感応寺に保存され、聞声入寂後の一九二三年（大正一二）の関東大震災のとき、平松誠厚たちが命がけで持ち出し保存してきたもの、と推測された。写真の裏に撮影日時や写真館、写真師などの手がかりがあり、師・福田行誡から菩薩戒を受けた折の写真の裏には、明治期を代表する写真師丸木利陽の名前が読み取れ、五〇代の聞声の代表的な写真からは江木写真館の支店で写真師成田常吉によって撮影されたことも確認できた。母・カネ子の写真の裏からは北海道箱館の写真師田中研造の名と、カネ子の死の四ヶ月前の撮影日「明治二八年九月二三日」を確認できた。

こうしたタイミングで、「輪島聞声先生　生誕地顕彰碑」が北海道松前市に、二〇一八年六月に建立される予定と、米村先生の講演が決まった。そこで講演資料に聞声の写真や大判の折り込み年表を収録した『図解輪島聞声尼』が企画され、私はその編集・制作を担当し、同年三月に淑徳大学輪島聞声研究会から発行することができた。直後に、淑徳選書の一冊として、米村美奈著『輪島聞声の生涯—日本女子教育の先駆者』の出版企画が開始され、私は同書の編集・制作を担当した。『松前町史』、谷紀三郎編『聞声尼』、広瀬了義編『淑徳五十年史』『淑徳七十年史』、『浄土教報』、浦野俊文編『淑徳九十年史』や国会図書館・他大学所蔵の関係資料に基づく米村先生の原稿化に伴い、関係資料と引用文との確認など、編集作業が続いた。

同書の出版後、編集中に気になった事項について資料を蒐集し、「聞声研究会」で検討を重ねた。

たとえば、淑徳女学校のさまざまな情報を盛り込んだ雑誌『淑徳』は、一九〇五年（明治三八）の創刊号から二三一号まで発行されたが、関係機関で所蔵する現存の号が少ないためか、雑誌『淑徳』引用の研究がほとんど見当たらない。私は古書店等で雑誌『淑徳』を見付けると購入し続け、第一八八号「渡辺海旭・野沢俊冏《しゅんげい》追悼号」や、第二三〇号「淑徳五十周年記念号」など計一六冊を入手した。内容を読むたびに生資料《なましりょう》の魅力を感じた。

特に第二二九号「永地《ながち》待枝《まちえ》哀悼号」を入手したときの驚きは大きかった。同号を読むと、永地待枝は山口県の大地主の長女で、お茶の水女子高等師範学校を卒業。一九〇四年（明治三七）一月に淑徳女学校に就職。聞声の片腕となり高等女学校令に準拠して淑徳高等女学校になるときに尽力。聞声入滅後は「淑徳と云えばしとやかさ、しとやかさと云えば永地先生」「聞声先生の再来」と言われ、淑徳女学校の作法のシンボルとして三九年間在職し、在職中の一九四二年（昭和一七）四月に逝去、とされている。同号所収の宗門要職の追悼文、同僚・卒業生・在校生の思い出文や哀悼文を読むと、間違いなく淑徳女学校・淑徳高等女学校の歴史に欠かせない人物である。

急ぎ谷紀三郎編『聞声尼』を読み直すと、「聞声尼は同女史（筆者註：永地待枝）に対して深く感謝を表して居た」（『同書』一三八頁）とある。しかし先行研究でほとんど永地待枝について言及されていないことに思い至り、雑誌『淑徳』記載の重要記事が聞声・淑徳研究に活用されていないのを実感した。

同じように、本所の感応寺、世田谷の感応寺、平松誠厚、水島忠兵衛、岩田栄蔵、淑徳、淑徳漲美、杉浦重剛、松本隆、和田瑳門、黒田真洞などについても、周辺資料の蒐集と再確認の必要性を意識し、一つ一つ関心を深め、新資料を見つけては「聞声研究会」で検討した。

なかでも広瀬了義が世田谷の感応寺に平松誠厚を訪ね聞き書きをした資料の発掘や、淑徳女学校開校時に果たした水島忠兵衛と岩田栄蔵、輪島家の経済的協力、そしてそれを可能にした水島忠兵衛と岩田栄蔵の社会的活動などを資料で確認できたとき、「聞声および淑徳」研究の新たな展開が始まる予兆を感じた。同様に、聞声の剃髪詩の短冊の写真等がなぜ『淑徳教育百年』八二頁に収録されているのかの疑問を長い間抱いていたが、淑徳ＳＣ所蔵の雑誌『淑徳』復刊三〇号に、徳武真有が平松誠厚より直接手渡された由来を記しているのを読み、納得し、長い間の疑問が氷解した。

ちょうどそのころ、米村先生は「淑徳婦人会」や「淑徳女学校設立趣意書」などをテーマに論文執筆に注力しつつ、淑徳大学副学長の要職に就任して激務化し、「聞声研究会」は合間を活用してのZOOM会議などに変わった。そして「聞声研究会」の成果を念頭に本事典の出版企画が提案され、検討された。

私事にわたるが、私が「淑徳」関連の編集・制作に携わったのは、大乗淑徳学園の石上善應監修『おかげの糸』（「淑徳の時間」テキスト）からである。原稿執筆が最終段階を迎えたとき、淑徳大学長谷川仏教文化研究所の三好一成先生から連絡を受けた。当時、大乗淑徳学園本部の三階にあった同研究所（長谷川匡俊所長）を訪ね、執筆原稿を拝読した。良く練られた内容であった。その上で読者対象の中学生・高校生に向けて、より分かりやすい表記と内容にするための編集上の提案を幾つか述べた。幸いにも提案が採用され、その後、幾度もの編集会議の末席に参加させていただき、二〇〇二年（平成一四）三月に『おかげの糸』が淑徳大学長谷川仏教文化研究所から発行された。以来、現在まで二三年間に四度の改版をして内容を深めながら継続して編集・製制作を担当している。その間に『淑徳選書』（1～11）や『淑徳大学自校教育ガイドブック』などの編集・製作も担当させていただいている。

このたびの『輪島聞声事典』は読む事典を目標とし、各項目末尾に執筆者名を記しているが、内容の多くは先に述べた「聞声研究会」で検討・論議したものの集大成で、校正段階でも編著者間で意見交換や訂正を繰り返したものである。多忙ななかでの米村先生の精力的な執筆と、淑徳大学学長山口光治先生の項目執筆に大きく励まされ、背中を押される思いがした。深謝する次第である。

また、出版企画が開始されると米村先生と共に淑徳ＳＣ淑徳中学・高等学校（小石川淑徳学園中学校・高等学校に、二〇二四年四月一日校名変更）を訪ね、図書館所蔵の三五冊の雑誌『淑徳』を手に取り調査させていただき、併せて聞声直筆の遺偈等を撮影することができた。ひとえに同校の理事水野めぐみ先生、増田正彦先生、植松正先生等のご高配に感謝するものである。さらに、項目の執筆・雑誌『淑徳』発行一覧表の作成など、本事典の編集作業が進むなかで淑徳大学所蔵の雑誌『淑徳』五二冊を閲覧し、ダブりを除き合計五七冊の雑誌『淑徳』を確認でき、執筆項目の内容をより確かなものにし得たことは、編著者の一人としてこの上ない喜びである。

最後に組版・装丁担当の吉原悠氏と、本書の出版に尽力していただいた大空社出版の鈴木信男社長・西田和子氏に感謝申し上げる。

なお、本書の出版は「二〇二三年度淑徳大学学術出版助成」によるものである。

二〇二四年三月

割田　剛雄

広瀬了義編『淑徳五十年史』淑徳高等女学校、1942年
広瀬了義編『淑徳七十年史』学校法人大乗淑徳学園発行、1962年
広瀬了義述「学祖輪島聞声尼伝」「同、補遺」(「マハヤナシユクトクタイムス」・「大乗淑徳タイムス」) 1959〜1964年
広瀬了義述「校章と校歌の由来をたずねて—創立当初の学祖の意図を探る—」(「大乗淑徳タイムス」53号) 大乗淑徳学園、1965年
福田行慈「行誡上人小伝『八宗の泰斗福田行誡』」(大正大学・福田行誡上人全集刊行会編『平成新修　福田行誡上人全集』第1巻所収)、USS出版、2009年
藤吉慈海『颯田本真尼の生涯』春秋社、1991年
ふるさと学習推進委員会『ふるさと読本松前』松前町教育委員会、2016年
松前町史編纂室『概説　松前の歴史』松前町、2006年
松前町史編纂室『松前町史』(通説編　第2巻) 松前町、1993年
松本隆「松前が生んだ女傑輪島聞声尼」『松前史談会報』第66号、松前史談会、1963年
松本隆述『松前郡史』松前町教育委員会・福島町教育委員会、1956年
山田直子「私立女子美術学校・女子美術学校 (1990—1929) における西洋画科教育」『女子美術大学研究紀要』第41号、2011年
山本博文監修『見る・読む・調べる　江戸時代年表』小学館、2007年
山本博文監修『あなたの知らない北海道の歴史』洋泉社、2012年
吉田久一『日本近代仏教史研究』川島書店、1992年
吉原健一郎・大濱徹也編『増補版　江戸東京年表』小学館、2002年
吉水学園高等学校『吉水学園史』吉水学園高等学校、1969年
米村美奈「淑徳女学校設立趣意書の『淑徳』についての考察」『淑徳大学研究紀要』第55号、2021年
米村美奈「淑徳女学校発展にかかわる淑徳婦人会の変遷と実態」『淑徳大学大学院総合福祉研究科紀要』26、2019年
米村美奈『随想　輪島聞声尼』淑徳中学・高等学校、2017年
米村美奈『図解　輪島聞声尼の生涯』淑徳大学輪島聞声研究会、2018年
米村美奈『輪島聞声の生涯—日本女子教育の先駆者』淑徳選書6、淑徳大学長谷川仏教文化研究所、2019年
渡辺一雄『明治の教育者　杉浦重剛の生涯』毎日新聞社、2003年

委員会、2012年
淑徳学園創立六十五周年記念号編集委員編『淑徳創立六十五周年記念号』(『淑徳』9号)淑徳学園、1957年
「淑徳九十年の歩み」編集委員会編『淑徳九十年の歩み』学校法人淑徳学園、1992年
『淑徳』校祖五〇回忌報恩記念号(復刊第21号)、淑徳学園、1977年
『淑徳女学校教職員名簿』(淑徳大学アーカイブズ提供)
須藤隆仙「輪島聞声尼の父親」『浄土』第34巻2月号、法然上人鑽仰会、1968年
芹川博通『国家・教育・仏教』北樹出版、2005年
芹川博通「輪島聞声伝」『淑徳短期大学研究紀要』第31号、1992年
石龍子著『性相講話』(第5版)、性相学会、1970年
長谷川仏教文化研究所編・石上善應監修『おかげの糸』(「淑徳の時間」テキスト)第4版、長谷川仏教文化研究所、2024年
高橋五郎著・濱野知三郎補訂『和漢雅俗　いろは辞典』宝文館、1912年
田中悠文述「颯田本真尼の被災地支援」『現代密教』第24号、総本山智積院、2013年
谷紀三郎編輯『成女学園の教育』成女高等女学校、1934年
谷紀三郎編『聞声尼』私家版、1920年
東京都本所区編『本所区史』東京都本所区、1931年
東京都墨田区役所編『墨田区史』東京都墨田区役所、1959年
徳武真有編『淑徳教育七十年』学校法人淑徳学園、1962年
中山茂春「石龍子と相学提要」『日本医史学雑誌』第55巻第2号、2009年
那須理香「一八九三年シカゴ万国宗教会議における日本仏教代表釈宗演の演説―「近代仏教」伝播の観点から」『日本語・日本学研究』第5号、2015年
夏目漱石『吾輩は猫である』(『漱石全集』第1巻)、岩波書店、1993年
服部英淳「謝恩録」(創立六十五周年記念号編集委員会編『淑徳　創立六十五周年記念号』、「淑徳」9号　所収)、1957年
日置英剛編『新国史大年表　第五巻Ⅱ　近代への胎動』国書刊行会、2010年
平松誠厚述「輪島聞声尼」浄土宗尼僧史編纂委員会『浄土宗尼僧史』浄土宗吉水会、1961年
広瀬了義述「淑徳人歴訪録（１）平松誠厚尼を訪う」(「マハヤナシュクトクタイムス」第22号)1962年

主要参考文献

（著者名五十音順）

麻尾陽子「教育勅語起草の契機―明治二三年の地方官による建議―」『法学新報』121巻、法学新報編集委員会、2015年

安藤鉄腸『教会の夫人』文明堂、1903年

伊沢修二『教育学』森重遠、丸善商社書店、1882年

岩田美捷『東池坊千歳松』私家版、1912年

WEB版新纂浄土宗大辞典

浦野俊文編『淑徳九十年史』淑徳高等学校、1982年

大槻文彦『日本辞書　言海』第三冊、印刷局、1890年

大橋俊雄『浄土宗人名事典』斎々坊、2001年

学校法人淑徳学園　淑徳SC中等部・高等部『信じること　たえしのぶこと　女性らしくあること』学校法人淑徳学園　淑徳SC中等部・高等部2019年

加藤恭子「明治末の日本女子教員中国派遣における淑徳婦人会」『お茶の水史学』2017―3、2017年

金子保「大乗淑徳学園校祖・輪島聞声の生涯と教育思想の原点」『長谷川仏教文化研究所年報』第32号上、2007年

鎌田茂雄全訳注『八宗綱要―仏教を真によく知るための本』講談社学術文庫、1981年

「行誡と弁栄展図録」同展実行委員会、2019年

黒田真洞『大乗仏教大意』仏教学会、1893年

斉藤昭俊『近代仏教教育史』国書刊行会、1975年

斎藤昭俊・成瀬良徳編著『日本仏教人名辞典』新人物往来社、1993年

坂上雅翁「明治を生きる―念仏行と女子教育のあいだ」（芹川博通・坂上雅翁共著『輪島聞声先生を偲んで』）白鷗社、1991年

佐藤成道「書評」『淑徳大学大学院総合福祉研究科　研究紀要』第27号、淑徳大学大学院総合福祉研究科、2020年

里見達人『生者の善知識　輪島聞声尼』淑徳高等学校、1981年

浄土宗尼僧史編纂委員会『浄土宗尼僧史』吉水学園高等学校、1961年

淑徳ＳＣ中等部・高等部一二〇年史』淑徳ＳＣ中等部・高等部一二〇周年実行

索　引

●編著者
米村　美奈（よねむら・みな）
2001年、淑徳大学大学院社会学研究科社会福祉学専攻博士前期課程修了。現職・淑徳大学総合福祉学部教授。（専門：臨床ソーシャルワーク）
主要著書：『臨床ソーシャルワークの援助方法論』（みらい、2006）。『長谷川よし子の生涯』（2012）、『淑徳人の証言』（2015）、『輪島聞声の生涯』（2019）以上、淑徳大学長谷川仏教文化研究所発行。『長谷川りつ子・長谷川よし子』（大空社出版、2017）、『随想輪島聞声尼』（淑徳中学・高等学校、2017）、『図解輪島聞声尼の生涯』（淑徳大学輪島聞声研究会、2018）、ほか。
共著：『臨床社会福祉学の展開』（学文社、2015）、『共生社会の創出をめざして』（学文社、2016）、『災害ソーシャルワークの可能性』（中央法規、2017）。『福祉は「性」とどう向き合うか』（2018）、『学びが深まるソーシャルワーク演習』（2021）、『学びが深まるソーシャルワーク実習』（2021）以上、ミネルヴァ書房発行。『事例でわかる 介護現場の外国人材　受け入れ方と接し方ガイド』（ぎょうせい、2021）、『キャンパスソーシャルワーク』（みらい、2023）、『ヤングケアラー支援者の役割と連携』（ぎょうせい、2023）ほか。

割田　剛雄（わりた・たけお）
1972年、東洋大学大学院文学研究科仏教学専攻博士課程満期修了。現職（有）国書サービス代表取締役。（専門：仏教学）
主要著書：『般若心経』（2011）、『仏道のことば』（2012）、『仏教ことわざ辞典』（2012）、『はじめての法華経』（2013）以上、パイインターナショナル発行。
共著：『沢庵和尚　心にしみる88話』（国書刊行会、2008）、『皇后美智子さまの御歌』（パイインターナショナル、2015）、『天皇皇后両陛下　慰霊と祈りの御製と御歌』（海竜社、2015）、ほか。

輪島聞声事典《わじまもんじょうじてん》

発　行　2024年3月31日　初版
編著者　米村　美奈
割田　剛雄
発行者　鈴木信男
発行所　大空社出版 www.ozorasha.co.jp
〒114-0032　東京都北区中十条 4-3-2
電話 03-5963-4451　FAX 03-5963-4461

万一、落丁・乱丁の場合はお取り替えいたします。
ISBN978-4-86688-240-6 C3537　定価（本体2,500円＋税）